문학적 시각으로 영화 읽기

영화 언어 이해를 통한
영화 리터러시 기르기

백민아

박영사

서문

문자의 종말이 예언될 만큼 영상매체의 등장은 대중의 인식 체계를 바꾸는 혁신적인 변화였다. 영상매체는 TV나 영화와 같은 대중매체의 부흥을 이끌었고, 가장 큰 힘을 가진 매체로 자리매김하였다. 그러나 현대 사회가 디지털 시대, 1인 미디어 시대로 전환되면서 대중매체는 힘을 잃고 있다. 특히 극장에서 상영하는 것이 영화의 중요한 전제이자 정의였으나 이제는 OTT 전용 영화들이 제작될 만큼 극장의 효용 가치가 하락하게 되었고, 관객 감소가 영화 제작의 위축으로 이어지면서 영화 산업에 대한 우려가 높아지고 있다. 영화의 등장이 문학의 존재 가치를 위협하던 그 시절처럼 영화 역시 새로운 미디어 환경의 변화 속에서 흔들리고 있는 것이다.

그러나 문학도, 영화도 여전히 우리 삶에 가장 가까이 있는 매체이고 계속해서 진일보하고 있다. 한강 작가가 노벨 문학상을 수상하며 한국 문학계의 위상을 높였고, 봉준호 감독의 <기생충>은 황금종려상 수상 이후 최근에도 21세기 최고의 영화로 선정되며 세계 영화사에 족적을 남겼다. 우리의 문화 콘텐츠는 계속해서 번역되어 수출되고 세계 속에서 공유되고 있다. 이 모든 것은 언어와 문화, 국가와 민족이 공유할 수 있는 인류 보편적인 '이야기'의 힘이다.

이야기는 우리에게 즐거움을 준다. 무료한 일상 생활 속에서 웃고 즐기며 번잡함에서 벗어날 수 있게 해주는 이야기는 우리에게 큰 오락거리이자 여가 시간을 풍요롭게 해주는 도구이다. 또한 이야기는 우리에게 감동을 준다. 이야기를 통해 우리는 다른 사람들의 감정에 이입하여 함께 눈물 흘리기도 하고, 그들의 입장이 되어 공감하기도 한다. 공감은 타고난 특성이라기보다 여러 삶의 경험을 거쳐 축적되는 것으로 우리는 다양한 이야기를 읽거나 보는 과정을 통해 기쁨과 슬픔, 동정과 연민 등 다양한 감정을 경험할 수 있다. 그리고 이를 통해 감정의 스펙트럼을 확장시킴으로써 타인에 대한 공감능력을 기를 수 있다.

이야기는 우리의 인지 분야에도 영향을 준다. 문학과 영화 속 이야기들의 원천은 우리들의 '삶' 그 자체이다. 이야기는 삶 속에서 일어나는 다양한 일상을 담고 있으며, 과거의 역사부터 현대 사회의 문제들까지 광범위한 소재들을 다룬다. 우리는 나와 관련이 있는 이야기를 접하면서 시대와 사회에 대한 비판적인 사고를 할 수 있고, 전혀 경험하지 못했고 경험할 수 없는 다양한 이야기들을 통한 간접 경험은 우리의 사고의 폭을 확장시키고 관점을 변화시켜 준다.

이 책에서는 문학과 영화의 공통된 특징으로서 '이야기'에 주목한다. 장편 유성영화가 발전하기 시작한 시점에서 많은 고전 문학작품들이 영화화되었다. 문학이 영화화되는 것을 경계하던 문예학자들은 결국 새로운 매체의 발전을 수용하였고, 문학과 영화는 문학의 영화화로 혹은 영화적 특성이 문학에 반영된 영상문학의 등장으로 상호 보완적인 관계를 형성해 오고 있다. 현대사회에서도 문학과 영화의 교류는 활발하다. 영화의 기술, 연출 기법, 시나리오 모두 전문화되고 발전한 지금까지도 문학과의 교류가 활발한 이유는 무엇인가? 대중들이 끊임없이 새로운 이야기를 갈망하고 있기 때문이다.

결국 문학과 영화는 표현 방식의 차이가 있을 뿐 이야기를 다룬다는 점에서 동일하다. 그렇기에 우리는 그 속에 담겨 있는 이야기의 의미를 잘 '읽고', '해석'하여 우리의 생각으로 '표현'하고 우리의 삶 속에 적용할 수 있어야 한다. 때문에 이 책은 영화를 읽을 수 있는 영화 리터러시 역량을 기르도록 하는 것에 목적을 둔다. 문학은 '읽는 것'이라면 영화는 '보는 것'이기에 1차적인 영화 보기, 영화 감상에 그치는 것이 대부분이다. 그러나 영화의 진짜 메시지가 무엇인지, 감독이 의도한 바가 무엇이며 그것을 영상으로 어떻게 표현해내고 있는지를 주목해서 영화를 잘 이해하기 위한 영화 읽기가 필요한 것이다. 그리고 이러한 영화를 표현적인 부분들과 내용적인 부분들, 시대적 배경과 사회 문화적인 관점을 투사하여 종합적으로 의미를 도출해 보는 작업은 역으로 인문학적 소양을 기르는 데에도 도움이 된다. 문학과 영화는 사회를 비추는 거울로서 동일한 기능을 하기 때문이다.

이를 위해 이 책에서는 영화 읽기의 출발점으로 영화 언어에 대한 이해도를 높이기 위한 과정부터 출발한다. 문자로 된 시나리오를 어떻게 영상화하여 표현하는지, 영상으로 표현하는 연출과 편집 기법이 일종의 영화 언어임을 알고 영화의 한 장면이 그저 사실인 것처럼 보이기 위해 연출된 것에 불과한 것이 아니라 의미를 지니고 있으며 문학적 상징성을 담고 있음을 읽어낼 수 있도록 한다. 기초적인 영화 언어에 대한 지식을 갖춘 이후, 영화의 장르에 대한 이해를 토대로 장르적 관점에서, 그리고 시의성 있는 여러 주제들을 중심으로 영화를 분석하고 비평하며 함께 읽어 본다. 이 과정을 통해 보다 능동적으로 영화를 보고, 읽으며 자신만의 관점을 가질 수 있기를, 삶을 살아가는 데 있어서 보다 풍요로운 인문학적 시선을 가질 수 있기를 기대해 본다.

2025년 9월

저자 **백민아**

목차

| CHAPTER 01 |
영화의 이해

| CHAPTER 02 |
영화 언어의 이해

| CHAPTER 03 |
영화 장르의 이해

| CHAPTER 04 |
영화 읽기

CHAPTER

01

영화의 이해

01 영화의 시작과 현재

영화란 무엇인가

영화(movie, film)는 "필름에 기록한 화상(畫像)을 광학적 방법으로 스크린에 투영함으로써 움직이는 영상을 보여주는 장치, 또는 그것으로 만들어지는 작품"[1]을 뜻한다. 이 정의에 따르면 영화의 시작에 있어서 그것을 제작하고 보여줄 수 있는 장치의 등장이 중요한 의미를 지니게 된다.

1888년 에디슨(T. Edison)은 세계 최초의 영화용 카메라인 키네토그라프(Kinetograph)를, 1889년 딕슨(W. Dickson)은 30초 동안 일회용으로 활동사진을 감상할 수 있는 기구인 키네토스코프(Kinetoscope)를 발명하였다. 이들이 발명한 것은 기록과 상영이 분리된 것으로 특히 키네토스코프의 경우 크기가 매우 크고 무거워서 이동시키기 어려웠고, 마치 현미경을 통해 관찰하듯 한 번에 한 명만 영사된 이미지를 볼 수 있는 방식이었기에 많은 사람들이 이용하기에는 불편함이 컸다. 그러나 1895년 뤼미에르(L. Lumière) 형제는 키네토그라프와 키네토스코프의 기능이 결합된 시네마토그래프(Cinématographe)를 개발하는 데 성공한다. 이 장치는 카메라와 영사기를 겸용할 수 있으며 가볍고 이동성이 좋아 야외에서도 촬영 가능한 것이 장점이었다. 이 시네마토그래프를 이용하여 뤼미에르 형제는 최초의 영화인 <열차의 도착>(L' Arrivée d'un train en gare de La Gotat, 1895)을 제작하였고, 본인들이 제작한 영화를 그랑 카페에서 상영하여 많은 사람들을 놀라게 했다. 이것이 영화사의 출발점이다.

영화사에 또 한 번 획기적인 발전을 가져온 것은 소리의 도입이다. 영상에 소리를 입히기 위한 다양한 시도들이 있어 왔지만 기술적 발전을 이루지 못한 상태에서 소리가 없는 무성영화 시대가 한동안 지속되었다. 무성영화는 소리 대신 흑백 화면에 텍스트 자막을 크게 넣어 서사 진행의 보조 도구로 사용하였다. 영화가 상영되는 동안 해당 장소에서 오케스트라가 실시간 연주하는 방식으로 음악을 끌어들이고자 시도하였으나, 대부분 피아노 연주만으로 진행되었다. 그러다 1930년 무렵 음향도 필름에 함께 기록하여 재생할 수 있게 되면서 유성영화 시대가 도래하였다. 이후 영화는 단순한 오락거리에서 대중의 관심과 흥미를 끄는 하나의 큰 산업으로 발전하게 된다.

무성영화 시대의 영화

영화는 언제부터 시작되었을까? 영화는 처음부터 지금 우리가 보는 장편 영화의 형태를 갖추었을까? 영화의 시작점에서 중요한 역할을 한 뤼미에르 형제에 주목하여 초창기 무성영화 시대를 알아보자.

오귀스트 뤼미에르(Auguste Lumière, 1862~1954)와 루이 뤼미에르(Louis Lumière, 1864~1948)는 프랑스 출신의 영화 제작자들이다. 그들은 1895년 촬영과 인화, 영사 기능을 동시에 수행할 수 있는 기기인 시네마토그래프를 개발하였다. 그 이전에 에디슨이 개발한 영사 기기인 키네토스코프가 한 번에 한 사람만 커다란 나무 상자에 눈을 가까이 댄 상태로 영사된 이미지를 볼 수 있었던 반면, 시네마토그래프는 여러 사람이 동시에 볼 수 있고 이동성이 있어 실외 촬영이 가능했다는 점에서 획기적인 발전이었다. 이들은 이 기기를 이용하여 <열차의 도착>(1895)이라는 최초의 영화를 만들어낸다. 최초의 영화는 지금의 영화와 달리 3분가량의 아주 짧은 영상에 불과하다. 이 영상은 흑백 화면 한가득 기차가 접근해 들어오고, 기차가 멈춰 서자 사람들이 내리고 오르는 장면이 전부이다. 마치 기차역에서 사람들이 오가는 모습을 보여주는 뉴스 영상처럼 단순한 이 영상은 촬영하고 있는 기기를 흥미롭게 바라보는 사람들의 표정이 눈에 띌 뿐 특별한 부분은 없어 보인다. 그렇다면 이 짧은 영상에 대한 당시 사람들의 반응은 어땠을까? 이 영상을 상영한 카페에 있던 한 관객은 실제 기차가 카페 안으로 들어오는 줄 착각하고 깜짝 놀라 비명을 질렀다고 한다. 그만큼 당대 사람들에게는 획기적이고 놀라운 작품이었던 것이다. 이후 뤼미에르 형제는 자신들이 설립한 영화사에서만 이 시네마토그래프를 독점적으로 사용하였고, 단기간에 많은 영화들을 만들어내기 시작했다.

이들이 선보인 모든 작품들의 공통점은 '사실 그대로'를 담고 있다는 점이다. 뤼미에르 형제가 제작한 작품들에는 특별한 이야기가 존재하지 않는다. 그저 최대한 실제의 모습을 가능한 실제처럼 담아내는 것에 주력하고 있을 뿐이다. 열차에서 내리는 사람들, 꽃에 물을 주는 사람의 모습 등 반복해서 비슷한 작품들을 선보인 결과 대중들은 처음에 느꼈던 놀라움 대신 지루하고 식상하다는 느낌을 받게 된다. 이때 등장한 사람이 바로 조르주 멜리에스(Georges Méliès, 1861~1938)이다. 영화 제작자로 나서기 전 마술사로 활동한 이력을 지닌 멜리에스는 뤼미에르 형제가 개발한 시네마토그래프를 이용하여 영화를 만들고 싶어했지만, 여러 번의 반복된 구애에도 끝내 거절당한다. 결국 다른 기계장치를 구입하여 영화를 제작하게 된 그는 자신이 마술사로서 선보이던 기발함을 접목한 여러 특수효과들을 영화에 도입한다. 그 결과 멜리에스는 "초창기 영화제작 기술과 장르 발달을 이끈 선구자"라는 평가를 받았다. 뤼미에르 형제의 영화들과 달리 멜리에스는 최초로 '스토리 보드'를 사용하여 영화를 제작하였다. 즉, 그의 영화에는 스토리가 포함됨으로써 한 단계 발전을 이룬 것이다. 이야기 구조를 바탕으로 특수한 기법을 도입해서 1902년도에 만들어진 <달 세계 여행>(Le Voyage la lune)이라는 작품은 최초의 SF 영화라고 일컬어진다. 총 14분 길이의 이 영화는 쥘 베른(Jules Verne)의 소설 『지구에서 달까지』와 허버트 조지웰스(Herbert George Wells)의 소설 『달의 첫 인간』을 모티브로 하고 있다. 이 영화는 포스터도 제작되었는데, 포스터의 한가운데에는 마치 달을 묘사한 듯한 동그란 원이 있다. 그러나 그 달은 마치 의인화를 한 듯 눈이 달려 있고, 한쪽 눈에는 총알 같기도 하고 로켓 같기도 한 무엇인가가 찌르듯 박혀 있다. 마치 우주선이 달에 도착하자마자 달이 눈물을 흘리는 듯한 상상력이 가미되어 있다는 점에서 영화의 특성을 한 단계 발전시켰다고 볼 수 있다.

그렇다면 최초로 '내러티브'가 도입된 영화는 무엇일까? 바로 에드윈 S. 포터(Edwin S. Porter)의 1903년도 작품 <대열차 강도>(The Great Train Robbery)이다. 이 작품은 14개의 장면으로 구성된 총 12분 분량의 영화이다. 도둑 일당이 열차에서 강도 행각을 벌이고 난 뒤 도망치는 단순한 스토리이지만 최초로 영화적인 구조를 지녔고, 평행 편집(Cross-Cutting) 방식을 이용하여 편집이 장면 연출에서 얼마나 극적 효과를 가져올 수 있는지를 보여주며 미국 영화 최초로 대중적인 인기를 얻는 데 성공하였다.

사운드 기술 발달 – 유성영화 시대의 도래

영화가 사진과 다른 점은 정지된 이미지가 아니라 동적인 움직임을 갖는 영상이라는 점이다. 이뿐만 아니라 사진에는 없는 소리를 포함하고 있다는 점도 중요한 차이인데, 이는 영화가 지니는 매체의 특수성에 해당된다.

1889년 이후 영상과 소리를 일치시키고자 디스크 녹음 방식(sound-on-disk)부터 필름 녹음 방식(sound-on-film)까지 여러 방식이 시도되었다. 그리고 1926년 8월 디스크 녹음 방식을 사용하여 영화에 음악을 입힌 최초의 영화 <돈 쥬앙>(Don Juan)이 워너사에 의해 배급되었다. 최초의 유성 단편영화였으나 관객들의 반응은 미지근했다. 그러나 1927년 10월 6일, 워너사가 브로드웨이에서 개봉한 <재즈 싱어>(The Jazz Singer)는 대중의 눈길을 사로잡아 영화 산업에 커다란 영향을 끼치게 된다. <재즈 싱어>의 성공 이후 다른 영화사들도 연이어 유성영화를 제작하기 시작했고, 이에 맞춰 1928년 즈음에는 대부분의 영화관들이 소리를 잘 전달하기 위한 사운드 시설을 갖추기 시작했다.

인물의 대사가 직접 말로 전달되기 시작하면서 유성영화는 말하는 영화, 일명 '토키(talkie)영화'로 불렸다. 배우의 대사를 영화에 잘 포함시키기 위하여 다양한 방법들이 시도되었다. 하나의 장면에 두 개 이상의 마이크를 두고 연기하는 다중채널 녹음(multiple-channel recording) 방식이나 완성된 음향

트랙을 위해 여러 트랙에서 선택적으로 발췌하여 균형을 맞추는 음향합성(soundmixing) 방식, 일명 더빙이라고도 하는 후시녹음(postsynchronization) 방식과 음악을 먼저 녹음한 뒤 재생되는 음악에 맞춰 가수가 립싱크하는 방식으로 촬영하는 플레이백(playback) 기법 등을 예로 들 수 있다.

영화 산업은 처음부터 할리우드가 주도하였을까?

많은 사람들이 '영화' 하면 '할리우드'를 떠올리는 현재와 달리, 영화의 출발 시점에서는 영화가 최초로 탄생한 곳도, 활발히 영화 제작을 하며 영화 산업을 성장시킨 국가도 프랑스였다. 뤼미에르 형제와 멜리에스의 영화들이 관객 동원에 성공하면서 이들은 스튜디오를 설립하여 본격적으로 영화 제작에 매진하게 된다. 이후 프랑스에서는 영화사 파테(Pathé)와 고몽(Gaumont)이 설립되었고 이들이 프랑스 내 영화 배급 체계를 장악하게 된다. 1900년대 초반부터 제1차 세계대전 발발 전까지는 두 영화사를 중심으로 프랑스와 프랑스 다음 가는 영화 생산국이었던 이탈리아가 중심이 되어 유럽 및 미국으로 영화들을 수출하였다. 초기 영화사에서는 유럽의 영화 산업이 미국보다 우위를 점한 형태였다.

그러나 제1차 세계대전이 일어난 뒤 프랑스와 이탈리아의 영화 제작은 축소되었고, 1910년대 후반부터 미국이 대형 영화 제작사들을 조직하며 로스앤젤레스에 터를 잡아 '할리우드'를 형성하기 시작했다. 1920년대 미국은 영국과 프랑스, 이탈리아를 제치고 영화 산업에서 지배적인 위치를 차지하게 된다. 1926년 "전 세계에서 매일 상영되는 영화의 평균 75%가 미국 영화"[2]라고 일컬어질 만큼 미국이 영화 산업의 지배적인 위치를 차지하기까지는 기술의 발전이 큰 기여를 하였다. 1920년대 후반, 무성 영화에 소리, 즉 대사, 음향효과, 음악을 첨가하는 기술이 미국에서 먼저 시작되었고 이 기술적 혁신이 미국 영화 산업을 강화시킨 것이다. 미국의 대형 영화사들은 스튜디오에 사운드 설비를 갖추고 세계시장 공략에 나서기 시작하였고, 결과적으로 1930년대에는 영화시장 내 독과점 체제를 굳힐 만큼 성장하게 된다.

02 문학과 영화의 관련성

문학과 영화는 서로 다른 매체이다. 문학은 문자 텍스트를 중심으로 한 인쇄 매체이고, 영화는 이미지와 소리를 중심으로 한 영상 매체라는 점에서 다르다. 그러나 이 둘은 매체적 특성은 다를지라도 서로 긴밀한 관련성을 지니고 있고 조화를 이루며 시너지를 주고받기도 한다. 이 장에서는 문학이 지니고 있는 특성과 기능을 바탕으로 영화와의 공통된 특성을 살펴보고 문학과 영화의 상호 관련성에 대해 알아본다.

영상시대의 도래

마샬 맥루한은 『미디어의 이해』(Understanding Media, 1963)에서 영상매체 시대의 도래를 선언했다. 1960년대에 접어들며 구텐베르크식 활자 문화는 더 이상 살아남지 못할 것이라고 인쇄매체의 종말을 선언했지만, 활자는 여전히 사라지지 않았다. 그러나 많은 사람들이 책보다 영화를 더 즐기기 시작했고, 문학작품 역시 책으로 읽기보다 영상으로 옮겨진 것을 통해 보는 것을 더 즐기기 시작하였기에 현대인을 "호모 비디오쿠스"[3]라고 칭하기도 한다.

영화의 등장에 대한 문학의 태도

문학은 흔히 세계를 인식하는 인간의 사유틀을 반영하는 것으로서 일종의 고급 예술로 분류되어 왔다. 반면 영화는 제7의 예술로 불리며 가장 늦게 발생하였지만 급속도로 대중 예술의 중심을 차지하며 성장하였다. 초기 영화들의 특징은 보여주기 방식에 치중하였다는 점이고 그렇기에 영화는 그저 한정된 볼거리이자 즐거움을 제공하기 위한 수단에 불과했다.

영화의 발명과 함께 시작된 문학작품의 영상화에 대한 논의는 문예학자들 간 논쟁을 불러일으켰다. 문학은 고급 예술이라는 자부심을 지니고 있던 문예학자들에게 문학의 영화화는 저속한 것으로의 변경이자 원형의 파괴라고 생각되었기에 그들은 문학의 영화화를 극렬하게 반대하였다. 영상매체는 기본적으로 단편적이고 감각적이며 즉흥적인 특성을 지니고 있고 여기에 영화가 추구하는 상업적 특징까지 더해진다면 문학적 소명을 유지하기 힘들 것이라고 판단했기 때문이다.

이들이 가장 우려했던 것 중 하나는 독자의 자율성 제한이었다. 도블린(Rick Doblin)과 렌츠(Lentz)는 영화가 독자 스스로 상상하고 텍스트를 장면화 시킬 수 있는 자유를 빼앗는다고 비판하였다. 이처럼 첨예한 반대의 태도를 보이던 문학계에서 어떠한 변화의 과정을 거쳐 영화와 교류하게 되었는지 계속해서 살펴보자.

문학과 영화의 관계

미국의 비평가 레슬리 A. 피들러(Leslie Aaron Fiedler, 1917~2003)는 영상매체의 시대에서 문학이 고립되지 않기 위해 문학가들도 영화와 손을 잡아야 한다고 주장하였다. 문학도 이제 고급 문화로서의 정체성을 고집하는 귀족적인 자세에서 벗어나 영상매체가 지닌 대중 문화적인 요소를 수용하는 것이 문학의 경쟁력을 되찾을 수 있는 방안이라고 본 것이다. 미국의 소설가들 또한 영상과 손을 잡아야 소설이 살아남을 수 있다고 보았으며 영화를 경쟁 상대가 아닌 동반자로 여겼다.

영상매체의 등장과 영화의 발전으로 인하여 문학이 위기를 맞을 것이라는 우려는 협의의 관점에서 바라본 문학이 직면한 문제이다. 문학을 문자로 구성된 활자 인쇄물이라고 좁은 의미에서 정의하는 것에서 벗어나, 보다 넓은 관점에서 문학이 무엇인지를 생각해 봐야 한다. 그렇게 보았을 때 문학의 본질은 바로 '이야기'이다. 다만 이야기를 전달할 때 문학은 문자를 통해 표현하고 영화는 영상을 통해 표현한다는 점에서 차이가 있을 뿐이다. 때문에 우리는 문학과 영화가 이야기를 갖춘 것, 즉 이야기를 표현하는 것이라는 공통 분모를 중심으로 접근해 볼 필요가 있다. 또한 각각의 고유한 영역과 각기 다른 매체적 특성을 가지고 있으나 상호 의존적인 관계를 형성해 왔다는 점에도 주목하여 문학과 영화의 관련성을 살펴봐야 한다.

문학과 영화의 교류

문학과 영화의 교류는 1920년대부터 시작되었다. 1920년대 프랑스의 초현실주의 문학작품들은 실험적인 무성영화로 제작되었고, 독일의 표현주의 영화들 역시 아방가르드 문학을 바탕으로 만들어졌다. 이처럼 1920년대부터 1930년대에 문학과 영화는 활발하게 교류하기 시작하였으며, 사운드의 도입이 교류에 결정적인 영향을 미치게 된다.

영화가 문학에 주목한 것은 장편영화 제작을 위한 이야기의 필요성에서 기인한다. 리얼리즘적 표현으로 시작한 영화는 기술의 발달로 장편영화 제작이 가능해졌다. 그러나 영화를 위한 시나리오 등의 개발이 동시에 이루어진 것이 아니기 때문에 긴 시간을 채울 만한 이야기가 필요했다. 더불어 1920년대 말 등장한 사운드는 영화사에 혁명적 변화를 야기하면서 문학작품의 영화화를 확장시키는 데에도 큰 영향을 끼쳤다. 사운드가 영화에 도입되면서 영화가 재현하는 리얼리즘이 강조됨과 동시에 대사가 삽입되기 시작한 것이다. 영화 속에서 대사가 직접 재현되면서 인물들의 대화가 영화 형식의 중요한 구성 요소로 격상되기 시작하였고, 1930년대 접어들어 다양한 문학작품들이 고전적 영화 형식으로 각색되어 재탄생하였다.

대표적으로 제임스 웨일(James Whale)의 <프랑켄슈타인>(Frankenstein, 1931), 조지 쿠커(George Cukor)의 <지킬 박사와 하이드>(Dr. Jekyll And Mr. Hyde, 1932), 조셉 폰 스턴버그(Josef von Sternberg)의 <죄와 벌>(Crime and Punishment, 1935), 윌리엄 와일러(William Wyler)의 <폭풍의 언덕>(Wuthering Heights, 1939), 로버트 레너드(Robert Leonard)의 <오만과 편견>(Pride And Prejudice, 1940), 알프레드 히

치콕(Alfred Hitchcock)의 <레베카>(Rebecca, 1940) 등이 있다.

1940년대와 1950년대에는 문학과 영화의 관계가 수정되기 시작한다. 이 시기 영화는 영화의 매체적 특성을 반영한 영화만의 표현을 강조하기 시작했다. 카메라 기술이 발달하면서 새로운 촬영 방식을 사용한 다양한 표현들이 가능해졌고, 이를 바탕으로 영화 특유의 영상 언어를 갖게 되면서 영화감독이 스스로 작가가 되는 감독의 작가화 현상이 두드러지게 나타나기 시작한 것이다. 그리고 1960년대 접어들면서 문학의 위상은 붕괴되는 반면 영화는 조금 더 과감하고 사회 참여적인 주제들을 다루기 시작하였고, 이때 문학 또한 변화한다. 문학도 영화와 마찬가지로 조금 더 정치적이고 역사적으로 민감한 소재들을 소재로 채택하기 시작한 것이다. 더불어 고전 문학의 전통에서 벗어나 노골적으로 성을 표현하거나 가족의 성역이 붕괴되는 내용들을 다루는 등 새로운 시도들이 나타났고, 그렇게 문학과 영화는 공통된 소재와 주제를 주고받으며 더욱 밀접한 관계를 형성하기 시작한다.

문학의 영화화

문학과 영화는 공통점을 지닌다. 서사, 언어(대사), 등장인물과 플롯을 지니고 있다는 형식적 측면에서의 공통점 외에 다양한 삶의 양태와 의미를 성찰하는 예술이라는 점에서 공통된다.

문학의 영화화는 조르주 멜리에스의 영화 <달세계 여행>부터 시작된다. 1902년에 상영된 이 영화는 최초의 공상과학 영화로 잘 알려져 있지만 문학 작품의 각색을 최초로 시도했다는 점에서도 눈여겨볼 가치가 있다.

본격적으로 문학의 영화화가 진행된 것은 장편영화가 등장한 시점부터이다. 테니슨(Alfred L. Tennyson)의 『이녹 아든』(Enoch Arden)을 각색해서 만든 그리피스(D. W. Griffith)의 <이녹 아든>(1911)이 대표적이다. 이 영화는 19세기 소설의 연대기적 서술 방식을 따라 서사를 전개해 나가는 데 있어서 다양한 카메라 앵글과 아이리스 인/아웃, 페이드 인/아웃 같은 편집 기교를 사용하여 영화적 특성을 살렸다.

고전 명작 소설을 영화로 제작하는 빈도가 높아지면서 소설의 영화화는 영화 발전 과정에서 중요한 하나의 변곡점으로 작용하게 된다. 문학작품을 영화화하는 것은 크게 세 가지 양상을 보인다. 한 가지씩 살펴보도록 하자.

① 다큐멘테이션(Documentation): 다큐멘테이션 방식은 문학작품을 있는 그대로 영상화시키는 방식으로 소설의 내용을 최대한 사실적으로 표현하는 데 주력한다. 소설이 표현하고 있는 모든 사건들을 그대로 영상화시켜 재현하다 보니 길이가 매우 긴 것이 특징이다. 예를 들어 세르게이 본다르추크의 <전쟁과 평화>(War and Peace, 1956)는 6시간의 러닝타임으로 제작되었다.

② 일러스트레이션(Illustration): 이 방식은 원작을 사실 그대로 영상화하지는 않지만 원작에 충실한 것이 특징이다. 그렇기 때문에 영상으로 전환시키면서도 동시에 원작과 최대한 충실하게 표현하고자 노력했다는 점에서 문학비평가들에게 호평을 받았다. 1968년 프랑코 제피렐리의 영화 <로미오와 줄리엣>이 대표적이다.

③ 해석적 변형(Interpretative Transformation): 이 방식은 원작보다 영화화 하는 것에 더욱 초점을 맞춘 방식이다. 관객의 기호에 맞게 원작을 해석하며, 그렇기 때문에 대중적이고 상업적인 성향이 강하다는 것이 특징이다. 주로 할리우드에서 문학을 영화화하는 작품들의 경우, 두드러지게 사용되는 방식으로 원작 작가의 의도를 훼손하거나 사건을 짜깁기한 형태가 적지 않게 나타난다. 그래서 원작을 읽지 않은 관객들에게는 작품의 내용과 의도가 다르게 해석될 여지가 있다. 이런 이유로 문학 원작자들의 입장에서는 가장 선호되지 않는 방식에 해당된다.

『쥬라기 공원』은 수천만 년 전에 멸종한 공룡 화석에서 공룡의 DNA를 추출하여 공룡을 현대에 다시 태어나게 만든다는 현실감 없는 이야기를 다룬다. 이 작품은 소설로 출간되어 1억만 부 이상의 판매고를 올리면서 20세기에 가장 많이 팔린 소설이 되었고, 소설의 성공은 영화 제작으로 이어졌다. 현실화될 수 없는 이야기가 영상으로 표현되는 과정에서 공룡을 실감나게 묘사하기 위해 철저한 연구를 바탕으로 영상화하였고, 첫 번째로 제작된 영화 <쥬라기 공원>(Jurassic Park, 1993)은 관객들에게 큰 사랑을 받으면서 대중적인 성공을 거두었다. 이 영화는 1993년도 첫 상영 이후 2025년도까지 총 7개의 시리즈가 제작되었다.

또 다른 대표적인 사례는 바로 조앤 K. 롤링(Joanne K. Rowling)의 <해리 포터 시리즈>이다. 1997년에 출간된 『해리 포터와 마법사의 돌』은 2001년도에 영화로 제작되었고 소설 못지않은 흥행에 성공하였다.

이 두 작품의 공통점은 이미 소설로도 엄청난 판매 부수를 올린 성공한 작품을 영화화하여, 영화로 개봉된 후에도 전 세계적으로 많은 관객을 동원하며 흥행하였다는 점이다. 여기서 우리는 소설이 지니고 있는 이미 잘 짜여진 이야기 구조가 비현실적인 것을 가능하게 구현해내는 영상미와 조화를 이루었을 때 성공적인 시너지가 난다는 것을 알 수 있다. 문학의 이야기와 영상 이미지는 서로 분리되는 것이 아니라 유기적으로 결합되는 것이다.

문학의 특성과 영화

문학에 비추어 영화 읽기를 시도하고자 할 때 문학의 특성에 대한 사전적 이해가 필요하다. 윈체스터(T.C. Winchester)는 문학이 지니는 특성을 보편성(Universality)과 항구성(Permanence) 그리고 개성(Individuality)의 세 가지로 설명하였다.

문학이 지니는 첫 번째 특성은 보편성이다. 보편성이란 문학이 인류 보편적인 감정이나 정서를 다루기 때문에 시대를 불문하고 읽힐 수 있다는 점을 강조한다. 더불어 시공간을 초월하여 누구에게나 공감을 줄 수 있는 특성 또한 보편성에 해당된다. 문학은 사람들의 삶을 충실하게 묘사하며 시대를 초월하는 보편적인 인간성, 어느 시대에서나 통용되는 인간의 감정을 묘사한다. 그렇기 때문에 21세기의 독자들은 여전히 셰익스피어의 희곡을 읽고 공감할 수 있다. 마찬가지로 영화 또한 시대와 장소를 불문한 보편성을 지니고 있기 때문에 우리는 다른 시대에 다른 국가에서 만들어진 영화를 보고도 다른 이의 삶을 경험하고 정서에 공감할 수 있다.

두 번째 특성은 시간적으로 영원 무궁함을 뜻하는 항구성이다. 보편성에 역사성이 더해지면 항구적인 특성을 형성하게 된다. 즉, 문학은 작품이 저술된 그 시점에만 해당하는 이야기가 아니라, 그 시대와 시대를 관통하며 항상 새롭게 읽히는 항구적 생명력을 지닌다는 것이다. 때문에 세계 명작은 지식을 전달하는 것이 아니라 작품을 읽는 독자에게 감동을 주고 진리를 제공한다. 단테의 『신곡』이나 괴테의 『파우스트』, 셰익스피어의 『햄릿』 같은 작품들은 시대를 초월하여 지금도 여전히 독자들에게 사랑받고 있으며 이 작품을 통해 우리는 보편적 진리를 깨닫고 새롭게 해석하며 소통한다.

영화 역시 시대를 초월하여 보편적 정서와 감동을 전달하는 항구성을 지닌다. 독자가 문학 작품을 읽으며 공감한다면 영화의 관객은 영상을 통해 보고 함께 느낀다는 점에서 차이가 있을 뿐이다. 영화 역시 등장인물들이 이야기 구조 내에서 표현하는, 시대를 초월한 보편적인 정서와 진리를 통해 우리에게 깊은 감동을 준다. 때문에 고전작품이라고 일컬어지는 영화들은 시대를 초월하여 재 상연 되기도 하고, 혹은 현대의 시대적 배경과 기술적 진보를 반영하되 보편적 정서는 동일하게 표현되는 리메이크 작으로 등장하기도 한다.

마지막으로 문학은 개성을 지닌다. 문학은 인간 삶의 모습을 반영하며 우리가 살아가며 겪는 이야기들을 소재로 한다. 문학은 지극히 개인적이기도 해서 동일한 경험의 묘사가 다루어질지라도 작가의 주관이나 개성이 차이를 만들어내는 데 절대적인 역할을 한다. 그래서 같은 경험과 정서라도 작가가 지닌 개성적인 특성에 따라 달리 표현되며 서로 다른 문체로 개성성을 갖게 되는 것이다. 영화 또한 같은 사랑이야기라고 할 지라도 감독이 표현하고자 하는 의도와 작가와 감독의 개성에 따라 코미디적으로 혹은 액션을 겸비하는 등의 다양한 방식으로 연출된다.[4]

문학의 기능과 영화

문학은 교훈적 기능과 쾌락적 기능을 지닌다. 말 그대로 문학은 독자에게 윤리적이고 도덕적인 교훈을 준다고 생각되어 왔다. 호라티우스(Horatius)는

「시작법(詩作法)」에서 시인의 소원은 가르치는 일이나 쾌감을 주는 일 혹은 이 둘을 동시에 하는 일이라고 하였다. 이것은 이후 고전파 시학자나 계몽주의 문학인들에게 계승되어 문학교훈설로 굳어졌다.

동양에서는 문학이 지니는 교시적 기능에 주목해 왔다. 우리나라의 고대소설들은 대부분 권선징악을 주제로 착하게 살아야 한다는 교훈적 기능을 전달하고 있으며, 근대 소설과 계몽기 소설로 이어지는 흐름 역시 문학의 교훈적 기능에 주목하고 있다.[5]

한편 독자에게 즐거움을 주는 것이 문학의 주 기능이라고 주장하는 쾌락설은 아리스토텔레스의 「시학」에서 찾아볼 수 있다. 그는 모든 모방된 것에서 우리는 기쁨을 찾을 수 있다고 주장하며 모방이라는 것은 모든 예술 행위의 수단인 동시에 예술의 방법을 의미한다고 주장하였다. 우리는 문학을 통해 서로 모순되는 두 개의 정서, 공포와 연민을 경험하게 되는데 이를 통해 얻게 되는 카타르시스는 일종의 심미적 쾌락이라는 것이다.[6]

쇼펜하우어는 문학의 본질이 미의 추구에 있는데 여기에서 미는 이해관계의 이탈에서 오는 체험으로 이 체험을 통해 우리는 만족이라는 쾌감을 얻을 수 있다고 설명하였다. 유사한 개념으로 콜리지(Coleridge)는 미적 쾌락에 대해 설명하며 쾌락의 종류로 하등 감각에서 오는 관능적인 쾌락, 시각과 청각에서 오는 감각적인 쾌락(또는 미적 쾌락), 이성에서 오는 지적 쾌락을 제시하였다. 공통적으로 예술이 지향하는 것은 최상의 쾌락을 확보하는 것으로 문학은 예술 중에서도 가장 높은 질과 영속성을 지니는 쾌락에 속한다.[7]

문학은 이 교훈성과 쾌락성이 조화를 이루고 상호 보완적으로 합치하면서 완성되는 것으로 우리는 문학을 통해 삶을 살아가는 태도를 배움과 동시에 정신적인 즐거움을 통한 정서적 안정을 추구할 수 있다. 영화 역시 문학과 동일한 기능을 한다. 우리는 영화를 통해 즐거움을 추구할 수 있으며, 때로는 다른 이의 경험을 통해 카타르시스를 경험함과 동시에 삶에 대한 교훈을 얻기도 하는 것이다.

03

영화 읽기의 방법

영화와 소설의 차이

영화와 문학, 특히 소설은 이야기를 다룬다는 점에서 공통되지만 표현 양식이나 제작 방식이 다르다. 우선 영화는 이야기를 보는 것에 초점이 맞춰져 있고 소설은 읽는 것에 초점이 맞춰져 있다. 이는 표현 양식에 큰 차이를 가져온다. 보는 이야기인 영화는 최대한 구체적이고 현실적이며 객관적인 영상으로 보여주는 데 집중한다. 반면 읽는 이야기인 소설은 관념적이고 은유적인 표현 방식을 사용한다. 제작 방식에 있어서도 차이를 보인다. 소설은 혼자서 하는 개인의 창조물이지만 영화는 하나의 이야기를 표현하기 위해 여러 요소를 담당하는 사람들이 모여서 만드는 집단의 창조물이라는 점에서 다르다. 또한 소설은 분량의 제한이 없이 비교적 자유롭게 창작할 수 있지만 영화는 상영의 문제로 100분 내외의 시간적 제한이 있는 것 또한 차이점이다.[8]

영화와 소설의 차이를 이해하는 것은 작품의 감상과 해석을 위해 반드시 필요하다. 소설은 여전히 영화를 위한 이야기의 원천으로 각광받고 있고, 소설의 영화화는 빈번히 이루어지고 있기 때문에 우리는 각 매체의 특성을 이해하고 그 특성에서 비롯되는 작품의 차이를 읽어낼 수 있어야 한다.

영화 보기와 영화 읽기

영화에는 특정 사회와 특정 문화의 이데올로기가 투영되기 마련이다. 그러나 이것은 보통 표면적으로 드러나 있지 않으며 교묘하게 감춰져 있기 때문에 빠르게 지나가는 영화의 영상을 단순히 보는 것만으로는 그 의도나 상징을 파악하기 어렵다. 바로 이 지점에서 '영화 보기'와 '영화 읽기'의 차이를 발견할 수 있다.

영화를 단순히 보는 관점에서 생각할 때 영화를 보는 관객들이 누릴 수 있는 가장 큰 특권은 '들여다보기'가 가능하다는 점이다. 평소에 동경하던 다른 사람의 삶, 현실에서 이룰 수 없지만 영상을 통해 대리만족 할 수 있는 여러 사람들의 이야기들로 우리는 즐거움을 느낄 수 있다. 때문에 영화는 전 세계 사람들이 가장 쉽게 즐길 수 있는 오락거리로 기능한다.

그렇다면 영화 읽기는 무엇을 의미할까? 우선 영화 읽기를 위해서는 제대로 된 영화 감상부터 시작해야 한다. 영화를 감상하기 위해서는 우선 좋은 영화를 고르는 것에서부터 출발하는 것이 중요하다. 좋은 영화란 관객 동원에 성공하여 대중성을 인정받은 영화일 수도 있고, 저명한 영화제에서 수상하며 작품성을 인정받은 영화일 수도 있다. 그러나 가장 중요한 건 내가 보고싶은 영화여야 한다. 나의 취향이 반영되어 자발적 흥미를 갖고 선택한 영화는 더 몰입해서 감상할 수 있고 더 오래 간직할 수 있다. 영화에 대한 취향은 보통 특정 장르에 대한 선호로 나타나는데, 그렇기 때문에 영화를 감상할 때 장르별로 감상하는 것이 도움이 된다. 나에게 친숙하고 익숙한 장르에서부터 출발하여 영화적 서사와 관습을 이해하는 것은 영화 읽기의 시각을 넓힐 수 있는 좋은 방법이 된다.

영화를 감상하는 또 다른 방법은 시각과 관점을 변형하여 감상하는 것이다. 영화는 창작자인 감독의 시선과 사회적 관념 등이 내재되어 있다. 이것은 표면적으로 드러나지 않으므로 영화를 수동적으로 보면 감독의 의도를 무의식적으로 수용하게 되는 경우가 대부분이다. 그러므로 우리는 영화에서 다루는 이야기나 사건을 영화에서 서술하는 방식과 반대의 시각으로 바라보거나 유사한 다른 무언가와 비교하면서 보는 태도를 지녀야 한다.

영화 읽기를 위해서는 주변 정보들을 수집하는 노력도 필요하다. 우리는 영화를 선택하는 순간부터 주변 정보들을 탐색하기 시작한다. 2023 한국영화 소비 트렌드 조사 결과에 따르면 관객들은 영화가 개봉하는 즉시 관람하기보다 영화 개봉 후 약 4-5일이 지난 시점에 영화를 관람하는 경향을 보이는데, 이는 그 기간 동안 영화에 대한 소개 및 먼저 관람한 사람들의 관람평과 리뷰, 전문가들의 비평문을 다방면으로 살펴보고 영화의 관람 여부를 선택하기 때문이다. 이처럼 우리는 영화에 대한 정보를 바탕으로 영화를 선택하는 것에서부터 시작하여, 영화를 보고 난 후에도 영화와 관련된 정보, 감독의 인터뷰나 영화에 대한 다른 사람들의 다양한 해석, 영화 내용의 배경이 되는 사건이나 정보들을 탐색하는 과정을 통해 영화 관람 후 가치 판단의 시간을 거쳐 한 편의 영화를 종합적으로 읽어낸다.

영화 읽기에서 빼놓을 수 없는 중요한 읽기 방식은 영상수사학의 측면에서 영화를 읽어내는 것이다. 프랑스의 작가이자 영화감독인 알렉상드르 아스트뤽(Alexsandre Astruc)은 '펜으로서의 카메라(camera-stylo)' 이론을 제시하며 다음과 같이 말하였다.

> 영화는 점차 하나의 언어가 되어가고 있다. 여기서 언어란 예술가가 자신의 생각을, 그것이 아무리 추상적이더라도 표현할 수 있고, 자신의 문제를 현대의 에세이나 소설에서처럼 정확하게 표현할 수 있는 형식을 의미한다. 그래서 나는 이 새로운 영화의 시대를 카메라-스틸로(펜으로서의 카메라) 시대라 부른다.[9]

즉, 소설가가 펜으로 쓰듯 영화 감독은 카메라의 서술 기법을 가지고 스크린에 영화 언어를 쓴다는 것이다. 따라서 우리는 문자 텍스트로 된 시나리오를 영상으로 표현해낸 영화 언어를 읽어내야 한다. 영화 읽기는 텍스트와 시각 이미지, 영상을 한데 모아 읽는 '다매체 읽기'가 된다. 영화의 주제를 상징하는 기호화된 쇼트와 앵글, 미장센, 몽타주 등 카메라의 사용 기법과 편집 기법 등을 종합적으로 읽고 해석하는 과정을 통해 영화를 평가할 수 있어야 한다.

영화를 읽는 것은 앞서 언급하였듯 영화 감상에서부터 출발한다. 이후 감상한 영화를 분해하며 분석하는 방식과 분석 이후 영화의 가치를 주관적으로 평가하는 영화 비평의 단계까지 나아갈 수 있다. 영화 읽기의 방식들로서 영화 분석과 비평에 대해 알아보자.

영화 분석

영화 분석은 영화라는 매체의 고유성을 고려해 그 특징을 분석하는 것으로, 타인과 공유할 목적으로 영화의 특징을 비판적으로 규명하는 행위를 말한다. 분석은 영화 감상과 성찰의 과정을 거친다. 영화의 특징을 분석하되 영화에 대한 가치를 평가할지의 여부는 필수적이지는 않다. 문예학, 언어학, 기호학, 사회학, 정신분석학, 문화학, 페미니즘 등 다른 학문분야와 연결하여 영화를 분석하는 것은 상호주관적인 방식의 작업에 해당된다.

크누트 히케티어(Knut Hickethier)가 설명한 영화 분석의 과정에 따르면, 영화 분석은 영화를 감상하는 행위가 일차적으로 이루어진 뒤 이해한 내용이나 다소 모호한 부분, 인상적인 부분 등 전체적인 내용과 느낌을 정리하는 것에서부터 시작한다. 그 다음 영화에 던질 질문을 생성하고 여기에 대한 답을 찾기 위해 영화의 구조나 미학적 표현 방식, 메시지 전달 방식 등을 본격적으로 분석하는 단계를 거친다. 이후 영화 외적인 정보들, 영화의 제작 배경이나 제작 과정, 제작진 인터뷰나 홍보 자료 조사, 영화평 등의 정보를 수집하고 이후 감독이나 장르, 사회적 배경이나 추가 분석할 영화 등 분석자의 관심사에 따라 조사 내용을 확대한 후 이를 영화 내적 요소와 외부 요소를 연결지어 분석문을 작성하는 것으로 설명된다. 영화 외부 요소는 영화의 사전 정보로 영화에 대한 흥미를 유발하는 기능을 하기도 하고 영화 감상 후 영화에 대한 깊은 이해, 다양한 각도에서의 해석 등을 가능하게 하는 추가 정보로 기능하기도 한다. 분석의 과정에서 영화 내적인 것과 외적인 것의 결합은 여러 번에 걸쳐 다양한 방식으로 이루어지기도 하는 것이다.

영화 비평과 감상

비평은 사전적으로 '사물의 옳고 그름, 아름다움과 추함 따위를 분석하여 가치를 논함'이라고 정의된다. 문학에서의 비평은 '문학작품을 정의하고 그 가치를 분석하여 판단하는 것'이며, 이에 비추어 볼 때 영화 비평은 '영화의 가치를 분석하여 판단하는 것'이라고 정의할 수 있다. 강성률(2016)은 "예술가가 해석한 텍스트를 한 번 더 해석한 것"[10]이라고 영화 비평을 정의하는데, 여기서 "예술가가 해석한 텍스트"는 '영화'로, 영화는 감독이 세상에 대한 관점을 가지고 세상에 대해 성찰한 것을 반영한 것이므로 비평이란 이를 한 번 더 해석하여 가치를 부여하는 것이라는 뜻이다. 즉, 비평이란 "예술의 가치를 분석하는 것"이다.[11]

> 해석은 기술이기 때문에 비평은 작업이 될 수 있다. […] 해석자는 이미 완성돼 있는 것을 전달하는 것이 아니라, 작품이 잉태하고 있는 것을 끌어내면서 전달한다. 그러므로 해석은 일종의 창조다. 무에서 유를 창조할 수는 없지만, 잠재적 유에서 현실적 유를, 감각적 유에서 윤리적 유를 창조해낼 수는 있다.[12]

비평은 해석해서 창조하는 행위다. 모든 해석이 모두 평등하게 옳다고 할 수는 없으며 좋은 해석도 있고 덜 좋은 해석도 있다. 그러나 모든 해석의 행위는 무비판적이고 수동적인 태도로 감상하고 수용하는 데 그치는 것보다는 훨씬 생산적이고 의미있다. 좋은 해석의 기준은 얼마나 작품을 깊이 있게 인식하며 인지하고 해석하느냐이다. 깊이 있는 해석은 작품에 가치를 부여하며 이는 또 다른 이의 해석을 생성하는 선순환을 가져온다.[13]

좋은 해석을 위해 우리는 1차 텍스트인 영화를 여러 방식으로 보고 그 안에 포함되어 있는 의미를 깊이 있게 읽어내야 한다. 이 과정을 토대로 자신의 개인적인 생각이나 의견을 표현하는 것에서 그치는 것이 아니라 여기에 텍스트의 가치에 대한 평가를 덧붙여야 한다.

자크 오몽은 영화 분석을 위한 영상과 소리의 중요성을 강조한다. 그에 따르면 카메라를 통해 영상으로 표현하는 것이 영화 매체만의 특성이기 때문에 카메라를 사용하는 방법, 카메라 기법과 카메라를 통해 묘사된 이미지를 분석하는 것이 중요하며, 사진과 대비되는 소리 역시 영화의 의미를 다채롭게 만들고 다른 매체와 구분되는 가치를 부여한다.[14]

CHAPTER

02

영화 언어의 이해

01 영화 언어의 개념

영화 언어란 무엇인가

군터 샨츠(Gunter Schanz)는 영화 언어(film language)를 주장하면서 다음과 같이 말했다.

> 영상 진행들이 우리에게 말해주는 게 아무것도 없다면, 영화도 텔레비전도 존재하지 않을 것이다. 영화로써 '메시지'가 만들어지고, 그것들이 '내용'을 갖고 있고, 그것으로써 무엇인가가 '의도된다'는 것. 그것이 무엇인가를 '의미한다'는 것은 누구나 알고 있다. 간단히 말해서, 사람들은 언어적 표현처럼 그 영상의 내용을 이해할 수 있다(혹은 없다)는 것이다.

이 말은 영화를 구성하는 영상 이미지가 언어와 같은 내용과 의미를 담고 있다는 것을 의미한다. 즉, 문학이 문자를 통해 이야기를 서술하는 것처럼, 영화는 영상을 통해 내용을 서술한다는 것이다. 예를 들어 '한 남자가 거리 아래로 달려간다'라는 문장을 본다면, 우리는 문자로 된 이 문장을 읽자마자 머릿속으로 그림을 그리기 시작할 것이다. 그리고 이 연상한 것이 영화 속에서는 영상으로 표현되는 것이다. 누군가는 비탈진 길의 내리막을 빠른 속도로 뛰어 내려가는 한 남성을 뒤에서 쫓아 가듯 따라가는 모습을 떠올릴 수도 있고, 누군가는 거리 아래쪽으로 달려가는 남성의 모습을 마치 옆에서 조망하며 바라본 시점으로 떠올렸을 수도 있다. 또 누군가는 이층집 창가에서 바삐 뛰어가는 남성의 모습을 위에서 내려다보는 장면을 연상할 수도 있다. 그리고 이 각각의 장면들 중에서 하나를 영상으로 표현하여 보여주는 것이 영화이다.

이렇듯 영화는 떠올릴 수 있는 무수히 많은 상황들 속에서 감독의 의도에 맞는 하나의 현실적인 상황을 이미지화하여 표현한다. 그렇기 때문에 여기에는 감독의 의도와 서술하고자 하는 내용이 내포된다. 그리고 이 서술은 연출자의 표현을 통해 보는 사람이 서술된 의미를 바로 이해할 수 있도록 통용되는 영화 코드를 바탕으로 영상화되는데, 이것이 바로 영화를 구성하는 일종의 영화 언어에 속한다.

좋은 영화를 고르기 위해서도 영화 언어에 대한 이해가 필요하다. 조금 더 전문적으로 영화를 감상하기 위해 필요한 것은 영화의 특성 및 형식에 대한 이해이다. 영화가 어떤 형식적 특성을 지니고 있는지, 영화에 통용되는 영화 문법은 무엇인지에 대한 이해가 선행되었을 때 보다 능동적이고 전문적인 영화 감상과 영화 읽기가 가능해진다.[15]

영화 언어를 이해하기 위해서는 영화 언어를 구성하는 요소가 무엇인지를 이해하는 것에서부터 출발해야 한다. 영화 언어를 구성하는 요소는 크게 시각적 요소, 청각적 요소, 서사적 요소 세 가지로 분류할 수 있다. 시각적 요소와 청각적 요소가 영화 특유의, 영화라는 매체가 갖는 요소에 해당된다면 서사적 요소는 이야기라는 측면에서 문학과 유사성을 띄는 요소에 해당한다.

02 영화 언어의 구성 요소

2.1 시각적 요소

문학을 구성하는 요소가 각 나라의 문자 언어라고 한다면, 영화를 구성하는 영화 언어의 최소 단위는 쇼트(shot)이다. 스토리 차원에서만 접근한다면 쇼트 같은 영화 형식적 요소에 대한 이해가 불필요할 수 있다. 그러나 우리가 외국의 문화도 그 나라의 언어를 배워야 더 깊이 이해하고 소통할 수 있듯이, 기본적인 영화 언어가 갖는 의미를 아는 것은 보다 심도있게 영화를 분석하고 이해하는 데 도움이 될 수 있다.

영화의 물리적 기본 단위는 프레임이지만 실질적인 의미단위이자 영화 시간의 기본 단위는 쇼트이다. 쇼트는 카메라가 작동하기 시작해서 끝나는 시간까지, 즉 감독이 컷을 외칠 때까지 촬영된 필름의 길이를 말한다. 쇼트와 쇼트가 연결되어 씬(scene)이 되고 씬들이 모여 시퀀스(sequence)가 된다. 그렇게 만들어진 몇 개의 시퀀스가 모여 마침내 하나의 영화가 완성된다. 보통 한 편의 영화에서 사용되는 쇼트는 약 3000~4000개 정도이며 씬은 약 120개 내외로 구성된다.[16] 영화를 구성하는 단위를 이해하는 것은 곧 영화의 구조를 이해하는 것이고 이를 바탕으로 영화의 내용을 이해하면 감독이 전하고자 하는 영화의 주제와 내용을 용이하게 파악할 수 있다.

쇼트는 영화를 구성하는 최소 단위이자 쇼트 안에 숨겨진 다양한 도구와 그것들의 의미를 통해 영화를 제대로 읽어낼 수 있는 가장 중요한 단위이다. 그렇기에 영화를 제대로 읽기 위해서는 영화 언어의 최소단위이자 중요한 단위인 쇼트를 제대로 읽어내야 한다. 이런 의미에서 에카트 캠머링(Ekkat Kämmerling)이 제시한 쇼트의 개념을 살펴보도록 한다. 캠머링이 정의한 쇼트는 카메라가 영상에 담고자 하는 물체를 한 가지 자세로 특정하고 있는 단위를 일컫는 것으로, 아주 사소한 의미 단위에서도 쇼트를 구분하여 영화 분석자를 위한 도구를 제공하는 데 기여한다. 생산자의 관점에서 쇼트가 묘사된 현실과 플롯을 표현해 주는 수단이라면, 수용자의 입장에서는 사건이나 사람 등을 받아들이는 일종의 인지틀로 작용한다.

쇼트의 기본이 되는 프레임은 프레임의 어느 위치에 대상을 두느냐에 따라 다른 의미를 전달할 수 있다. 일반적으로 프레임의 중앙에는 가장 중요한 시각적 요소가 위치하며 피사체가 프레임의 상부에 놓일 경우 권위와 권력이나 열정을, 프레임의 하부에 위치할 경우 무력함이나 복종, 무기력함을 상징하게 된다. 프레임 좌우 끝부분에는 상대적으로 덜 중요한 요소들이 위치하며 창문, 거울, 문 같이 화면 안에 또 다른 프레임으로 내부 프레임이 위치하는 것은 평온함이나 안정감을 강조할 수도 있지만 구성이나 맥락에 따라 답답함이나 협소함을 상징하기도 한다.

프레임 내 이미지 구성 요소로는 선과 형, 면이 있다. '선'은 관객에게 여러 가지 연상을 일으키는 효과를 불러일으킨다. 강한 수직선은 남성성이나 힘을 상징하고, 부드러운 곡선은 여성성을 상징한다. 긴 수평선은 평온함과 균형을 상징하며, 사선은 갈등을 의미한다. 영화 속 이러한 선은 문자 그대로 눈에 보이는 선으로 등장하는 것을 의미하지 않는다. 쇼트를 찍는 화면 안에 사물이나 대상 등을 배치시켜 미장센을 구성할 때 사물과 대상이 만들어내는 선이 이러한 상징성을 가질 수 있다는 것이다. '형'이란 영화 속 대상이 가지고 있는 형태이며 '면'에서 넓은 면적은 안정감, 좁은 면적은 불안감을 유도한다. 밝은 면과 어두운 면이 주는 대비적 효과도 상징성을 지닌다.

쇼트에서의 외화면 공간(offscreen space) 구성 부분도 주목할 부분이다. 프레임 안에 인물이나 사물의 일부만 제시되는 경우, 외화면 공간이 의미 전달에서 중요한 역할을 하게 된다. 인체의 일부만 제시하는 경우 인격의 파괴와 분열을 상징하기도 한다. 예를 들어 화면 안에 한 인물이 서 있는 도중에 오른쪽 구석에서 의문의 사람이 쥔 칼과 그의 손만 등장하여 공격을 해 올 경우 영화의 다음 서사는 그 칼을 든 범인은 누구인가를 상상하며 따라갈 수밖에 없다. 영화의 형식에 따라 닫힌 형식은 프레임의 내부 구성을 중요시하므로 형식주의적 성향의 감독이 선호하고, 열린 형식은 외화면 공간의 사용을 자유롭게 활용하면서 사실주의적 성향의 감독들이 자주 사용한다.

쇼트를 구성하는 가장 중요한 주된 요소는 카메라와 피사체로 쇼트는 카메라와 피사체의 관계를 나타낸다. 카메라와 대상의 거리에 따라, 각도에 따라, 혹은 카메라의 움직임에 따라 쇼트가 어떻게 유형화되는지 살펴보도록 한다.

쇼트의 거리(Distance)

쇼트는 한 장면에서 대상을 바라보는 거리가 얼마나 먼지 혹은 얼마나 가까운지에 따라 구분된다. 대상과 카메라와의 거리는 관객에게 보여주고자 하는 것을 의도적으로 표현하며 쇼트에 따라 전달 의도가 달라지므로 중요하다. 피사체와 카메라의 거리가 멀 경우 포착되는 영역이 넓어지면서 웅장한 느낌을 연출할 수 있고, 반대로 피사체와 카메라의 거리가 좁아지면 보다 섬세한 표현이 가능해진다. 서사에 중심을 둔 영화의 경우 거리가 먼 롱 쇼트를 자주 사용하는 반면 심리묘사에 중점을 둔 영화들은 가까운 쇼트를 주로 사용한다. 피사체와 카메라 사이의 거리가 먼 쇼트부터 거리를 좁혀 가는 순으로 살펴보자.

① 익스트림 롱 쇼트(extreme long shot): 쇼트 중에서 피사체와 카메라 사이의 거리가 가장 먼 쇼트를 말한다. 주로 영화의 첫 장면에서 주위 배경이나 상황을 설명할 때 사용되며 아주 먼 거리에서 조망하며 광대한 범위를 보여준다. 피사체는 아주 작게 보이며 시퀀스가 시작되는 시점에서

전체적인 배경을 조망할 때 사용하는 쇼트로 흔히 영화의 시작점에서 자주 등장한다. 건물 꼭대기나 높은 상공에서 헬리콥터에 탄 채로, 혹은 드론을 사용하여 촬영한다. 이렇게 폭넓게 확장된 자연 풍경을 찍는 것이 특징인 극단적 롱 쇼트는 특정한 분위기를 전달하거나, 앞으로 전개될 내용의 배경을 상징적인 이미지로 제시하며 웅장한 느낌과 함께 이야기의 시작과 끝을 여닫는 기능을 하기도 한다. 의미를 추상적으로 전달하고자 할 때 사용되기도 하며, 광활한 스케일과 어우러지는 음악을 결합시켜 이미지의 효과를 강화시키기도 한다.

② 롱 쇼트(long shot): 여전히 멀지만 익스트림 롱 쇼트보다는 조금 더 가까워진 거리에서 전체 공간을 바라보는 쇼트를 롱 쇼트라고 한다. 연극 공연장에서 관객이 무대를 볼 때의 거리 정도에 해당하므로 인물의 몸 전체와 인물이 위치하고 있는 장소의 일부분이 함께 드러나며 인물의 얼굴 표정도 어느 정도는 인식 가능하다. 예를 들어 마을 풍경이나 도시 모습, 멀리서 바라본 길거리의 모습 등을 보여주는 장면에서 사용되며 마치 연극 무대의 배경처럼 모든 사건, 인물들의 행위가 벌어지는 공간을 설명해 주는 역할을 한다. 결투나 전투 장면 등 인물과 사건의 배경이 모두 중요할 때 주로 사용된다. 롱 쇼트는 우리가 일반적으로 서서 바라보는 각도로, 평행 시점에서 비출 때 가장 실재와 유사하게 표현된다. 특별한 심리적 표현보다는 서사의 진행을 위해 일반적으로 사용되며, 사실주의 영화를 지향하는 감독들이 가장 많이 사용하는 방식이다.

③ 미디엄 롱 쇼트(medium long shot): 롱 쇼트보다 조금 더 가까워진 미디엄 롱 쇼트에서는 공간의 모습과 함께 인물들의 모습이 등장한다. 인물의 상황이나 행위 묘사에 활용된다. 예를 들어 영화 속 인물들이 소파에 앉아 있거나 사무실에서 일을 하고 있는 등의 장면을 연상할 수 있다. 미디엄 롱 쇼트에서 인물은 전신 또는 무릎 위까지의 비율로 등장하며, 전신을 비추는 경우 롱 쇼트는 장소에 조금 더 초점이 있는 반면 미디엄 롱 쇼트는 해당 상황에서의 인물에 중점을 둔다는 점이 차이이다. 특히 서

부영화에서 자주 쓰였던 이 쇼트는 영화에 등장하는 카우보이가 허리춤에서 권총을 꺼낼 때의 모습을 보여주기 위해 머리부터 허리의 권총 부분까지를 쇼트에 담았다는 점에 착안해 아메리칸 쇼트(american shot)라고 부르기도 한다.

④ **풀 쇼트**(full shot): 인물의 머리부터 발 끝까지를 한 프레임에 담는 전신화면을 풀 쇼트라고 한다. 카메라의 거리는 이제 더 가까워져서 인물을 향한다. 신체의 움직임과 인물의 표정을 한 번에 잡을 수 있다.

⑤ **미디엄 쇼트**(medium shot): 인물에게 조금 더 가까이 다가가 인물의 머리부터 상반신까지를 담는 것은 미디엄 쇼트라고 한다. 인물의 표정이 읽힐 정도로 가깝고 배경도 일부 보이기 때문에 장면을 이끌어가는 의도로 가장 많이 사용한다. 미디엄 쇼트로 두 인물을 한 화면에 담으면 투 쇼트(two shot), 세 인물을 담으면 쓰리 쇼트(three shot)가 된다. 인물과 인물 간의 관계를 표현하고 강조하는 데 주로 사용된다. 미디엄 쇼트 중에서도 어깨 너머 쇼트(over-the shoulder shot)는 두 명의 인물을 프레임에 담는다. 이 쇼트의 특징적인 부분은 한 사람은 카메라를 정면으로 바라보는 위치에 있고, 다른 한 사람은 맞은 편에 앉거나 서서 등을 보이고 있는 구도로 표현된다는 점이다. 주로 진지한 분위기에서 취조를 하거나 혹은 자아 성찰 및 자기 고백을 하는 등의 장면 연출에서 사용된다.

⑥ **클로즈 쇼트**(close shot): 조금 더 가까이 다가가서 인물의 머리부터 가슴 부근까지를 담는 것을 클로즈 쇼트라고 한다. 이 중에서도 클로즈업(close up)은 피사체의 크기를 확대하여 인물의 얼굴 전체나 사물을 화면 가득 담는 것을 말하며 '접사' 또는 '대사'라고도 한다. 얼굴 중에서도 특정한 부분, 예를 들어 한쪽 눈이나 코 등을 세부적으로 보여주는 것을 세부 쇼트(detail shot) 혹은 극단적 클로즈업(extreme close up)이라고 부른다. 피사체의 크기를 확대함으로써 관객의 시선을 집중시키고 깊은 인상을 주고자 하는 목적으로 사용된다.

쇼트의 각도(Camera Angle)

쇼트의 각도, 즉 카메라 앵글은 카메라가 대상을 바라보는 시점을 의미한다. 시점은 영화를 형상화하는 수단이자 관객의 인지 작용을 조정하는 가장 기본적인 수단이라는 점에서 매우 중요하다. 시점은 우선 묘사 대상에 대해 생산자가 어떠한 시선을 보내고 있는지를 재현함으로써 생산자가 의도한 내용을 서술하는 역할을 한다. 이를 통해 묘사 대상에 특정한 의미를 부여하고, 이 의미는 시각적 재현을 통해 수용자로 하여금 무의식적으로 카메라가 이끄는 시점에 따라 조정된 인물이나 사건을 보도록 하면서 수용자의 인지 과정에 영향을 미친다. 카메라와 피사체가 일직선에 위치하는 눈높이 시각부터 여러 앵글을 살펴보도록 하자.

① 눈높이 앵글(eye-level angle): 눈높이 앵글은 성인의 눈높이 기준에서 수평적으로 바라보는 카메라의 각도이다. 눈높이 쇼트 또는 수평 앵글 쇼트라고도 한다. 관객들이 일상생활에서 사물을 바라볼 때의 높이와 동일하기 때문에 영상에 묘사되는 내용에 대한 강한 실제감을 부여한다. 또한 감독의 의도나 감정을 드러내기보다 객관적으로 피사체를 비춤으로써 신빙성을 높여주는 효과를 주기 때문에 사실주의 감독들이 즐겨 사용한다. 중립적이고 객관적으로 화면을 표현하는 앵글로 관객들의 능동적이고 적극적인 해석이 요구된다.

② 하이 앵글(high angle): 하이 앵글은 위에서 아래를 내려다보는 시각으로 피사체를 향해 카메라를 아래로 숙여 촬영하는 쇼트이며 '부감 쇼트'라고도 한다. 마치 새가 하늘을 날아다니며 혹은 높은 곳에 앉아 아래를 내려다보는 듯하여 '새의 시점(bird's eye view)' 혹은 '조감 앵글'이라고도 한다. 메시지를 전달하거나 사건 진행에 주석을 붙이는 기구로 활용된다. 또한 묘사 양식에 따라 다양한 기능을 수행하며 주변 세계를 우월한 입장에서 바라보는 주인공과 동화할 수 있는 계기를 마련해 주기도 한다. 피사체의 중요성을 감소시키거나 사소하게 보이게 하며 때로는 비하

하는 의미를 담아내는 등 미학적이면서도 심리적인 목적으로 사용된다.

③ **익스트림 하이 앵글**(extreme high angle): 하이 앵글이 약간 위에서 아래를 대각선으로 바라보는 각도를 지닌다면, 완전히 위에서 아래로 수직의 시선을 보이는 것은 익스트림 하이 앵글 혹은 극단적 하향 시각이라고 한다. 예를 들어 패러글라이딩 같이 상공에서 지상으로 하강하는 상황이나 천상계에서 지상계로 떨어지는 상황 등에서 사용된다.

④ **익스트림 로우 앵글**(extreme low angle): 익스트림 하이 앵글과 반대 방향으로 아래에서 위를 수직으로 바라보는 경우는 익스트림 로우 앵글 혹은 극단적 상향 시각이라고 한다. 지상에 있는 사람이 고개를 들어 하늘을 쳐다보는 장면 등을 연상할 수 있다.

⑤ **로우 앵글**(low angle): 아래에서 위를 대각선 방향으로 바라보는 각도는 로우 앵글 혹은 상향 시각이라고 하며, 카메라가 위를 향하도록 촬영하는 것으로 앙각 쇼트라고도 한다. 마치 개구리가 앉아서 바라보는 시선과도 같다고 하여 개구리 시점이라고도 부른다. 각도로 인해 대상의 비율이 왜곡되며 변형되기도 하고, 이로 인해 보는 사람이 생소함을 느끼도록 만드는 효과를 부여할 수 있다. 더불어 이 상향 시각을 활용하여 인물을 우상화화거나 위협적이고 섬뜩한 존재로 묘사할 수도 있고, 조롱하거나 우스꽝스럽게 만들 수도 있다. 이처럼 로우 앵글은 심리적으로 피사체의 중요성을 강조하며 공포감이나 경외감, 존경심을 표현한다. 또한 폭력적 장면에서는 두려움이나 흥분을 유발하며 혼란스러움을 잘 포착하는 기능을 한다.

⑥ **사각앵글**(rectangular angle): 사각앵글은 카메라를 옆으로 비스듬히 기울인 각도로 술 취한 사람의 불균형을 암시하듯 표현하는 시점 쇼트이다. 기울어진 각도는 불안함, 비현실적인 심리 상태를 표출시킨다. 심리적인 긴장감이나 변화의 임박을 암시할 때 사용한다. 주로 카메라를 고정시키기보다 들고 찍는 카메라 이동 방식과 결합하여 효과를 배가시킨다.

카메라 이동(Camera Movement)

카메라의 이동에 따라서도 쇼트가 구분된다. 초창기에는 카메라를 고정해 둔 채 카메라 앞에 피사체를 위치시키고 사건을 기록했다면, 기술의 발달과 함께 카메라에 움직임을 부여함으로써 다양한 표현이 가능해졌다. 카메라의 이동은 그 자체로 의미를 만들어내며 피사체를 따라 움직이면서 이야기를 서술하거나 분위기를 표현한다.

카메라의 이동은 삼각대를 고정한 상태에서 렌즈만 이동시키는 방식과 카메라 자체를 직접 움직이면서 촬영하는 방식이 있다. 먼저 카메라를 삼각대에 고정해 놓은 상태에서 렌즈만 이동하는 경우는 이동 방향에 따라 패닝(panning)과 틸팅(tilting)으로 구분된다. 패닝은 동일한 평면에서 카메라를 왼쪽에서 오른쪽으로, 혹은 오른쪽에서 왼쪽으로 이동시키는 것을 말한다. 틸팅은 동일한 평면에서 카메라를 위에서 아래로 혹은 아래에서 위로 움직이는 방식을 말한다. 시점은 고정된 상태에서 이동하기 때문에 안정적이면서도 관객이 카메라를 따라 함께 관찰하는 느낌을 부여할 수 있다.

카메라를 직접 이동시키면서 인물과 대상을 촬영하는 경우, 이를 트래킹 쇼트 혹은 이동 쇼트라고 한다. 이동 쇼트의 경우 카메라의 이동 방법 및 수단에 따라 다섯 가지로 구분된다.

① **평행 이동 쇼트**(parallel tracking shot): 움직이는 물체와 동일한 평면에서 함께 움직이며 촬영하는 방식을 말한다.

② **전진 이동 쇼트**(forward tracking shot): 움직이는 물체를 뒤에서 따라가면서 촬영하는 방식을 말한다.

③ **파노라마 쇼트**(panorama shot): 한 장면을 수평 혹은 수직으로 훑는 방식으로 촬영하며, 광활하게 펼쳐진 산맥이나 협곡, 바다, 도시 전체를 조망하는 장면에서 흔히 사용된다. 폭넓게 확장된 자연 풍경을 찍는 것이 특징적이며 등장인물의 시점에서 느껴지는 광대함을 강조한다.

④ 크레인 쇼트(crane shot): 크레인 같은 장비를 이용해서 위에서 아래로 혹은 아래에서 위로 움직이며 촬영하는 방식을 말한다. 높은 곳에서 피사체를 여러 각도로 바라볼 수 있게 함으로써 피사체의 공간적·심리적 변화를 인식할 수 있다. 또한 인물과 인물 간의 상호 관계, 사건 간의 인과 관계를 강조하며 관객에게는 외적인 환경부터 인물 내면의 심리까지 전지적 시점에서 바라보는 듯한 효과를 준다.

⑤ 스테디캠(steadycam): 스테디캠은 카메라맨이 상반신에 카메라를 걸치고 천천히 움직이면서 유연한 화면을 만들어내는 것이 특징이다.

⑥ 핸드 헬드 카메라(hand-held camera): 핸드 헬드 카메라는 카메라맨이 어깨 위에 올려 놓고 찍거나 인물과 같이 뛰어다니며 촬영할 수 있는 이동식 소형 카메라로, 싸움 장면이나 추격 장면 같이 움직임이 많은 상황을 찍을 때 사용된다. 화면이 끊임없이 움직이기 때문에 관객들은 긴장감이나 긴박감, 불안감을 느끼게 되며 실제 사건에 참여하고 있는 듯한 느낌을 받기도 한다.

쇼트의 지속 시간(Duration)

한 쇼트는 보통 1초에서 3초 정도로 지속되고, 종종 10초 이상 지속되는 긴 쇼트는 롱 테이크(long take)라고 부른다. 롱 테이크는 커트되지 않은 한 번의 촬영이 평균적인 화면의 길이에 비해 상대적으로 긴 형태이다. 한 테이크의 평균 길이는 대략 8-9초인데 롱 테이크는 몇 분 단위로 길이를 따져야 할 만큼 비정상적으로 긴 것이 대부분이며, 인물의 내면을 묘사하는 기능을 한다. 일반적으로 5초 이상 지속될 경우 관객이 지루함을 느낄 수 있으나 롱 테이크가 진행될 경우 관객은 롱 테이크의 의미를 찾기 위해 화면에 몰입하게 되는 효과를 유도할 수 있다.[17]

카메라 렌즈의 초점(Focus)

카메라가 정지된 상태에서 초점 거리가 앞뒤로 변화하는 것을 말하며, 화면에 특정 부분을 확대하여 제시하는 **줌 인**(zoom in) 방식과 반대로 멀어지는 **줌 아웃**(zoom out) 형태가 있다. 또한 렌즈가 촬영 대상의 초점을 화면의 전면에만 맞추느냐, 화면 깊숙이 맞추느냐에 따라 **편심 초점**(shallow focus)과 **전심 초점**(deep focus)으로 나뉜다. 편심 초점은 화면의 앞부분에만 초점을 두기 때문에 앞부분은 선명하고 뒷부분은 희미하게 나타나는 한편, 전심 초점은 전경과 배경이 모두 선명하게 나타나는 것이 특징이다.

노출 및 조명(Exposure & Lighting)

쇼트를 형성하는 데 있어서 조명의 노출 정도, 조명의 종류와 방향에 따라 다르게 구분할 수 있다. 조명은 피사체(주로 인물)를 향해 위치한 가장 밝고 중심적인 조명인 **주광**(key light)과 주광보다 덜 밝고 인물의 측면이나 뒤에서 비추는 **보조광**(fill light)으로 구분된다. 조명의 방향에 따라서는 **정면 조명**(front-lighting)과 **측면 조명**(side-lighting), **수직 조명**(top-lighting)과 **후면 조명**(back-lighting)으로 나눈다.

조명은 화면의 공간감을 만드는 데 기여한다. 밝기 정도에 따라서는 **명조광**(혹은 하이키 스타일, high-key-lighting)과 **암조광**(혹은 로우키 스타일, low-key-lighting)으로 나눌 수 있다. 명조광은 화창한 날이나 환한 카페를 비출 때처럼 매우 밝은 상태의 화면을 표현한다. 배경을 포함한 화면 속 모든 부분을 다양한 광원을 통해 비추며 그림자는 등장하지 않는데, 주로 코미디 영화에 사용되면서 쾌활하고 활기찬 정서를 조성한다. 암조광은 어두운 뒷골목이나 느와르 영화에 나오는 지하실 장면과 같이 매우 어두운 상태의 화면을 표현하는 것을 말한다. 주광 외 다른 광원을 거의 사용하지 않으며 전반적으로 어두운 분위기를 조성한다. 그림자를 부각시키며 극적인 상황이나 비밀스러운 분위기를 조성하거나 범죄, 심리적 긴장감 등을 표현한다. 명암 정도에 따라서는 명암이 매우 뚜렷한 화면인 강한 대비(high contrast)와 명암이 뚜렷하지 않은 약한 대비(low contrast)로 분류한다.

편집 – 쇼트의 연결(Editing)

편집은 쇼트와 쇼트를 연결하여 영화를 구성해 나가는 작업으로 러시아의 감독 푸도프킨(V. I. Pudovkin)은 영화 예술의 기본은 편집이라며 그 중요성을 강조하기도 했다. 영화는 단순히 이미지 그 자체가 의미를 갖는 것이 아니라 다양한 편집의 방식을 통해 의미를 지니게 된다. 감독은 쇼트의 배열 순서를 통해 자신의 의도를 표현하며 편집 기법을 통해 영화 전반에 생동감 있는 리듬이나 속도감을 부여하기도 한다.

각 쇼트의 시작과 끝이 이어지는 형태에 따라 연결의 종류가 구분되며 연결의 종류는 다음과 같다.

- 컷(cut): 한 화면이 끊어지고 다음 화면이 곧바로 등장하는 형태를 말한다.
- 교차 편집(cross-cutting): 서로 다른 장소에서 동시에 진행되는 두 가지 이상의 사건들을 교차로 보여주는 방식으로, 평행 편집(parallel cutting)이라고도 한다. 사건의 동시성을 부각시키고 해당 사건들의 상호 연관성을 드러내주며 긴박감을 부여한다.
- 점프 컷(jump cut): 동일한 등장인물이 동일한 행위를 하되 의상이나 배경을 변화시킴으로써 인물의 행동이나 모습을 시간적 생략을 통해 보여주는 방식이다. 불필요한 부분을 삭제함으로써 시간을 압축시키고 사건이나 행위를 속도감 있게 표현할 수 있다.
- 페이드 인/페이드 아웃(fade in/fade out): 앞 장면의 마지막 영상이 사라지면서 점차 밝아지거나 어두워지면서 연결되는 형태로 시간적 이완을 통해 리듬감을 부여한다.
- 디졸브(dissolve): 한 화면의 끝부분과 다음 화면의 앞부분이 겹쳐지며 연결되는 형태를 말한다. 상대적으로 느린 화면 전환 방식으로 중요한 신의 변화 혹은 시간의 경과를 알리기 위한 편집 방식이다.
- 합성화면(superimposition): 한 필름 화면에 두 개 이상의 영상이 혼합되는 화면을 말한다.

- 아이리스 인/아이리스 아웃(iris in/iris out): '아이리스 인'은 화면의 중심에서 다음 쇼트가 원형으로 점점 커지며 나타나는 형태를 말한다. 반대로 '아이리스 아웃'은 화면이 점점 둥글게 작아지는 방식으로 쇼트를 마무리한 뒤 다음 쇼트가 등장하는 형태를 말한다.
- 와이프(wipe): 화면에서 커튼이 걷히듯이 한 선이 가로지르며 앞 쇼트를 지우고 다음 쇼트가 나타나는 형태를 말한다. 새로운 영상이 수평선, 수직선, 대각선 등 여러 형태로 나타나며 속도감을 부여할 수 있어 코미디 영화에서 자주 사용된다.
- 플립 프레임(flip frame): 영상 프레임 전체가 마치 책장을 넘기듯이 빠르게 새로운 장면으로 건너뛰면서 전환되는 방식이다. 시공간의 변화가 두드러지는 쇼트의 연결에서 사용한다.
- 플래시 포워드(flash forward): 현재의 시간적 진행보다 선행하여 미래의 장면을 미리 보여주는 예시 장면을 말한다.
- 플래시 백(flash back): 시간적 진행을 역행하며 과거의 장면을 보여주는 회상 장면을 말한다.

최근에는 잘 사용되진 않지만 편집 기법이 만들어진 시기에 있었던 방식으로 블라인드(blind)는 전체 화면이 줄무늬 형태로 접어지면서 쇼트가 바뀌는 형태를 말하고 캐시(cash)는 화면이 축소되거나 화면 테두리가 실 모양으로 풀어지면서 화면이 바뀌는 형태를 말한다. 화면이 갑자기 등장하거나 사라지는 형태로 연막(smoke)은 연기 속으로 앞의 화면이 사라지고 다음 화면이 나타나는 형태이며, 화면 찢기(split screen)은 앞의 화면이 찢어지며 다음 쇼트로 연결되는 형태, 웅덩이(swamp)는 앞 화면이 흙탕물처럼 되고 그 다음 쇼트가 웅덩이 같은 곳에서 올라오는 형태를 뜻한다.

미장센(Mese-en-Scène) / 몽타주(Montage)

미장센은 '장면(화면) 속에 무언가를 놓는다'는 뜻의 프랑스어에서 유래한 것으로 '장면의 무대화'라는 연극에서의 의미를 영화 용어로 차용하였다. 영화 용어로 미장센은 모든 요소를 동원하여 한 화면을 구성하는 것을 뜻한다. 즉, 프레임 내에 담길 배경이나 세트, 소품과 같은 사물이나 의상, 분장, 배우의 연기 및 카메라의 움직임이나 앵글, 조명 등 여러 요소를 적재적소에 배치하여 연출하는 개념을 말한다.[18] 이는 말로 표현하기 어려운 시각적 요소와 말로 표현할 수 있는 구상적 요소로 구분되는데, 시각적 요소에는 프레임 안의 색이나 톤, 형태, 구도, 심도, 카메라 움직임, 인물의 몸짓 등이 속하고 구상적 요소에는 인물의 연기 등이 속한다.[19] 즉, 미장센은 화면을 구성하는 모든 시각적 요소를 뜻한다.

영화적 화면 구성은 "회화와 영화가 맞물리는 지점"[20]으로 관객들은 감독이 화면 속에 무엇을 어떻게 담아내느냐를 이해하고 해석하는 과정을 통해 장면이 의미하는 바, 강조하는 메시지를 읽어낼 수 있다. 영화 관람 뒤에 관객은 편집이나 카메라 기법 등을 자세히 기억하지는 못하더라도 영화 속에 등장하는 특정한 장면은 확실히 기억하는 경우가 많다. 특정한 장면은 그 영화를 상징하는 장면이 되어 시대가 지나도 계속해서 회자되기도 한다. 주인공의 표정이나 걸음걸이, 의상, 다른 인물과의 관계, 전반적인 분위기 등은 관객의 인상과 기억에 잔상을 남기는 효과를 준다.[21]

몽타주라는 용어는 프랑스어 '조립하다(monter)'에서 파생된 것으로 넓게는 편집(editing)과 동의어로 사용된다. 몽타주는 선택된 쇼트들의 조합으로 쇼트와 쇼트를 연결하여 영화를 구성해 나가는 작업이라는 뜻을 지닌다. 몽타주를 통해 인물의 행동을 자연스럽게 연결시키기도 하고, 부자연스러움을 통해 의도된 메시지를 표현하기도 한다.

몽타주는 연속 편집과 비연속 편집으로 구분된다. 연속 편집은 보는 이로 하여금 실제라고 느끼게 하는 환상성을 부여하며, 비연속 편집은 사건을 압축하거나 확장하며 스토리를 극적으로 구성하는 기능을 한다.[22] 연속 편집은 행위의 연속성을 통해 사건의 모든 행위를 그대로 묘사하지 않고서도 이야기를 전달할 수 있는 방식으로 주로 설명적인 시퀀스에 사용된다. 연속 편집은 화면의 자연스러운 흐름을 유지하기 위해 인물의 동작 일치, 시선 및 방향의 일치, 조명과 색조의 일치, 사운드의 일치 등 원칙을 준수한다. 비연속 편집은 주제적 편집이라고도 하는데 편집의 방향을 사건의 시간적 순서에 맞춘 스토리 전달에 두는 것이 아니라 주제적 연관성을 중요시하며 시간을 줄이거나 늘리는 방식으로 쇼트를 연결하는 방식을 말한다. 주된 방식으로 교차 편집이나 병행편집, 플래시 백/플래시 포워드 등의 방식으로 시간에 가변성을 둠으로써 주제를 더욱 폭넓고 깊이 있게 표현한다.

몽타주 기법은 반사실주의 소설이나 초현실주의 미술에서도 흔히 쓰인다. 예를 들어 한 프레임 안에 전혀 어울리지 않는 코끼리와 수조통, 시계 등이 함께 놓여있는 회화 작품을 연상해 볼 수 있다. 영화는 쇼트와 쇼트를 편집하여 연결하는 데 있어서 자유롭기 때문에 다른 매체보다 몽타주의 사용이 훨씬 용이하다. 영화는 장면과 장면을 엇갈리게 하여 장면 자체를 몽타주화 할 수 있다. 또한 한 장면 안에 클로즈업 되는 부분과 그렇지 않은 부분을 병치시킬 수도 있기 때문에 가장 몽타주적 속성을 지닌다.[23]

영화의 이미지 분석은 미장센과 몽타주의 분석이라고 할 만큼 두 가지는 중요한 의미를 지닌다. 미장센과 몽타주는 상대적인 개념으로 장뤼크 고다르(Jean Luc Godard)에 따르면 미장센은 '공간 구성'에 대한 원칙, 몽타주는 '시간 구성'에 대한 원칙이라고 정의할 수 있다. 미장센이 단일한 쇼트 또는 테이크, 즉 카메라가 장면을 찍기 시작해서 멈추기까지의 시간 동안 화면 속에 담기는 이미지를 만들어내는 작업이라면, 몽타주는 쇼트와 쇼트를 결합시켜서 특정한 의미나 효과를 얻고자 하는 편집 방식이다. 미장센은 조금 더 작가의 주관적인 의도를 가진 섬세한 작업으로 작가주의 영화에서 더욱 뚜렷한 성과를 남겨왔고, 몽타주는 편집의 양식을 통해 영화의 주제에 효과적으로 도달하려는 목표를 추구한다.

2.2 청각적 요소

영화는 '영상'과 '언어', '음향' 세 가지가 복잡한 상호 관계를 형성하며 하나의 통합체로 인식되는 매체이다. 듣는 것보다 보는 것이 더 의식적인 인지 활동이기 때문에 음향은 비교적 무의식적으로 받아들여진다. 그러나 음향 요소들은 영화에 부가적 의미를 창조하거나 감각적이고 정서적인 자극을 유발하는 중요한 역할을 수행한다. 음향은 현대 영화에 있어서 '지금, 여기'라는 사실감을 강화시키며 이를 통해 체험의 영역과 깊이, 강도를 증폭시켜주는 효과를 지닌다.[24]

영화의 음향은 인물, 배경 소음, 자동차 소리 등 소리의 원천이 화면에서 동시에 제시되는 내부 음향(on-ton)과 소리의 원천이 화면에서 보이지 않는 외부 음향(off-ton)으로 구성된다.

음향의 영역에서 언어 다음으로 중요한 비중을 차지하는 것은 '음악'이다. 음악은 주인공의 감정이나 영화 속 사건 진행에 대해 주석을 붙이거나 해설을 더해 주는 기능을 한다. 또한 음악은 영화의 시간과 공간을 확정 짓는 기능을 하기도 한다. 음악은 관객의 감정을 활성화시키기도 하고, 영화의 휴지부나 사건의 연속성을 표현해 주며 구조화시키는 역할을 한다. 영화 음악 중 특히 '주제곡'은 영화 선전이나 정형화를 위해 사용된다.

사운드의 유형 세 가지

1) 음성 언어 / 대사(Dialogue)

영화를 구성하는 사운드는 크게 세 가지로 구분된다. 먼저 인물의 대사를 전달하는 소리인 음성 언어로 인물의 대사를 직접 전달함으로써 서사를 진행시키는 역할을 한다. 유성영화를 토키라고 칭하는 것으로 보았을 때 사운드 중에서도 가장 기본적이고 중요한 역할을 하는 것은 바로 이 '대사'라고 할 수 있다.

무성영화 시절에는 인물 간 이야기를 전달하기 위하여 자막으로 그 역할을 대신하였다. 그러나 사운드 기술이 발전하면서 인물의 직접적인 대사가 가능해졌고, 그만큼 연기자의 목소리는 외형이나 자세, 동작만큼이나 등장인물의 특징을 대변하는 연기의 주요 요소로 작용하게 되었다.

현대 영화에서는 세밀한 마이크의 위치 설정과 녹음 방식, 숙련된 음향 편집과 음질의 변형 등의 기법이 영화의 기술적·예술적 발전을 이루는 데 기여하였다.[25]

대사 외에 영화 속에 등장하는 음성 언어로 내레이션 또한 중요한 역할을 한다. 내레이션은 화면과 일치되지 않으며 말하는 사람이 스크린에 등장하지 않는다. 그러나 목소리로 발화되어 관객에게 전달되며 이를 통해 내러티브를 서술해 주는 역할을 한다.[26]

2) 효과음(Sound Effect)

효과음은 영화 속 인물의 입에서 나오는 대사 소리 외 자연적으로 들리는 모든 소리를 말한다. 크게 인물이 내는 소리나 배경 소음, 자동차 경적 소리 등 소리의 원천이 화면에 동시에 제시되는 내부 음향과 소리의 원천이 화면 바깥에 있는 외부 음향으로 구분된다.

내부 음향과 외부 음향은 가시 음향(visible sound)과 불가시 음향(invisible sound)으로 구분하기도 한다. 가시 음향은 시각 영상 내 존재하는 음악으로 자연스럽고 사실적으로 느껴진다. 불가시 음향은 음원이 스크린 밖에 있는 것으로 영상에 더 강력한 극적 효과를 더해 주고 고도의 표현성과 상징성을 지니며 영화에 창의성을 더한다. 불가시 음향은 스크린에 투사되는 화면을 더욱 확장시키는 역할을 한다. 예를 들어 공포 영화에서 화면에 나타나지 않지만 삐걱거리며 계단을 오르는 듯한 소리가 나거나, 어디선가 문이 벌컥 열리는 소리, 정체불명의 소리 등이 들리면 관객은 화면 외의 공간으로 확장하여 상상할 수 있다. 이처럼 음향은 구체적인 리얼리티를 소리만으로 구현하는 효과를 준다.

묵음(dead track)이나 음의 부재(silence) 역시 강력한 음향효과를 지닌다. 영상에 소리를 의도적으로 제거한 영상은 관객을 더 오래, 더 집중해서 화면을 응시하도록 만든다. 더불어 마치 호흡을 멈추고 다시 시작되기를 기다리는 듯한 신체적 긴장감이나 서스펜스를 발동시킨다. 묵음의 순간 이후에는 예기치 못한 음향이 갑작스럽게 이어지도록 함으로써 충격효과를 증폭시키기도 한다.[27]

3) 음악(Musical Score)

사운드의 영역에서 대사 다음으로 중요한 비중을 차지하는 음악은 영화 예술에서 없어서는 안 될 중요한 구성 요소 중 하나이다. 음악은 영상 및 이미지와 내러티브, 연기, 효과음 등과의 상호작용을 통해 영화의 완성도를 높이는 데 기여한다.[28] 감정과 리듬을 더해 주는 배경음악(background music)으로서의 음악은 작품 속 인물의 감정에 몰입하도록 한다. 또한 영화를 관람하고 난 후 작품에 대한 감정적 기억을 연장시키는 역할을 하기도 한다. 대표적인 사례가 영화 <타이타닉>(Titanic, 1997)인데, 남녀 주인공이 뱃머리에서 두 팔을 벌린 채 서서 바다 바람을 맞는 장면과 함께 흘러나오는 영화의 주제곡 'My Heart Will Go On'은 시간이 흘러도 모두가 음악과 영화의 장면을 동시에 떠올리도록 하는 명장면으로 남아있다. 이렇듯 음악은 영화의 일부가 되어 일종의 청각 이미지로서 관객들에게 시각적이고 청각적인 인상을 각인시키는 역할을 한다.[29]

영화 음악은 음악의 유형에 따라 이미 음악 자체로 존재하는 기존 음악(pre-existing music)과 영화를 위해 만들어진 창작 음악으로 분류된다. 기존 음악은 영화 속 영상과 결합하였을 때 그 의미를 증폭시키는 역할을 한다. 음악이 기존에 가지고 있던 순수 음악적 코드(pure musical codes)로서의 의미뿐만 아니라 영화의 영상과 결합되는 과정에서 복잡성을 갖게 되고 문화 음악적 코드(cultural musical codes)라는 다층적 의미로 확대되는 것이다.[30]

감독은 기존 음악을 통해 경험적 초점 측면에서 관객들에게 내재되어 있는 기억과의 결합을 유도한다. 음악이 가지고 있는 시대적·문화적 배경과의 복잡성을 바탕으로 영화에 대한 다양한 의미와 해석이 이루어지게 함으로써 영화적 효과를 높이는 것이다.[31] 대표적으로 박찬욱 감독의 영화 <헤어질 결심>(2021)에는 정훈희의 노래 '안개'가 등장한다. 감독은 이 노래에서 영화의 영감을 얻었다고 말할 만큼 중요한 역할을 한다.

반면 영화를 위해 작곡된 창작 음악은 오로지 감독이 의도하고자 하는 영화의 목적에 따라 영화적 효과를 강화하기 위하여 기능한다. 영화에 음악을 더하는 전통적인 방법은 각 시퀀스의 정서적·운율적·극적 요구에 맞게 기존 음악을 선택해서 사용하는 것이었다. 그러나 특정 작품을 위해 작곡될 경우 두 가지 유형으로 창작되어 영상과 결합된다. 먼저 미키 마우징(mickey mousing)이라고 하는 것은 음악과 영상 내의 동작을 정확하게 결합시킴으로써 음악의 리듬과 동작중인 대상의 움직임이 자연스럽게, 한 치의 오차도 없이 일치하도록 하는 것을 말한다. 이를 위해 작곡가는 각 쇼트나 시퀀스를 치밀하게 분석하여 동작과 리듬의 완벽한 일치가 이루어지도록 해야 한다. 미키마우징처럼 음악과 동작을 일치시키려는 의도 없이 영화 전체의 전반적인 정서적 분위기를 위한 일반화된 음악도 영화를 위해 작곡된다. 이 경우 특정 시퀀스나 영화 전체의 정서적 톤이나 분위기에 주안점을 두며 반복되는 주제나 특정한 테마를 환기시키는 역할을 한다. 중요한 것은 사건의 전개 과정에서 음악의 변형이 이루어지긴 하지만 일반적으로 영화 전체에 맞는 일관성이 유지되어야 한다는 점이다.[32]

음악은 모든 영화에 막대한 영향을 끼친다. 음악은 시각 영상을 보면서 느끼는 정서적 경험을 강화시켜주고 상상력을 자극한다. 더불어 등장인물의 행동과 사건 진행에 리듬감을 더해줌과 동시에 영상 만으로 전달할 수 없는 정서를 표현하고 암시하기도 한다. 영화에서의 음악에 전통적이고 보수적인 입장에서는 최상의 영화 음악이란 음악 자체의 존재를 의식적으로 인식시키지 않으면서도 영화 내에서 다양한 기능을 수행하는 것으로 정의된다. 음악 자체가 너무 훌륭해서 관객이 음악을 듣는 것에 관심을 기울이면 제대로 된 영화보기가 이루어지지 않는다는 것이다. 반면 현대적 견해는 관객이 음악 자체에 관심을 갖고 주의를 기울이는 것에 관용적이다. 영화의 시각적이고 극적이고 운율적인 요소들은 상호 불가분의 관계를 가지고 있기 때문에 어느 순간 음악이 영상을 지배할 수도 있다는 것을 인정한다. 그러면서도 음악이 스크린상의 영상과 얼마나 조화로운지는 관객이 판단하기 때문에 음악에 대한 집중이 지속적으로 이어지지는 않을 것으로 본다. 즉, 전통적인 관점에서나 현대적인 입장 모두 음악은 그 자체의 목적을 지니기보다 영화 전체를 위한 하나의 수단으로써 유의미한 구성 요소로 기능해야 함을 강조한다.[33]

현대 영화에서 음악은 다양한 '전문화 기능'을 담당한다. 영화 음악은 동작이나 대상의 미진함을 감추거나 보충하는 '감추기 효과'를 지닌다. 서사의 전개가 미약하거나 결합이 명백하게 드러나는 상황에서 감독과 작곡가는 강렬한 배경음악의 사용으로 극적 긴장감이나 중요성을 부여하기도 한다. 대사와 동시에 동반되는 음악은 아주 섬세하고 은밀하게 무의식적으로 관객의 정서적 반응을 이끌며 대사에 내포된 정서를 강화하는 '극적 강화'를 유도한다. 말이나 행동으로 표현할 수 없는 극적 상황이나 극중 인물의 심리 상태처럼 시각적으로 혹은 대사로 묘사할 수 없는 것을 음악으로 표현하기도 한다.

음악은 시공간을 상징하는 도구가 되기도 한다. 일련의 음악 양식은 특정 시기나 장소와 깊은 연관을 지니며 단순히 음악의 사용만으로 해당 시기를 시간적 배경으로 설정할 수 있다. 치터, 만돌린, 스패니쉬 기타, 하와이안 기타 등 특정한 악기의 사용은 국가나 인종을 상징하며 지리적 정보를 제공하기도 한다.

특정한 음악이나 음악을 통한 리듬의 전환은 갑작스러운 분위기의 변화나 예상치 못한 행위 혹은 사건의 발생을 예고하는 기능을 한다. 사건을 예고하거나 긴장감을 고조시키는 음악은 음량이 커지거나 단조로 변화가 일어나거나, 조화롭던 음악이 갑자기 불협화음으로 바뀌며 신경질적이고 불안한 느낌을 유발하는 방식으로 표현된다. 시각적 사건에 앞서서 전개되는 음악은 관객으로 하여금 무슨 일이 일어날 것이라는 사실을 암시하도록 하고 긴장감을 유발하지만 사전 준비를 통해 충격효과를 감소시키는 것이 아니라 오히려 긴장과 함께 충격을 강화시키는 효과를 지닌다. 음악은 시각영상과 조화를 이루어 새로운 시각으로 보도록 하며 반어법적인 의미를 표현한다.

더불어 음악은 인물의 성격화(characterization)에도 기여한다. 1930~1940년대 많은 영화들에서는 특정한 악기나 음악 양식을 활용하여 인물의 성격 측면을 창조하였는데, 단조의 불길한 음향과 악상을 연결하여 악당의 성격을 부여했고, 주인공은 우아한 바이올린 연주나 에너지 넘치는 긍정적인 음악을 사용하는 방식으로 구분했다.

일정한 유형의 음악이나 악기와 같은 음향의 사용은 이어질 특정한 상황을 관습적으로 표현함으로써 일종의 경제적 효율성을 성취하도록 한다. 빠른 동작이나 이동 수단의 움직임을 묘사하는 이동음악(traveling music)은 영화에 속도감을 부여한다. 실제 현장의 소음이나 음향 효과도 음향에 맞는 분위기를 창조하는 데 효과적으로 사용된다. 이런 유형의 음악으로는 흩어지는 파도, 시냇물 흐르는 소리나 바람 소리 등의 자연음과 자동차 경적 소리, 문이 철커덩하고 닫히는 소리, 브레이크 밟는 소리 같은 인공음이 있다.

영화학자 루이스 자네티(Louis Giannetti)는 영화 음악의 기능을 다음과 같이 세분화하여 제시하였다.[34]

- 영화의 분위기 암시
- 장소, 계급, 종족 암시
- 예상치 못한 사건 전개의 전조
- 감정 변화 통제
- 역설적 대조
- 인물의 성격 묘사 및 제시
- 영화의 주제 전달
- 가사를 통한 묘사
- 대사 강조

덧붙여 작곡가 에런 코플런드(Aaron Copland) 역시 영화 음악의 기능을 5가지로 제시하였다. 시공간적 배경을 확인시키거나 인물의 내면 혹은 숨겨진 상황의 의미를 만들어내는 기능, 단순한 배경 음악으로서의 기능 및 영화의 서사에 연속성을 부여하는 기능, 마지막으로 감성적 토대를 구축하는 기능이 해당된다.[35]

정리하자면 음악은 영화 속에서 하는 역할과 기능에 따라 영화 속 사건 진행에 대한 서술이나 인물의 정서를 묘사하는 주석과 해설의 기능, 영화의 시간과 공간에 대한 정보를 제공하는 기능 그리고 대사가 존재하지 않는 휴지부에서 사건의 전개를 연결해 주면서 장면과 장면 사이의 전환을 자연스럽게 연결해 준다. 뿐만 아니라 이어질 사건에 대해 암시함으로써 서사구조를 돕는 서사적 기능을 지닌다.

그러나 영화 음악에 대해 과도하게 중요성을 부가하지 말아야 한다고 보는 부정적 견해도 존재한다. 음악은 보조적인 역할일 뿐 지나친 주목을 받아서는 안 된다는 것이다. 그럼에도 영화 음악은 영화를 상징하는 것으로서 기능을 하기도 하고 영화를 보는 관객의 감정이입을 도우며, 영화 그 자체를 오래 기억하게 만드는 중요한 역할을 한다는 점에서 매우 중요하다.

2.3 서사적 요소

영화는 문학과 마찬가지로 서사를 통해 삶의 여러 단면을 그려낸다는 점에서 공통점을 지닌다. 영화를 구성하는 서사를 이해하기 위해 살펴봐야 하는 서사적 요소들은 다음과 같다.

스토리와 플롯

데이비드 보드웰(David Bordwell)은 이야기의 내용과 형식을 구분하기 위해 스토리와 플롯이라는 용어를 사용한다. 스토리란 영화의 내용, 사건과 등장인물이 만들어내는 연대기적이며 인과적인 연속을 의미한다. 플롯은 시간순으로 진행되는 서사 안에서 사건들을 특정하게 배열한 것으로 관객의 흥미를 유도하고 지속하기 위해 서사 차원에서 중요한 도구로 사용된다.

스토리는 닫힌 형식과 열린 형식으로 구성되는데, 닫힌 형식은 관객이 작품을 보며 주인공에게 감정이입 하도록 만드는 것을 목표로 한다. 도입-전개-결말의 구조를 갖추고 있으며 결말에서 도입부를 환기시키고 서사 진행 과정에서의 모든 의문점이 마무리됨과 동시에 해결되는 형식이다. 이와 다르게 열린 형식은 비대칭적 구도로 사건의 완결보다 진행을 강조하며, 독립적 성격의 에피소드들로 구성된다.

영화의 이야기는 플롯을 지닌다. 플롯이란 이야기를 구성하는 사건들의 구조를 뜻하는 것으로 사건의 순서를 배열하는 방식을 의미한다. 플롯은 사건 서술 가운데서도 원인과 결과에 토대를 둔 서술 방식으로 인과관계에 따라 사건을 유기적으로 배열하며 작품 내 갈등을 토대로 서사의 틀을 짜서 전개한다는 점에서 영화의 서사구조에 매우 중요한 역할을 한다.

플롯이 사건들을 나열하고 배치하는 작업이라고 한다면, 사건들에 시점을 부여하는 것은 서술이라고 한다. 영화의 서술은 대체로 고전적 패러다임, 사실주의적 서사 혹은 형식주의적 서사 가운데 하나의 방식을 취한다. 대체로 할리우드 영화는 연극 무대에서 비롯된 고전 패러다임을 관습적으로 따른다.

서사구조

서사의 기본 단위는 사건과 상태이며 사건은 상태의 변화를 뜻한다. 서사에서 사건은 인과관계를 중심으로 연결된다. 롤랑 바르트(Roland Gérard Barthes)에 따르면 서사는 필수적인 '중핵 사건'과 생략해도 무방한 '촉매 사건'으로 구분된다. 중핵 사건은 사건의 논리적 전개에 필수적인 것으로 인물의 선택이 사건의 향방을 좌우하며, 촉매 사건은 생략해도 서사 전개에 문제가 되지는 않지만 존재함으로써 사건을 확장하는 기능을 한다.[36] 영화에서는 중핵 사건이 시퀀스 단위로 전개되며 중핵 사건들이 결합하면 거시 시퀀스가 된다.

서사구조는 '안정-불안정-안정'의 평형 지향적 구조(equilibrium-oriented structure)로 된 의미구조를 지닌다. 평형 지향적 구조는 서사 진행의 추동력을 잘 드러내주는 서사 진행 방식으로, 주인공이 명령이나 요청에 따라 계약을 맺은 후 적대자와 대결하는 식의 '결여의 충족'이 서사 진행의 축으로 작용한다. 이러한 구조는 추리영화, 전쟁 영화, 공상과학 영화, 멜로드라마와 같은 대중영화에서 주로 나타난다.[37]

서사의 시점

영화 속 이야기의 사건과 상황은 시점에 따라 다르게 전개된다. 이는 장르적 성격을 규정하는 데 있어서도 영향을 미친다.

시점은 대체로 내적 시점과 외적 시점으로 나뉜다. 또한 일인칭 시점과 삼인칭 시점으로 구분할 수 있다. 문학과 영화를 비교해 보자면, 문학에서는 서술의 일관성을 유지하기 위하여 시점의 구별이 엄격하게 지켜지는 편이다. 반면 영화는 다양한 영화적 연출을 위하여 쇼트의 장점을 살려 일인칭 서술과 전지적 시점의 서술을 복잡하게 결합시킬 수 있다.[38] 문자는 하나의 문장에서 하나의 시점만 사용할 수 있는 반면 영화는 하나의 장면에 여러 개의 시점을 결합시킬 수 있는데, 예를 들어 동시에 다른 장소와 시간대를 연결하는 병행 편집 방식을 통해 화면을 구성하는 것이 가능하다. 영화는 또한 시점에 따라 특정 장면의 의미를 보다 실감나게 제시할 수 있다는 점에서 장점을 지닌다. 이는 매체의 특성에 따른 차이에 해당한다.

영화에서 화자의 시점은 카메라의 연출과 편집에도 영향을 준다. 전지적 화자는 모든 것을 아는 화자로 외부시점 및 내부시점을 모두 지닌다. 외부시점으로 화면 밖에서 인물과 사건을 관찰하는 방식으로 묘사되거나 인물의 감정이나 동기, 생각까지 모두 표현하기도 하는데, 내부시점 표현을 위해 꿈이나 환영, 회상 장면을 삽입하거나 보이스 오버를 삽입하는 방식이 사용된다. 일인칭 화자는 자신이 이야기 속, 화면 속에 등장한다. 일인칭 화자는 자신이 참여한 사건에 대해서만 주관적이고 제한된 관점으로 이야기를 전개하는데, 이때 카메라는 일인칭 화자 시점을 반영하는 시점 쇼트(point of view shot)를 사용한다. 시점 쇼트는 마치 영화 속 인물이 장면 속 공간에서 보는 것처럼 인물의 시선과 동일시하도록 만드는 방식으로 주로 전쟁의 참혹함을 허망하게 바라보는 인물의 시점 혹은 공포 영화에서의 긴박한 장면 등에서 흔히 사용된다. 또한 핸드 헬드 기법을 사용하여 자연스러운 흔들림을 동반한 화면 연출을 보이는데 일인칭 시점의 강조를 위해 자주 사용한다.

주제

주제도 서사에 있어 매우 중요한 요소이다. 기본적으로 작품에서 말하고자 하는 바가 주제이며, 영화의 주제는 언제나 도덕적인 교훈을 주거나 특정한 메시지를 전달하고자 의도하지는 않는다.

주제의 최소 단위는 모티프로, 작품 속에 빈번하게 나타나는 주요 어구나 고정된 묘사 혹은 이미지의 복합을 보통 중심 테마(leitmotif)라고 한다. 모티프는 영화 속에서 드러나지 않는 상징일 수 있다. 또한 단일한 것이기도 하고 반복적인 것이기도 하다. 주제는 다양한 수사적 장치를 활용하여 표현되며, 주로 은유와 직유, 상징과 같은 기법이 사용된다.[39]

갈등

모든 이야기에는 갈등이 존재한다. 이야기 속 갈등은 하나만 존재하지 않는다. 이야기 전체에 걸쳐 가장 중요하게 초점이 맞춰져 있는 것을 주 갈등(major conflict)이라고 하며 이는 극중 인물에게 필수적이고 필연적인 갈등으로 인물과 사건 전개에 있어서 주요한 영향을 미친다. 주 갈등은 복합적이며 단순 명료하게 해결되지 않기 때문에 영화가 끝날 때까지 미해결인 상태로 유지된다. 인물이 갈등을 마주하고 갈등의 해결을 향해 이야기가 전개되는 동안 주 갈등 외에 사소한 갈등 또한 여러 개 등장한다.

갈등은 외적 갈등과 내적 갈등으로 구분된다. 외적 갈등은 인물과 인물 간의 갈등으로 동일한 목표를 가지고 있는 인물들이 목표를 향해 가는 과정에서 갈등을 겪거나 혹은 정반대의 목적을 가진 인물들이 상호 경쟁하면서 갈등이 야기된다. 내적 갈등은 인물의 내면 심리에서 발생하는 갈등에 초점을 맞춘다. 다른 사람이나 사회가 아니라 자신의 내면적인 양면성에서부터 갈등이 시작되며 때문에 인물은 자신이 가지고 있는 양면적 성격 혹은 가치체계와 욕망의 이중성 속에서 스스로 대립하고 힘겨워하는 모습을 보인다. 내적 갈등의 과정을 거쳐 인물은 정신적으로 성숙하고 인간성의 고양에 이르는 결말을 이루기도 하지만 지속되는 갈등과 대립 속에 자멸하기도 한다.

등장인물(Character)

등장인물은 서사의 중심을 차지한다. 등장인물의 성격에 따라 작품의 장르가 결정되며 작품이 추구하는 방향을 설정하는 데 있어서도 인물은 주요한 역할을 한다. 영화 속 등장하는 인물은 사실적 인물일 수도 있고 혹은 완전히 허구적인 인물일 수도 있다. 또한 작품의 서사를 구성하는 사건 전개에 있어서 주도적인 인물로 역할을 할 수도 있고 사건에 휘말려 끌려가는 수동적인 인물의 특성을 지닐 수도 있다. 등장인물의 대사와 행동을 통해 인물의 성격이 구체적으로 드러날 수도 있지만 내면의 심리를 섬세하게 표현하는 방식으로 인물의 특성을 드러내기도 한다.

위에서 말한 다양한 인물 유형은 크게 두 가지로 표현된다. 영화에서 직접적으로 언급되면서 캐릭터에 대해 말하기(telling) 방식으로 표현될 수도 있고, 인물의 행동이나 말을 통해 관객으로 하여금 보여지는 모습을 토대로 파악할 수 있도록 제시하는 보여주기(showing)의 방식으로도 표현될 수 있다.

이야기를 구성하는 인물로 정형화(stereotypes)된 인물들이 흔하게 등장한다. 이들은 이미 많은 사람들에게 어떤 행위를 할 것이라고 공통적으로 예상되는 인물 혹은 특정한 인물을 대변하는 캐릭터이다. 예를 들어 거만한 정치인이나 마약 혹은 범죄에 연루된 재력가, 고용주에게 착취당하는 이주 노동자 등이 대표적으로 정형화된 인물에 해당된다. 이들은 보통의 사람들이 가지고 있는 공통의 선입견을 바탕으로 성격이 형성되기 때문에 감독은 이에 대한 특별한 서술이나 설명에 힘을 쓰지 않아도 된다는 점에서 연출에서의 경제성을 달성할 수 있다.[40] 고정인물(stock character)은 행위가 완전하게 예측되는 조연이나 단역으로 영화에서 감초 역할을 하는 해결사나 특정 장소에 고정적으로 위치하는 인물 등이 해당된다. 마치 연극에서 램프나 의자 같은 소도구가 무대 위에 고정적으로 위치하는 것처럼 영화 속 자연스러운 일부분으로 기능한다.

작품 속 인물은 **정적 인물**(static character)과 **동적 인물** (developing character)로 구분되기도 한다. 정적 인물은 말 그대로 정적이기 때문에 사건이 전개되는 과정에서 크게 변화하거나 동요하지 않는다. 반면 동적인물은 내적 측면 및 외적 측면에서도 플롯 전개 과정에 따라 크게 영향을 받는 인물을 말한다. 이러한 인물은 사건이 전개되는 과정에 따라 정서적인 큰 동요를 겪기도 하고, 삶에 대한 태도나 견해, 관점 등이 크게 달라지는 모습을 보인다. 영화 <신세계>의 주인공 자성(이정재)은 동적 인물의 대표적인 예이다. 범죄 조직의 소탕을 위해 경찰 신분을 속이고 조직에 들어가 2인자의 위치를 차지한 그가 서사의 전개 과정 속에서 경찰로서의 정체성을 지우고 점차 조직의 구성원으로서 변모해 가는 과정은 동적 인물이 어떠한 과정을 거쳐 어떠한 요인으로 변화하는지를 잘 보여준다.

또 다른 인물 유형으로 **평면적 인물**(flat character)과 **입체적 인물**(round character)이 있다. 평면적 인물은 주로 정형화된 인물로, 심리적 차원에서의 복잡성이 결여된 이차원적이고 예측 가능한 것이 특징인 인물군이다. 반대로 입체적 인물은 인물의 성격 자체가 복잡하고 독특한 개성을 지니며 일반적인 범주로 분류하기 어려운 3차원적 인물(threedimensional character)이다. 어떤 인물 유형이 더 우월하다고 평가할 수 없으며 동적 인물이든 정적 인물이든, 평면적이든 입체적이든 기능에 따른 차이를 가질 뿐 인물의 가치 고하는 존재하지 않는다. 이야기의 목적과 사건의 전개 과정 등을 고려하여 다양한 인물을 효과적으로 기능할 수 있도록 제시하는 것이 중요하다.

에드워드 브래니건(Edward Branigon)은 캐릭터와 관객 사이의 지식 분할 방식에 따라 유발되는 감정의 형태를 구분할 수 있다고 하였다. 캐릭터와 관객이 동일한 수준의 지식을 가지고 있을 때는 극의 내용에서 '미스터리(mystery)'가 발생된다. 그러나 캐릭터가 관객보다 더 많은 것을 알고 있을 경우 이야기가 어느 정도 진행이 돼야 관객이 그 정보를 알 수 있기 때문에 관객은 '놀라움(surprise)'을 느끼게 된다. 반대로 캐릭터보다 관객이 더 많은 정보를 알고 있고, 캐릭터는 이야기를 전개하는 과정에서 그 정보를 추적해 나가는 과정을 그리게 될 때 '긴장(suspense)'이 발생한다. 최근의 영화들은 브래니건이 말한 것처럼 관객에게 얼마만큼의 인물에 대한 정보를 제공하느냐에 따라 극의 긴장감을 부여하는 방식을 빈번하게 사용하고 있다. 더불어 영화 속 등장인물들은 갈수록 다양해지고 입체화 되고 있다는 점 역시 특징적이다. 전형적인 캐릭터의 사용보다 종잡을 수 없는 반전을 지닌 인물의 등장을 통해 극의 흥미를 부여하고 있다는 점에 주목해 보자.

CHAPTER

03

영화 장르의 이해

01 장르의 개념

장르의 개념 – 장르란 무엇인가?

‘장르’란 영화에 대해 소개할 때 가장 먼저 언급되는 기본적인 정보를 말한다. 더불어 장르는 관객이 어떤 영화를 볼 것인지 선택할 때 가장 먼저 고려하게 되는 결정 요소로 작용한다는 점에서 중요하다.

장르에 대한 개념 정의는 다양하다. 우선 장르는 일종의 영화 그룹이라고 할 수 있는데, 이 그룹은 사회적 혹은 지리적 특징, 인물 구도나 갈등 구도, 주제나 소재에서의 공통된 특징들을 바탕으로 영화를 분류하는 것을 일컫는다. 또한 사건 묘사를 위한 특수한 틀로서 형식과 내용에서의 전형적이고 특수한 대조를 나타내 보이는 것을 장르라고 정의하기도 한다. 영화 산업과 연결지어 정의내리기도 하는데, 토마스 샤츠(Thomas Schatz)는 장르를 미국 문화산업의 표준화된 제작 조건들의 결과로서 일종의 스토리 공식인 줄거리 도식과 서사적·극적 관습들을 통해 정의된 것이라고 설명하였다. 유사하게 보드웰 역시 장르란 영화작가나 관객이 이해할 수 있는 친숙한 서사적 관습을 가진 다양한 형식의 영화 유형이라고 정의하였고, 존 G. 카웰티(John G. Cawelti)는 다양한 문화적 기능들을 통합된 방식으로 수행하는 내러티브 관습들의 구조를 장르라고 정의하며 서사적 관습을 강조하였다.[41] 한마디로 장르는 표현 수단이나 형식, 표현의 대상이나 내용, 방법이나 목적 등에 의해 규정되는 ‘공통적 특징을 가진 작품'이라고 정의할 수 있다.

장르는 영화에 관한 의사소통에 있어서 중요한 역할을 한다. 영화 장르는 관객으로 하여금 영화에 대한 사전 지식을 제공하기에 관객으로 하여금 일종의 기대심리를 갖도록 유도할 수 있으며 이를 통해 영화 관람으로 이어지게 만들 수 있다. 또한 제작의 측면에서도 장르는 예상 수요층을 점검하고 장르가 갖는 창작에서의 일종의 규칙에 따라 영화 제작을 위한 전반적인 예측, 예산 규모나 제작 환경, 방식 등을 예상하고 조절하는 데 있어서 중요한 기능을 한다.

특정 장르에 대한 이해는 영화의 일정한 패턴을 예측 가능하게 한다. 그리고 이것은 영화 감상을 위한 도구로 기능하며 영화를 더 깊고 폭넓게 읽는 데 도움이 된다.

현대 영화의 특징은 상업적 측면에서 관객들의 기호를 고려하여 장르와 장르의 결합을 통한 복합적인 장르 스타일이 등장하고 있다는 점이다. 영화를 조금 더 면밀히 이해하기 위한 차원에서 장르를 어떻게 유형화 할 수 있는지, 장르별 특성은 무엇인지 하나씩 살펴보도록 하자.

02 장르의 유형

장르는 영화의 내러티브를 구분짓는 방법이다. 일종의 공통의 합의로 장르 유형에 대한 기본적인 정보를 가지고 있는 것은 영화를 이해하는 데 도움이 된다. 우리는 장르를 통해 영화 속 사건과 행위가 왜 발생하였는지, 인물들이 착용한 의상이나 말하고 행동하는 방식이 의미하는 바는 무엇인지와 같은 인식 수단을 얻을 수 있다. 이를 통해 영화 전반의 내러티브를 이해할 수 있으며 영화를 친숙하게 받아들일 수 있게 된다.[42] 이에 영화 이해를 위한 기본 틀로서 대표적인 장르들과 그 특징을 살펴보도록 한다.

서부영화(웨스턴 영화, Western film)

19세기 미국 개척자들의 이야기를 주 내용으로 하는 서부영화는 미국을 대표하는 영화 장르로 할리우드 영화의 여러 장르 중 가장 먼저 틀을 갖추었다. 황금이 있는 미지의 땅 서부는 미국적 신화가 구현될 수 있는 곳이었으며, 이러한 미국적 신화와 서정성의 토대 위에서 만들어졌기에 서부영화는 가장 미국적인 장르로 통한다.[43] 서부영화는 주로 1850년대에서 1890년대 미국 서부에서 일어난 사건들을 다루는데, 이 시기는 농업사회에서 공업사회로 넘어가는 근대화 시기였다. 또한 다양한 역사적 사건들이 이루어진 시기로 남북전쟁이 영화의 내용을 구성하기도 하고, 유럽에서의 대량 이주나 대목장주와 자영농민의 마찰, 신도시에서의 공업화 등 다양한 사회적 현상과 그로 인한 사회 문제들이 배경으로 등장했다.

1903년 에드윈 S. 포터가 제작한 <대열차 강도>(The Great Train Robbery, 1903)가 최초의 서부영화로 알려져 있으며, 이 작품은 '범죄, 추적, 대결'이라는 서부극의 전형적인 패턴을 선보이며 영화적 이야기 구성을 처음 도입하였다고 평가받는다.

장르로서의 서부영화는 <대열차 강도>와 같은 반복된 이야기 구조를 지닌다는 점이 특징이다. 전형적인 이야기 구조는 다음과 같다. 평화로운 마을에 갑자기 악당이 등장하여 마을에 위기가 닥치고, 이때 영웅이 등장한다. 그는 불협화음을 내기 시작하는 악당들과 결투를 하여 승리한 뒤 홀연히 다시 길을 떠난다. 영화는 영웅의 역할을 하는 용맹한 남자 주인공과 잔인하고 비도덕적인 악당이 전형적인 인물로 등장한다. 또한 순진하고 예쁜 여자와 코믹하고도 단순한 동네 사람들 같이 선과 악이 뚜렷이 대비되는 인물들도 서부영화를 구성하는 요소가 된다.

1920년대 들어 서부영화는 가장 미국적인 장르로 고정되었고, 1930년대에서 1940년대 성숙기를 거쳐 '고전 서부극(classic western)' 시기를 맞게 되었다. 광활한 평원이나 황무지에서 말 탄 사내들이 역동적으로 가로지르는 모습, 이들이 보여주는 총격전과 선과 악의 이분법으로 구성된 분명한 내러티브가 관객들에게 쉽게 다가가는 요소로 작용하였다. 이때의 선은 주로 카우보이나 보안관 역으로 등장하는 백인 개척자이며 인디언이나 무법자가 악을 상징한다. 그리고 이 선과 악의 이분법적 대립은 영웅의 모험을 통한 서부 개척, 문명의 확장과 진보를 상징한다. 이러한 서부극의 관습이 잘 드러나는 대표작으로 <시마론>(Cimarron, 1931), <역마차>(Stagecoach, 1939), <황야의 결투>(My Darling Clementine, 1946), <아파치 요새>(Fort Apache, 1948) 등이 있다. 이후 1950년대 고전 서부극이 점점 힘을 잃어가면서 고전 서부극의 장르적 관습과 민족주의적인 이데올로기에 회의를 나타내는 수정주의적 서부극들이 만들어졌다. 기존에 고전적 서부극이 미국의 건국 신화를 눈부신 진보의 상징으로 미화시켜왔다면 이제는 선과 악의 이분법이 해체되고 서부 개척의 폭력성과 제국주의적 성격에 대한 문제제기와 성찰이 나타나기 시작한다. 때문에 백인 개척자 역시 잔혹하거나 이기적인 악인으로 묘사되기 시작하였고, 영웅의 위치에 있던 보안관들도 도덕적으로 타락한 인물로 등장하였다. 대표적으로 <하이 눈>(High Noon, 1952), <쉐인>(Shane, 1953) 등이 있다. 1970년대 이후 서부극은 쇠퇴의 길을 걸었지만 미국의 역사를 담고 있는 영화로 할리우드와 미국의 영웅주의가 사라지지 않는 한 서부극은 지속될 것으로 보인다.[44]

한편 국내 영화 중에서는 2008년도에 개봉한 영화 <좋은 놈, 나쁜 놈, 이상한 놈>(2008, 이하 <놈놈놈> 표기)이 대표적인 서부영화의 패턴을 보여준다. <놈놈놈>은 한국에서 처음 시도된 웨스턴 장르의 영화로 세르지오 레오네(Sergio Leone) 감독의 <석양의 무법자>(The Good, the Bad, and the Ugly, 1966)를 원작으로 한다. 이 영화의 영어 제목은 'The Good, the Bad, and the Weird'로 <석양의 무법자>가 남북전쟁을 배경으로 숨겨진 보물을 찾아 총잡이와 현상범들이 다툼을 벌이는 내용을 담고 있다면, <놈놈놈>은 일제 강점기를 배경으로 만주에 숨겨진 보물을 찾아 총과 칼의 고수들이 쫓고 쫓기는 내용을 다룬다. 김지운 감독은 <석양의 무법자>의 만주식 버전(Manchurian version)이라고 말하며 영화<놈놈놈>의 장르를 '김치 웨스턴'이라고 명명하기도 하였다.[45]

서사 영화(Epic Film)

서사 영화는 광범위한 서술 형식과 영웅적 특성을 갖는 내용의 영화로 시대극과 유사한 성질을 가진다. 서사극은 할리우드의 대표적 장르 영화로 할리우드의 막대한 자본과 물량 공세로 만들어지는 가장 미국적인 영화이다. 대체로 장엄한 역사적 사건을 다루며 전투, 투쟁, 파괴, 죽음과 같은 소재들이 기본적인 틀로 등장한다. 영웅적 인물인 한 개인이 시대의 흐름에 순응하지 않고 대항함으로써 인간의 위대함을 보여주는 것이 특징이다.[46]

유사한 장르로 코스튬 드라마(Costume Drama)를 살펴볼 수 있다. 코스튬 드라마는 특정 역사적 시대를 배경으로 하여 그 시대의 의상이나 생활 양식, 장식물, 사회적 분위기를 사실적으로 재현하는 데 중점을 두는 영화 장르를 말한다. 특정 시대를 배경으로 한다는 점에서 비슷하지만 코스튬 드라마가 주로 영화의 외적인 요소에 의해서 구별된다면, 서사 영화는 오랜 세월에 걸친 영웅들의 모험을 묘사하고 있다는 점에서 줄거리 중심의 내적인 요소를 중심으로 구분되는 특징을 지닌다.

대표적으로 <국가의 탄생>(The Birth oft he Nation, 1915)은 최초의 서사 영화로 기록되어 있으며 초기 무성영화의 대표작이자 최초의 장편 영화이다. 이 영화는 남과 북의 두 백인 가문인 스톤맨가와 카메론가의 가족들이 남북전쟁을 전후로 하여 겪게 되는 사랑과 갈등, 정치적 대립과 의식의 변화 과정을 당시의 역사적 사실을 바탕으로 하여 그리는 걸작으로 평가된다.

이 외에도 서사 영화로 분류되는 대표적 작품들로는 <바람과 함께 사라지다>(Gone With The Wind, 1939), <전쟁과 평화>(War And Peace, 1968), <벤허>(Ben-Hur, 1959), <늑대와 춤을>(Dances With Wolves, 1990)을 들 수 있다. 국내 작품 중에서는 <서편제>(1993), <태극기 휘날리며>(2004), <왕의 남자>(2005), <명량>(2004) 등이 서사 영화로 분류된다.

❙ 멜로드라마(Melodrama)

흔히 통속극 혹은 로맨스 필름(Romance film)이라고 일컬어지는 이 장르는 범죄 멜로드라마, 심리 멜로드라마, 가족 멜로드라마 등 다양한 형태의 영화를 가리키는 말로 폭넓게 사용되고 있다. 여성이 주인공으로 등장하거나 남녀 간 애정관계를 다룬 영화를 모두 멜로드라마의 범주에 포함시키기도 한다.[47]

멜로드라마는 멋있는 남성과 아름다운 여성의 러브 스토리가 전부라고 생각될 수 있으나 이는 장르가 갖는 특성의 일부에 불과하다. 이 장르는 제1차, 2차 세계대전 이후 피폐해진 관객들의 정서를 달래며 현실 도피적 감상에 빠져들게 하는 데 주력하였고 이에 성과 육체, 애절한 사랑 이야기를 중심으로 여성 관객들로부터 호응을 얻는 데 성공하였다. 그러면서 여성을 대상으로 한 영화라는 장르에 대한 편견도 함께 형성되었다. 그러나 멜로드라마는 현실에서 일어날 수 있는 복잡한 문제나 인간상을 다룬다는 점에서 특징적인 장르이므로 여성만을 위한 것으로 분류하는 것은 타당하지 않다.

멜로드라마의 주인공은 대체로 평면적인 인물상으로 선과 악 중에서는 언제나 승리하는 선의 위치에 서 있다. 또 주인공들이 관객들의 실생활과 연계

되어 공감할 수 있는 실제적 문제들을 경험한다는 것 또한 공통적인 특징이며, 복잡한 문제나 인간상을 다루면서 커다란 사회적 난관에 봉착한 주인공이 어려움을 극복하거나 혹은 실패하여 좌절하는 내용이 주로 나타난다. 현대 영화 산업에서 현 영화계를 묘사할 때 정통 멜로드라마의 부재라고 표현할 만큼 요즘엔 잘 등장하지 않는 장르 중 하나이기도 하다.

대표적인 작품으로는 <미워도 다시 한번>(1968), <편지>(1997), <클래식>(2003), <내 머리 속의 지우개>(2004), <너는 내 운명>(2005), <밀양>(2007), <건축학개론>(2012), <연애의 온도>(2013), <너의 결혼식>(2018), <가장 보통의 연애>(2019) 등이 있다.

❙ 코미디 영화(Comedy Film)

희극영화는 관객에게 웃음과 즐거움을 선사하는 장르로 영화역사상 초기에 등장한 장르 중 하나이며, 영화의 탄생과 그 기원을 함께 한다. 코미디 영화의 시작은 뤼미에르 형제의 <물 뿌리는 정원사>(L Arroseur arrose, 1895)로, 이 영화는 한 소년이 갑자기 호스로 물을 뿜어 정원사를 골탕 먹이는 해프닝을 다룬다. 코미디는 억압된 긴장감을 해소시킬 수 있는 안전한 방식을 제공한다는 점에서 사회적 · 심리적으로 유용한 기능을 하는 장르이다.

코미디 영화의 역사는 찰리 채플린에서부터 시작되었다고 해도 과언이 아니다. 영화 장르로서 코미디의 가능성과 생명력을 인식하게끔 만든 채플린의 성공은 1920년대 신체적 움직임을 통해 웃음을 유발하는 슬랩스틱 코미디(slapstick comedy)[i], 1930년대 낭만적인 스크루볼 코미디(screwball comedy)[ii]로 할리우드에서 코미디 영화의 전성기를 이어나가게 된다. 1940년대에는 전쟁으로 인한 진지한 센티멘털 코미디(sentimental comedy)가, 1950년대에는 마릴

---

i) 스토리의 연속성이나 논리적인 전개, 플롯의 일관성은 결여되어 있고 과장된 몸짓이나 가속화된 움직임을 통해 웃음을 자아내는 것이 특징이다.

ii) 스크루볼 코미디는 '예측 불가능한 궤적을 그리는 공'을 뜻하는 단어 'screwball'처럼 기발한 상황이나 재치 있는 대사를 빠른 템포로 전개하는 로맨틱 코미디의 하위 장르이다. 성 역할의 전환이나 사회 계층 간의 충돌과 같은 주제 속에서 발생하는 엉뚱하고 예측하기 어려운 유머가 주를 이루는 것이 특징이다.

린 먼로로 대표되는 로맨틱 섹스 코미디(romantic sex comedy)가 유행하였고, 1960년대 이후에는 블랙 코미디(black comedy)가 성행하였다. 블랙 코미디는 모든 권위에 대한 도전과 공격이라는 주제를 재치와 익살로 풍자하며 젊은 관객들을 열광시켰다.[48]

블랙 코미디는 관객에게 웃음을 주면서 동시에 어둡고 염세주의적인 톤으로 인간 존재의 불안과 불확실성, 인간에 대한 불신이나 절망을 날카롭게 다룬다. 이는 희극의 기원에서부터 출발하는 코미디의 특성으로, 그리스 시기부터 희극은 평소 불쾌하게 생각했던 사람들을 비꼬기 위해 흉내내거나 주위의 구경꾼과 간단한 응답을 하는 과정에서 선사하는 웃음에서부터 출발했기에 풍자와 해학의 특성을 지닌다.

1970년대에는 우디 앨런(Woody Allen)으로 대표되는 지적인 코미디가 성행하였다. 그동안 검열로 인해 금지 당했거나 과거 영화를 패러디하며 개그 동작을 결합시키는 방식, 오래된 뉴스 영화 필름과 인터뷰 합성 등의 방식으로 개그의 수준을 높이 상승시키며 특히 대학생층에서 인기를 끌었다. 1980년대 코미디는 SF 장르와 결합하였고 1990년대에는 <해리가 샐리를 만났을 때>(When Harry Met Sally) 같이 섹슈얼리티(sexuality)가 가미된 로맨틱 코미디의 형태가 등장하였다.[49]

코미디에 로맨스적 요소가 결합된 로맨틱 코미디(romantic comedy)는 문학성이 강한 코미디로 뉴 코미디(new comedy)라고도 불린다. 이 장르에서는 남녀가 사랑에 빠져서 온갖 난관을 겪게 되지만 끝내 모든 장애물을 극복하고 결혼에 이르는 줄거리가 관습적으로 나타난다. 일상생활 속에서 일어나는 에피소드를 주요 소재로 하는 이 장르는 엄격한 형식 구조를 가지고 있으며 멜로드라마적 요소가 강하게 나타나는 것이 특징이다. 대표적인 작품으로 <어느 날 밤에 생긴 일>(It happend One Night, 1934), <결혼 만들기>(House Sitter, 1992), <그녀를 믿지 마세요>(2003), <간 큰 가족>(2005), <사랑방 선수와 어머니>(2007), <과속스캔들>(2008), <스물>(2015), <극한직업>(2019), <엑시트>(2019) 등이 있다.

최근에 개봉한 로맨틱 코미디 영화로 강하늘, 전소민 주연의 <30일>(2023)이 있다. 이 작품은 뜨겁게 사랑한 두 남녀가 결혼에 성공하지만 생활방식에서의 여러 차이를 견디지 못하고 결국 이혼을 선택하고, 갑작스러운 사고로 기억을 함께 잃어버린 뒤 함께 하는 시간 동안 서로에 대한 사랑을 깨닫고 서로를 이해하며 다시 사랑에 빠지게 된다는 이야기 구조를 가진다. 기존의 멜로 드라마에서 두 남녀가 일련의 갈등 구조를 거쳐 결혼이라는 결말에 도달하기까지의 과정을 정형화된 이야기구조로 보여주고 있다면, 이 작품은 영화의 시작점에서 이미 두 남녀가 결혼을 한 채로 등장한다. 그리고 반대로 헤어짐과 재결합의 구조를 통해 사랑의 의미를 등장인물과 함께 고찰해 보게 하는 구조를 지님으로써 관객으로 하여금 빠른 전개와 공감을 이끌어낸다.

또 다른 코미디 장르로 음악과 춤이 어우러져 뮤지컬 요소가 포함된 것은 뮤지컬 코미디(musical comedy)로 분류한다. 일종의 낭만적 희극으로 대부분의 출연자가 노래하고 춤추는 것이 특징이며, 내용적인 면에서 코미디를 지향한다는 점에서는 일반 뮤지컬 영화와 구별된다. 대표적으로 <사랑은 비를 타고>(1952)와 같은 작품이 있다.

❙ 뮤지컬 영화(Musical Film)

뮤지컬 영화는 영화에 소리가 등장하는 유성영화의 출현과 함께 가능해진 장르로 "음악, 춤, 서사가 융합되어 관객에게 독창적이고 다층적인 경험을 제공하는 독특한 예술형식"[50]이다. 뮤지컬 영화 장르는 1920~1930년대 할리우드의 혁신적 기술과 대중문화의 발달 속에서 시작되어 영화사에 있어서 중요한 위치를 차지해 왔다. 초기에는 단순히 오락물로 여겨졌지만 점차 다양한 형식의 등장과 내용들이 더해지면서 대중의 인기를 끌었고, 더불어 예술적인 메시지를 전달하는 데 있어서도 효과적인 매체로 인정받았다.[51]

초창기에는 브로드웨이 뮤지컬을 그대로 답습하거나 재구성한 작품들 혹은 연극을 재구성하여 춤과 노래를 덧붙이고 간단한 줄거리를 첨가한 버라이어티쇼 형식의 작품들이 주를 이루었다. 1930년대 대공황기를 거치면서 관객들로 하여금 일종의 도피주의적인 향락과 낙관적인 전망을 제시할 수 있는

밝고 명랑한 느낌의 뮤지컬 영화가 필요했던 것이다.[52]

1950년대에 접어들면서 영화 관객층들은 화려한 볼거리가 아니라 구체적인 현실을 묘사하거나 일상 생활에서 공감할 수 있는 정서를 포함한 이야기를 선호하게 되었다. 이에 뮤지컬 영화 역시 연극적 무대를 벗어나 조금 더 일상의 이야기를 담은 작품들로 변모하게 된다.

뮤지컬 영화는 기본적으로 스토리에 더하여 음악과 영상화, 카메라 기법에 중점을 둔다. 이 중에서도 뮤지컬을 영화로 표현할 때 가장 중요하게 고려되는 요소는 음악이다. 뮤지컬에서의 음악은 단순한 배경이나 보조의 역할이 아니라 서사를 이끄는 중심에 위치하며 배우들이 대사처럼 직접 표현하는 것이기 때문에 중요하다.

뮤지컬 영화의 장점은 극장에 가지 않아도 영화를 통해 마치 한 편의 뮤지컬을 직접 관람하는 듯한 경험을 할 수 있다는 점이다. 뮤지컬을 비롯한 공연예술은 공연이 이루어지는 극장이나 특정한 장소에서 정해진 시간에만 볼 수 있다. 이 점은 공연장에 간 관객들에게는 현장성을 극대화하여 극에 몰입하게 하고 사운드의 웅장함과 배우들의 연기가 어우러져 극적인 카타르시스를 경험하게 한다는 장점을 지닌다. 그러나 공연장의 수용 규모가 제한적이고, 공연이 정해진 기간에만 이루어지기 때문에 지리적·시간적 제한으로 인해 경험하지 못하는 다수가 존재한다는 단점을 지닌다. 뮤지컬 영화는 이러한 단점을 극복할 수 있는 효과적인 대체제이자 영화라는 특성과 결합되었을 때 새로운 매력이 배가된다는 점에서 선호되는 장르이다. 작품 <오페라의 유령>(The Phantom Of The Opera, 2004)을 연출한 조엘 슈마허(Joel Schumacher) 감독은 "값비싼 공연료 때문에 뮤지컬을 보지 못한 사람들에게 이 작품을 보여주고 싶었다."라고 말하며 공연예술이 지닌 접근성의 한계를 뮤지컬 영화를 통해 해소할 수 있다는 장점을 피력하기도 하였다.

릭 알트만은 뮤지컬 영화가 단순히 음악과 서사의 결합에 머무르는 것이 아니라 제작자와 관객의 상호작용 속에서 새로운 의미가 생성된다는 점에서 복합적 장르라고 보았다. 그는 뮤지컬 영화가 지닌 서사와 음악적 구조를 바탕으로 동화 뮤지컬(fairy-tale musical), 쇼 뮤지컬(show musical), 민속 뮤지컬(folk musical) 세 가지로 분류하였다.

동화 뮤지컬은 <오즈의 마법사>(The Wizard of Oz, 1939)나 <신데렐라>(Cinderella, 1950)와 같이 이상적인 판타지와 로맨틱한 서사를 중심으로 하는 작품들을 말한다. 주로 왕궁이나 마법 세계를 배경으로 하며, 주인공의 내적 변화 혹은 가난한 환경에서 신분적 상승을 경험하는 성공의 결말 구조를 갖는 것이 전형적이다. 주로 미국 뮤지컬 영화에서 사랑받은 뮤지컬 영화의 하위 장르에 속한다. 쇼 뮤지컬은 뮤지컬 공연 자체가 중심 소재로 다루어지는 것으로 무대를 만들어 가는 뒷이야기와 공연자의 이야기가 중심이 된다. 민속 뮤지컬은 전통적인 가치와 신화를 바탕으로 민속적인 가치와 경험을 주입하는 것에 주력한다.[53]

한국의 뮤지컬 영화는 제작과 흥행 측면에서 상대적으로 약진해 왔다. 최초의 한국 뮤지컬 영화로 언급되는 <삼거리 극장>과 <구미호 가족>이 2006년도에 동시 개봉하였고, 저조한 관객수에도 불구하고 <삼거리 극장>은 뮤지컬 장르에 대한 이해를 반영하여 영화의 내용과 어울리는 음악을 적절하게 사용했다는 점에서 한국 뮤지컬 영화의 가능성을 열었다고 평가된다. 그러나 <구미호 가족>의 경우 코미디와 뮤지컬을 결합하는 과정에서 부족한 개연성과 극의 흐름과 연결되지 않는 뮤지컬 시퀀스들이 장르적 한계로 지적되었다. 이후 뮤지컬 영화는 한동안 국내 영화 산업 내에서 기피되는 장르로 분류되었다. 그러나 한국의 뮤지컬 산업의 성장과 함께 뮤지컬 영화의 장르적 발전 또한 예견되고 있다. 2022년에 개봉한 두 편의 뮤지컬 영화는 이를 입증해 준다. <인생은 아름다워>는 한국 뮤지컬 영화 최초로 100만 관객을 돌파하며 '한국형 주크박스 뮤지컬 영화'라는 평가를 받았다. 또 다른 영화 <영웅>은 국내 창작 뮤지컬 <영웅>을 영화화한 작품으로 327만 명의 관객을 동원하는 성공을 거두었다.

대표적인 뮤지컬 영화 작품들로는 영화사 전체를 통틀어 전 세계에서 가장 많은 사랑을 받은 작품으로 평가받는 <사운드 오브 뮤직>(The Sound of Music, 1965)을 필두로 <웨스트 사이드 스토리>(West Side Story, 1961), <지저스 크라이스트 슈퍼스타>(Jesus Christ Superstar, 1973), <물랑 루즈>(Moulin

Rouge, 2001), <오페라의 유령>(The Phantom Of The Opera, 2004), <헤드윅>(Hedwig And The Angry Inch, 2001), <맘마 미아!>(MAMMA MIA!, 2008), <시카고>(Chicago, 2002), <캣츠>(CATS, 2019), <스위니 토드: 어느 잔혹한 이발사 이야기>(Sweeney Todd: The Demon Barber of Fleet Street, 2007), <레미제라블>(Les Misérables, 2012), <라라랜드>(La La Land, 2016) 등이 있다.

❙ 전쟁 영화(War Film)

전쟁 영화는 전쟁의 고통과 참혹함, 무용성, 소모성 등을 테마로 다루며 시대를 초월하여 관객들에게 수용되는 영화 장르이다.

세계대전을 소재로 하는 할리우드의 고전적 전쟁 영화들은 미국이라는 선과 이에 대항하는 적군들의 대결이라는 보편적인 서사구조를 지닌다. 그렇기 때문에 미군은 주로 승리자의 이미지이며 자신감 넘치고 유머까지 지닌 이상적인 인간상을 대변하는 한편, 주로 적군에 위치하는 독일군과 일본인은 야만적이며 비열하고 고문이나 약탈을 일삼는 잔인하고 비인간적인 집단으로 그려진다. 문제는 미군은 언제나 침략에 대항하여 싸우는 좋은 사람들이었기 때문에 전쟁터에서 그들이 저지르는 전쟁 범죄나 비인간적인 행위들은 용인되거나 묵과된다는 점이다. 그보다 적을 죽이는 것이 더 우선적이기 때문에 그들은 오롯이 적을 물리치는 영웅으로서 위치하게 된다.

대표적으로 <서부 전선 이상 없다>(All Quiet On The Western Front, 1979), <라이언 일병 구하기>(Saving Private Ryan, 1998), <진주만>(Pearl Harbor, 2001), <특전 유보트>(The Boat, Das Boot, 1981), <지옥의 7인>(Uncommon Valor, 1983), <하얀전쟁>(1992), <남부군>(1990), <태백산맥>(1994), <진주만>(Pearl Harbor, 2001), <특전 유보트>(The Boat, Das Boot, 1981), <태극기 휘날리며>(2003), <웰컴 투 동막골>(2005) 등이 있다.

이 중 스티븐 스필버그(Steven Allan Spielberg) 감독의 <라이언 일병 구하기>를 조금 더 살펴보면, 영화의 제목에서 보다시피 한 개인인 라이언 일병을 구하기 위해 다수가 희생되어야 함에도 이를 감행하는 내용으로 미군의 집단적 휴머니즘을 강조한다. 또한 이를 통해 국가를 위해 희생하는 모습을 시각적으로 그리며 관객의 애국주의를 은밀하게 자극시킨다는 평가를 받기도 한다. 이 영화에서 말하는 라이언은 단순히 일개 일병이 아니라 사라져 가는, 잊혀 가는 그 시대의 군인들에 대한 "20세기 마지막 진혼곡"으로, 관객으로 하여금 우리가 잊지 말고 구해야 할 것은 무엇인지, 현대 사회에서도 계속 해서 지켜야 하고 간직해야 하는 것이 무엇인지를 성찰하게 한다.[54]

국내에서 전쟁 영화들은 한국전쟁 발발 후인 1950년대부터 꾸준히 제작되기 시작했다. 초기에는 반공 이데올로기 중심으로 전쟁의 장면을 광범위하게 대규모로 선보이는 것과 전쟁 장면을 사실적으로 재현하는 것에 초점을 두었다. 그러나 <태극기 휘날리며>를 기점으로 전쟁 영화에서 내러티브의 중요성이 강조되기 시작한다. 전쟁 과정에서 상처 입은 두 형제의 비극적인 이야기를 그려낸 이 영화는 천만 관객을 동원하며 대중에게 감동을 선사하였다. 이후 전쟁 장면의 재현보다 그 속에 있던 사람들의 이야기에 초점을 맞추는 식으로 장르의 관습이 변형되어왔다.

❙ 갱스터 영화(Gangster Film)

일명 범죄 영화라고도 하는 갱스터 영화는 1920년대부터 하나의 독립된 장르로 성립되었다. 초기 갱스터 영화들은 주로 범죄 집단을 중심으로 그들이 벌이는 불법적인 행위와 무자비한 폭력 및 살인들이 이야기의 기본 골격을 형성하고 있었다. 점차 조직에서 개인으로 초점이 바뀌어 가면서 주로 가난한 환경에서 불우하게 성장했지만 마음속에는 커다란 출세욕과 야망을 품고 있는 인물이 주인공으로 등장하며, 산업화된 도시 속에서 비인간적이고 냉철한, 비열하고 잔인한 폭력성을 보이는 인물의 범법 행위가 서사의 중심에 위치하게 된다. 주인공의 곁에는 그를 동정하는 여성이 등장하며 관객은 여성의 시선으로 주인공을 이해하기도 하고 동정의 시선을 보내기도 한다. 다른 한편으로는 주인공이 행하는 무자비한 폭력적인 모습을 보며 현실 세계의 보통 사람들이 행할 수 없는 무법성에 묘한 쾌감, 일종의 카타르시스를 느끼기도 한다.[55]

갱스터 영화는 1930년대 이후 주인공의 역할이 범죄자에서 형사 또는 탐정으로 전이되어 나타나는 모습을 보인다. 모호하고 불투명한 미국 현대 도시에서 문제를 해결하기 위해 고군분투하는 하드보일드(hard-boiled)의 탐정 이야기로 변주되었고, 이는 필름 느와르의 시작점으로 작용하게 된다.[56]

대표적인 작품으로 <추격자>(2008), <살인의 추억>(2003), <부당거래>(2010), <범죄와의 전쟁: 나쁜놈들 전성시대>(2012), <신세계>(2013), <내부자들>(2015), <살인자의 기억법>(2017) 등이 있다.

필름 느와르(Film Noir)

필름 느와르는 2차 세계대전 이후 프랑스에 소개되기 시작했던 일련의 할리우드 영화들 가운데 어두운 분위기의 B급 영화 형태를 띤 범죄 영화를 지칭한다. 그렇다면 범죄 영화 속에서 필름 느와르는 어떻게 구분될 수 있을까?

필름 느와르는 1930년대 발생한 세계 대공황과 제2차 세계대전 이후의 절망감, 삶의 어려움을 겪고 난 후인 1940년대에서 1950년대 미국 할리우드 영화에 등장한 일련의 '블랙 필름(black film)' 혹은 '어두운 영화'를 의미한다. 필름 느와르라는 용어는 프랑스 영화평론가들이 대량으로 몰려 들어오는 할리우드의 흑백 범죄영화들을 칭하며 사용한 용어로 주로 어둡고 음울한 분위기를 거칠게 표현하고 있는 것이 특징적이다. 범죄 영화의 하위 범주로 간주되기도 하였으나 기존 할리우드 영화의 상업적 특성과 달리 보기 드물게 예술적인 기교를 특징으로 하는 영화 형태로 인식되며 장르로 인정받았다.[57]

필름 느와르는 내용적인 면에서는 하드보일드 추리소설의 서사구조를 차용하였다면, 영상으로 표현되는 시각적인 면에서는 독일 표현주의의 영향을 받았다. 필름 느와르를 상징하는 어두운 분위기는 주로 빛과 그림자의 강렬한 대비와 이를 통한 극단적인 흑백의 표현, 불안정하고 불균형한 구도나 극단적인 클로즈업 등의 방식으로 시각화된다. 강렬한 명암대비나 극단적으로 강조되는 실루엣, 깊은 그림자의 로우키 조명, 기괴하고 일상적이지 않은 앵글과 시각 구성이 특징적이다. 이는 독일의 대표적인 표현주의 영화 <칼리가리 박사의 밀실>(Das cabinet des Dr. Caligari, 1920)에서도 볼 수 있는 형태이다.

필름 느와르가 진행되는 공간은 주로 도시의 어두운 뒷골목이나 담배 연기로 가득 찬 지하의 술집, 조명이 잘 들지 않는 탐정 사무실 등으로 무슨 일이 일어날 것 같은 분위기를 조성하며 관객들의 긴장감을 고조시킨다.

필름 느와르의 주인공들은 대체로 불분명한 성격을 지닌다. 주인공의 얼굴에 측면 조명을 사용하여 얼굴의 한쪽은 강조되는 한편 다른 한쪽은 어두운 그림자를 형성하게 되는데, 이는 주인공이 지닌 모호한 도덕성을 상징한다. 주인공을 대체로 위험에 빠뜨리는 팜므파탈(femme fatal)의 등장 역시 필름 느와르의 특징 중 하나이다. 주인공을 걷잡을 수 없이 빠져들도록 유혹하며 위험에 처하게 하는 요부의 이미지는 매력적인 여성인 반면 전통 사회에서의 순종적인 여성의 이미지에서 벗어나 사회 경제적으로 강력한 경쟁 관계를 형성하는 제거해야 할 대상으로서의 여성을 형상화 하고 있다. 팜므파탈적인 여성은 대부분 암흑가의 두목의 정부로 등장하고, 주인공 남성은 본인 고용인의 여자를 탐하다 결국 목숨을 잃게 되는 서사구조가 빈번하게 나타난다. 그러나 이 줄거리 속에는 음모와 복선이 자리하고 있어 갱스터 영화보다 훨씬 다층적인 내러티브 구조를 지닌다.

대표적인 필름 느와르 영화로 빌리 와일더(Billey Wilder)의 <이중 배상>(Double Indemnity, 1944), 프리츠 랑(Fritz Lang)의 <빅 히트>(The Big Heat, 1953), 오손 웰스(Orson Welles)의 <악의 손길>(Touch of Evil, 1958), 마틴 스코세이지(Martin Scorsese)의 <택시 드라이버>(Taxi Driver, 1976) 등을 들 수 있다.

필름 느와르는 1940년대 초반 미국에 처음 등장한 뒤 흑백영화의 쇠퇴와 함께 1960년경 사라졌으나 이후 1970년대 필름 느와르만의 독특한 스타일과 장르적 관습들을 바탕으로 예술성을 형성하게 되었다. <차이나타운>(Chinatown, 1974), <안녕 내 사랑>(Farewell, My Lovely, 1975), <보디 히트>(Body Heat, 1982) 등이 있다.

우리나라의 작품으로는 <달콤한 인생>(2005), <해바라기>(2006), <비열한 거리>(2006), <추격자>(2008), <아저씨>(2010), <신세계>(2012) 등이 있다. 2000년대에 액션 장르가 인기를 끌면서 느와르 영화들도 연이어 등장하였는데, 거칠고 강인한 남성 주인공이 강인하고 우월한 육체적 능력을 갖추고 있다는 점이 공통점이다.

대표적으로 <달콤한 인생>은 “우리나라에서 만들어진 느와르 계열 영화 가운데 가장 기본에 충실하면서도, 가장 파격적인 스타일을 구사하고 있는 걸작”[58]으로 평가받는다. 주인공 김선우(이병헌)는 보스 강사장(김영철)의 절대적 신임을 받아 스카이라운지의 경영을 책임진다. 강사장이 출장을 가며 애인 희수(신민아)를 감시하라는 명을 받게 된 선우는 희수에게 빠져들어 그녀의 일탈을 눈감아준다. 한 순간의 잘못된 선택으로 인해 보스의 눈 밖에 나면서 벌어지는 폭력과 복수의 서사를 다룬다.

▍공포 영화(Horror)

공포 영화는 오랫동안 소수의 마니아층에게만 선택받는 주변부에 위치한 장르였다. 그러나 젊은 관객층의 관심을 바탕으로 상업적으로 성공을 거두기 시작하면서 영화의 한 장르로서 중심부에 위치하게 된다.

1980년대까지 공포 영화는 장르의 성격상 대중적인 인기를 확보하지는 못했다. 그렇기 때문에 영화 제작을 위한 예산도 충분하지 않고 계속 반복되는 서사구조와 시리즈의 남발로 B급 수준에 머무르게 된다. 그러나 1990년대 들어 대중적 흥행에 성공하게 되는데, 우선 십대 스타들을 기용하여 십대 관객들을 겨냥하는 데 성공했다는 점이 성공 요인으로 꼽힌다. 더불어 과거 공포 영화의 장르적 관습을 의도적으로 드러내고 해체하여 패러디함으로써 공포 영화의 새로운 규칙을 확립하였다는 점도 관객의 호응을 이끈 요인이다. 마지막으로 단순한 공포감 조장에 그치는 것이 아니라 범인을 추적해 나가는 스릴러적 구조를 추가함으로써 영화의 긴장도와 몰입도를 강화시켰고, 스릴러뿐만 아니라 다양한 장르와의 혼합을 통해 공포 영화의 경계를 확장해 나갔다는 점도 성공의 주 요인으로 꼽을 수 있다.[59]

대표적으로 공포 영화의 대가로 꼽히는 웨스 크레이븐의 작품 <스크림>(Scream 1, 1996)은 사회 억압적 구조에 대한 직관과 분석을 토대로 기존 공포 영화들에서 관습적으로 사용하던 시점 쇼트와 기괴한 사운드, 잔인한 살해 장면을 해체하고 재구성하여 새로운 유형의 공포 영화를 만들어냈다.[60]

한국의 공포 영화는 ‘한(恨)’의 정서를 표현하고 있는 점이 특징적이었다.

주로 한을 품은 죽은 자가 귀신의 형태로 등장하였고, 이승에서의 한을 해결하지 못해 구천을 떠돌며 사람들을 공포에 몰아넣었다가 한이 풀리면 이내 공포가 해소되는 이야기 구조를 보인다. 그러나 점차 추상적 정서인 한에서 벗어나 사회 문제, 현실 비판 의식을 담은 주제와 결합한 공포 영화가 등장하여 대중적 인기를 얻게 되는데 대표적인 작품이 박기형의 <여고괴담>(1998)이다. 대중의 큰 인기를 얻어 시리즈물로 제작된 이 작품은 당시 신인 배우의 등용문이라고까지 일컬어질 만큼 많은 대중들의 관심과 주목을 받았고 2021년도까지 총 6편이 제작되었다. 그 밖의 대표적인 영화들로 <주온>(2002), <착신아리>(2003), <장화, 홍련>(2003), <령>(2004), <컨저링>(The Conjuring, 2013), <연가시>(2012), <곡성>(2016), <부산행>(2016), <곤지암>(2018) 등이 있다.

장르의 융합에 따른 새로운 장르의 출현은 현대 영화 산업의 중요한 키워드로 '오컬트 영화'의 등장이 한 예이다. 오컬트는 호러 영화의 하위 장르로 합리성과 초자연 현상의 충돌, 선과 악의 대립 등을 그려내는 것이 특징이다.

서양의 오컬트 영화는 성서에 기반을 둔 악령이나 성직자인 퇴마사가 등장하여 기독교의 이분법적 세계관에 근거한 빛과 어둠의 대립을 주 소재로 다루는 것이 특징이다. 반면, 한국의 오컬트 영화는 합리성, 초자연 현상의 충돌을 바탕으로 선과 악의 대립을 다룬다. 대표적으로 1960년대 전쟁 이후 '정의와 윤리', '인간의 존엄'에 관한 고민이 깊어져 가던 시기에 등장한 <로즈메리의 아기>(Rosemary's Baby, (1968), <엑소시스트>(The Exorcist, 1973), <오멘>(Omen, 1976) 등의 할리우드 고전 작품들이 있고, 한국에서는 <월하의 공동묘지>(1967), <퇴마록>(1998), <검은 사제들>(2015), <곡성>(2016), <파묘>(2024) 등의 작품들이 있다.

▎공상과학 영화(Science Fiction Film(SF))

이 장르는 인간이 지닌 무한한 과학적 환상을 바탕으로 한 공상과학을 주제로 다룬다. 과학의 발전에 대한 긍정적이고 낙관적인 전망을 표현하기도 하지만, 현재의 불안을 미래 사회에 투영하거나 과학 기술이 발전한 미래상을 비관적으로 묘사함으로써 현대 사회에 대한 비판과 경고의 메시지를 던지는 것이 특징적이다. 우주선이나 로켓, 미래도시의 모습 등과 함께 인류의 멸망을 경고하는 내용을 다루기도 한다.

현실에서 실현될 수 없는 상상들을 영화의 배경으로 하고 있기 때문에 풍부한 세팅의 나열이나 거대한 특수효과 등을 사용한 극적 효과를 주요 특징으로 한다. 더불어 뛰어난 특수촬영 기술도 사용된다.

<달나라 여행>을 제작한 조르쥬 멜리어스는 공상과학 영화의 창시자로 불린다. 1920년대 후반까지 지속된 무성영화 시대에는 표현파, 초현실주의 예술 운동의 영향으로 판타지 영화에 공상과학적 성격이 가미된 영화들이 등장하였다. 대표적으로 <칼리가리 박사의 밀실>(Das Kabinet der Dr. Caligari, 1919), <메트로폴리스>(Metropolis, 1926), <달의 여인>(Frau im Mond, 1929) 등이 있다.

유성영화의 시대가 시작되면서 <프랑켄슈타인>(Frankenstein, 1931), <킹콩>(King Kong, 1933), <투명인간>(The Invisible Man, 1933) 등의 작품이 등장하였으며, 특수촬영기술이 발전하면서 등장한 <지구 최후의 날>(The Day the Earth Stood Still, 1951), <우주전쟁>(The War Of The Worlds, 1953), <금단의 행성>(Forbidden Planet, 1956) 등의 영화들을 중심으로 공상과학 영화는 하나의 장르로 인정받게 된다.

과학적 이론이나 기술을 바탕으로 가상의 과학 발전을 상상하여 미래 세계나 로봇, 우주 탐사 등의 이야기를 구성한 것이 공상과학 영화의 특징이며 과학적으로 가능할 법한 설정을 바탕으로 한다. 여기에 더해 과학의 발전과 함께 대두되는 현실적인 문제, 생명의 존엄성이나 AI와 윤리와 같은 사회적이고 철학적인 질문을 던지는 것 역시 이 장르의 특징이다.

대표적인 작품들로 <슈퍼맨>(Superman, 1948), <스타워즈>(Star Wars, 1977), <E.T.>(1982), <제5원소>(The Fifth Element, 1997), <에일리언>(Ailiens, 1986), <용가리>(1999), <지구를 지켜라>(2003), <괴물>(2006), <D-War>(2007), <아바타>(Avatar, 2009), <인셉션>(Inception, 2010), <인터스텔라>(Interstellar, 2014), <승리호>(2021)등을 들 수 있다.

❙ 판타지 영화(Fantasy Film)

판타지 영화는 인간의 환상을 소재로 하는 장르로 환상 문학에 그 뿌리를 둔다. 비현실적이고 초자연적인 요소나 마법, 신화 등 마법적 세계관이 중심에 등장하며 괴물과의 대결이 서사의 중심에 나타난다. 세계에 대한 동경이나 신화, 전설, 구비문학, 환상들을 기원으로 하는 판타지 영화는 모험이나 검술, 마법, 무시무시한 괴물이나 영웅들이 등장하는 것이 특징적이다. 검이나 왕국, 마법 등 중세풍 세계관이 서사를 관통한다.

초현실적인 생물이나 사물이 나타나거나 초현실적인 현상이 발생하는 것들은 판타지 영화의 근간이 되는 판타지적 요소에 해당된다. 구체적으로 판타지 유형을 살펴보면 다음과 같다.[61]

- 의인화된 동/식물 판타지
- 의인화된 사물/장난감 판타지
- 마법, 초능력 판타지
- 시공간 초월의 판타지
- 초현실적 · 초자연적 상황의 판타지
- 이색적 인물과 상황 판타지

<해리 포터>에 등장하는 장면들을 예를 들어 살펴보자. 해리와 뱀이 대화하는 장면이나 사람과 말의 대화, 사람의 얼굴을 가진 식물 '맨드레이크'의 존재 등은 동물과 식물이 의인화되어 나타난 판타지 유형에 해당된다. 또한 연회장으로 날아와 말하는 편지나 예언하는 마법 구슬, 해리와 다른 학생들의 기숙사를 판정해 주는 말하는 모자나 입을 가지고 있는 책 등은 사물을 의인화한 판타지에 속한다. 일상의 사물들이 초현실적 판타지로 확장되어 나타나기도 한다. 체스판의 체스가 되어 체스말들과 대결을 펼치는 해리와 친구들, 하늘을 날아다니며 하는 퀴디치 게임, 거울을 통해 나타나는 부모님의 환영

등이 예시에 해당한다. 현실에서는 불가능할 법한 초능력의 재현은 관객들에게 매우 흥미롭고 흥분되는 판타지 유형에 속한다. 괴롭힘을 일삼던 사촌 두들리의 엉덩이에 돼지 꼬리를 만들거나 고모를 마치 터질 것 같이 부푼 풍선처럼 만들어 천장으로 날아오르게 하는 장면, 투명 망토를 쓰고 돌아다니거나 마법 지팡이와 주문을 통해 마법을 행사하는 모습 등은 상상력의 재현을 통한 즐거움을 선사한다. 판타지는 시공간도 초월한다. 벽을 뚫고 다른 세계로 이동하거나 책 속으로 들어가는 것, 전화 부스를 통해 마법부로 들어가거나 과거로 이동하는 여러 유형의 시공간 이동 방식은 실제 세계와 2차 세계를 넘나들며 자연스럽게 연출된다.

조앤 K. 롤링의 소설을 원작으로 한 영화 <해리 포터>는 영국, 미국에 동시 개봉하였고 미국 영화사상 역대 최고의 흥행 대기록을 달성할 만큼 큰 인기를 끈 대표적인 판타지 영화이다. 이 외에도 <반지의 제왕 - 반지 원정대>(The Lord Of The Rings: The Fellowship Of The Ring, 2001) 역시 판타지 소설을 근간으로 하는 대표적인 판타지 장르 작품이다.

그 외 대표적인 작품으로 <나니아 연대기: 사자, 마녀, 그리고 옷장>(The Chronicles Of Narnia: The Lion, The Witch And The Wardrobe, 2005), <찰리와 초콜릿 공장>(Charlie and the Chocolate Factory, 2005), <에라곤>(Eragon, 2007), <잃어버린 세계를 찾아서>(Journey to the Center of the Earth, 2008), <이상한 나라의 앨리스>(Alice in Wonderland, 2010), <듄>(Dune, 2021), <신비한 동물들과 그린델왈드의 범죄>(Fantastic Beasts and The Crimes of Grindelwald, 2021) 등이 있다.

❙ 스릴러 영화(Thriller Film)

주요 인물이 범죄에 연루되거나 혹은 범죄 혐의를 벗어나기 위해 도피가 불가능해 보이는 위협적인 상황에서 극적으로 미궁을 빠져나오는 방식의 내러티브 관습이 특징적인 장르이다. 일련의 기괴하고 위협적인 모험을 헤쳐 나가는 주인공이 뜻밖의 위협에 직면하거나 죽음의 극한 상황까지 다다른다. 아무도 없는 지하실 깊은 곳에 갇히거나 물속 깊은 곳에 내던져지기도 하고 사방이 막힌 곳에서 가스 연기에 둘러싸이기도 하지만 거의 늘 모든 제약을 이

겨내고 끝까지 관객의 긴장감을 지속시키며 자신에게 덧씌워진 범죄 혐의를 벗거나 사랑하는 대상을 구하는 데 성공한다.

이 장르는 다른 장르적 특성과 결합하여 복합적인 양상으로 다양하게 나타나는 것이 특징적이다. 모험적 스릴러, 갱스터 스릴러, 희극적 스릴러, 탐정 스릴러 등 다양한 종류가 있으며 공통적으로 서스펜스에 초점이 맞춰져 있고 속도감을 자랑한다.

대표적인 작품들로 <스피드>(Speed, 1994), <도망자>(The Fugitive, 1993), <미션 임파서블>(Mission Impossible, 1996)[iii], <테이큰>(Taken, 2008), <조선 명탐정>(2011) 등이 있다.

---

iii) 이 장르는 특히 대중성을 인정받아 시리즈로 제작되는 경우가 많다. 대표적으로 〈미션 임파서블〉은 1996년부터 2025년도까지 총 8편의 시리즈를 제작하였다.

03

장르의 역할과 기능

장르 구분의 기능과 역할

개별 영화 텍스트를 비슷한 플롯, 스테레오 타입, 배경, 주제, 스타일, 정서적 감동 등으로 묶어내는 문화적 행위를 장르라고 정의한다. 장르는 이렇듯 한 작품에 담겨 있는 공통요소로 관습적 플롯 공식을 답습하는 것이 특징이다. 이러한 장르의 순기능은 영화 산업 전체에 안정감을 가져다 준다.

영화 제작자의 입장에서 장르는 수요의 불확실성에 따른 흥행의 위험을 감소시킬 수 있고, 특정 장르를 선호하는 관객들의 수요를 예측해 이들을 유인하는 것을 가능하게 만든다. 더불어 영화 제작 과정에 있어서도 장르에 따른 제작 표준화가 가능해지기 때문에 생산의 효율화를 실현할 수 있으며, 수익의 규모 역시 간접적으로 예측할 수 있는 효과를 지닌다.

소비자의 입장에서는 특정 영화를 소비함으로써 기대할 수 있는 효용크기의 편차를 줄일 수 있고, 특정 장르가 가져다 주는 만족감으로 인해 다음 영화 선택에 있어서도 그 장르의 영화에 대한 높은 충성도를 갖게 된다. 이렇게 반복적 소비가 이루어지면 이전 소비보다 상대적으로 높은 효용을 발생시킬 수 있는 일종의 학습된 경험 지식이자 문화적 자본 축적으로서 장르를 인지하게 된다.

마케팅 차원에서 장르는 관객들에게 안정적인 관람 기대 심리를 부여하고 영화 상품에 대한 기대효과를 부여할 수 있는 장점을 지니며 영화의 차별화를 주도하고 영화와 관객들을 이어주는 다리 역할을 한다. 그렇기 때문에 장르는 영화 컨셉과 포지셔닝 등 영화 마케팅 전략 수립 시 가장 중요한 요소로 작용하는 마케팅의 기본 요소에 해당된다.

장르는 마케팅의 기본 요소이기도 하지만 또 한편으로는 관객들이 선호하는 장르에 따라 마케팅 기획 자체에도 영향을 끼칠 수 있다. 특정 장르에 대한 선호가 반복적인가, 장르의 자기 복제 및 반복으로 관객들이 식상하다고 느끼지는 않는가 등 관객들의 니즈를 파악하여야 하며, 영화 제작 전 장르 선호에 대한 조사 및 마케팅 방향을 고려해야 영화 기획의 성공 확률을 높일 수 있다.

관객들은 새로운 장르를 낯설어 하는 경향이 있다. 그러나 새로운 장르가 한번 성공을 거두고 나면 관객들의 불안감이 감소되고, 영화 기획과 제작 시 새로운 장르의 영화들을 계속 시도할 수 있게 된다. 이렇듯 장르는 영화계를 다양하고 풍성하게 만들 수 있고, 관객들에게 신선한 접근, 영화에 대한 관심을 야기하고 환기시키는 요인으로 작용할 수 있는 것이다. 그렇기 때문에 시장의 흐름을 잘 파악하여 새로운 장르를 개발하고 마케팅을 통해 해당 장르에 대한 부각이 잘 이루어지도록 하는 것이 중요하다. 대표적인 성공 사례로 최초의 한국형 히어로무비로 평가되는 <전우치>(2009)나 스포츠 드라마 <우리 생애 최고의 순간>(2008), <국가대표>(2009) 등을 예로 들 수 있다.

CHAPTER

04

영화 읽기

01 장르에 주목하여 읽기

장르의 융합과 새로운 장르의 출현

문학에서의 장르는 형식에 따른 차이에 근거하지만 영화에서의 장르는 영화를 소비자의 취향에 맞게 분류하기 위한 도구로서 의미를 지닌다. 장르는 제작사–배급사–관객 사이의 일종의 '암묵적 계약'이라고 할 수 있는데, 장르는 무수히 많은 '하위 장르'로 갈라지고, 다양한 융합이 이루어지면서 끊임없이 변주하고 재창조되는 역동성을 특징으로 한다. 예를 들면 '호러 코미디', 'SF 웨스턴', '범죄 스릴러' 등이 있다.

장르의 융합에 따른 새로운 장르의 출현은 현대 영화 산업의 중요한 키워드라고 할 수 있다. 이 장에서는 시대 변화에 따라 장르적 특성이 변한 두 가지 장르, 뮤지컬 영화와 역사 영화를 구체적인 작품을 통해 살펴본다. 더불어 고전적 장르 분류에 따라 장르라고 규정할 수 없으나 특정한 주제, 양식에서의 관습 등 장르적 성격을 지니는 것으로 유형화 할 수 있는 음악 영화, 다문화 영화, 교육 영화를 살펴봄으로써 장르화의 가능성을 탐색하며 영화를 읽어보도록 한다.

1.1 역사 영화: <택시운전사>

역사를 영화로 재현할 수 있는가, 재현해도 되는가 하는 논쟁은 첨예하게 이루어져왔다. 많은 역사가들은 역사적 사실이 허구적 영상(영화)으로 표현되는 것에 대한 의구심과 우려 섞인 시선을 보내 왔다. 그러나 또 다른 많은 역사가들은 역사를 영화로 재현하는 것에 긍정적으로 평가하고 심지어 역사 역시 객관적이지 않다고까지 말한다. 역사라는 것은 많은 증거들, 역사적 기록물들을 바탕으로 입증된 과거의 사실이나 시간 혹은 연대기적인 주관이 개입된 구성물이라는 것이다. 그러므로 역사서나 영화는 크게 다르지 않다는 것이 그들의 주장이다. 이런 논란 속에서도 역사를 소재로 한 역사 영화는 국내외에서 끊임없이 제작되고 있다.

장르로서의 역사 영화

역사 영화의 장르적 관습을 정리해 보면 다음과 같다. 첫째, 역사적 사실을 소재로 하고 있다는 점이다. 로젠스톤(Robert A. Rosenstone)은 영화가 "역사를 경쟁에 부치고(contesting), 시각적으로 표현하고(visioning), 시각적으로 재현하는(revising)" 일을 수행할 수 있다며 역사 영화가 공헌할 수 있는 바를 설명한다.[62] 영화는 시각화하여 재현해내는 과정을 통해 잊고 있던 역사를 환기시키고 현재와 역사를 부딪히게 하기도 하며 역사적 사실에 대한 논쟁을 일으키기도 한다.

둘째, 역사를 재현함과 동시에 스토리텔링을 가미하여 '팩션(faction)'의 성격을 지닌다는 점이다. 역사 영화는 역사적 사실을 토대로 하지만 시각적으로 재현하는 과정에서, 등장인물이 서사를 이끌어나가는 과정에서 허구적인 것이 가미될 수밖에 없다. 그렇기에 역사 영화를 두고 특히 사실(fact)과 허구(fiction)가 결합된 팩션이라고 칭하는 것이다. 이 부분을 두고 역사학자들은 역사 영화는 가공된 영화서사일 뿐 역사를 담고 있지 않다고 비판하기도 하지만, 다른 한편에서는 역사 역시 많은 역사학자들이 사료의 고증을 통해 합의에 도출한 '이야기'라는 측면에서 영화와 동일하다고 반박하기도 한다.

셋째, 시대적 흐름에 따라 장르적 관습이 변화하고 있음에 주목해 볼 필요가 있다. 역사 영화들은 흐름상의 특징을 지닌다. 우선 초기에는 역사적 사건 혹은 인물을 사료에 근거하여 그대로 재현하는 것에 주력하는 특징을 보인다. 이때 중요한 것은 당시의 복장이나 거주 형태, 배경 등을 그대로 고증하여 재현해 내는 것인데, 이를 통해 서사영화로서의 장르적 특성도 지닌다.

그러나 점차 동일한 역사적 사건을 다루더라도 감독의 연출 의도나 역사적 해석이 가미된 영화들이 등장하고 있다. 처음에는 가장 널리 알려진 전투나 역사적 영웅과 같은 인물들이 서사의 중심을 이루었다면 갈수록 그 시대에 살았던 사람들의 삶이나 인물들 간의 갈등 혹은 알려지지 않은 세밀한 에피소드 등이 하나의 '이야기'로 재구성되어 다루어지고 있다.

기존에는 사실을 재현하는 것, 리얼리즘에 초점을 맞췄다면 이제는 미시적 서사, 당시의 개인과 개인의 이야기에 초점을 맞추는 것으로 서사가 변화하고 있다. 이는 공적 역사를 위주로 하던 역사 영화가 이제 사적인 기억, 개인의 역사이자 대중의 역사를 포함하고 있다는 점에서 주목된다.

역사를 소재로 하는 영화는 한 나라의 국민들을 세상을 함께 느끼게 하는 '정서 공동체'로, 나아가 모두가 공유하는 과거의 기억을 토대로 '기억 공동체'로 묶어주는 역할을 한다.[63] 영화의 역사 재현에서 중요한 것은 '기억'이다. 과거와 현재의 대화라고 정의되는 기억은 사회적으로 지배적인 기억과 끊임없이 협상하고 투쟁하는 과정 속에서 대중의 기억을 왜곡시키거나 망각하게 만들기도 한다. 역사 영화의 역할은 바로 이 지점에 있다. 영화는 지배적인 목소리에 의해 배제되거나 숨겨진 역사적 기억들을 꺼내어 영상화함으로써 다시 한번 되돌아볼 수 있는 기회를 제공해 주고, 이에 대해 집단의 기억을 되살림과 동시에 수면위로 공론화 할 수 있는 기회를 제공한다.[64]

역사는 일종의 끊임없는 이야기의 원천이다. 역사의 영화화에 대한 논쟁은 영화사 초기부터 있어 왔다. 그러나 점차 협력과 상호 보완, 공생하는 관계로 변모하고 있다. 이 장에서는 한국의 역사 중에서도 근현대사를 다루는 대표적인 영화를 통하여 역사 영화의 최신 흐름을 살펴보도록 한다.

대표작품: 영화 〈택시운전사〉(2017)

❙ 기본 정보

장훈 감독의 <택시운전사>는 1980년 5·18 광주 민주화운동을 취재하려는 독일 기자 위르겐 힌츠페터(이하 피터, 토마스 크레치만)를 광주로 데려다주는 서울의 택시운전사 김만섭(송강호)의 이야기이다.

영화는 크게 3막으로 구성된다. 1막은 일상에서 분리되는 것으로 보통의 삶에서의 분리를 뜻한다. 석 달치 사글세가 밀려 있는 가장 만섭(송강호)은 하루 일당으로 십만 원을 받을 수 있다는 이야기에 다른 기사의 손님이었던 피터를 가로채 광주로 향한다. 아무것도 모르는 상태에서 광주로 향하는 만섭이 군인들이 서 있는 검문소를 통과하여 광주에 진입하는 순간부터 2막이 시작된다. 낯선 세상으로 진입하게 된 만섭은 그곳에서 전혀 생각지도 못했던 무장군들의 폭력 진압을 목격하고 큰 충격에 빠진다. 광주에서 목격한 모든 참혹한 실상들을 담은 카메라와 필름을 가지고 피터는 무사히 떠나고 만섭은 다시 보통의 소시민인 택시운전자로 돌아가게 되는 3막으로 이야기는 끝난다.

❙ 영화 포스터의 역할: 〈화려한 휴가〉 vs 〈택시운전사〉

앞서 영화 읽기의 방식 중 하나로 주변 정보 읽기의 중요성을 강조한 바 있다. 주변 정보 중에서 영화가 이야기하고자 하는 바를 축약하여 시각화 한 영화의 포스터와 소개 문구 또한 중요한 역할을 한다. 이에 동일한 소재를 바탕으로 만들어진 두 편의 영화 포스터를 가지고서 영화 읽기를 시작해 보자.

영화 <화려한 휴가>(2007)와 <택시운전사>는 모두 광주 민주화운동을 소재로 한다. 그러나 10년의 간격을 두고 개봉된 두 영화의 이야기 전개 방식은 매우 다르기 때문에 주목할 가치가 있다. 우선 포스터에서부터 두 영화는 큰 차이를 보인다. 포스터의 미장센은 감독의 의도를 내포하며 전달하고자 하는 의미를 담는다. <화려한 휴가>의 포스터는 영화에 등장하는 주요 인물들이 각각 한 명씩 등장한다. 마치 역사적 인물들의 전기를 소개하듯 '우리를 잊지 말아주세요'라는 문구가 커다란 글씨로 적혀 있고 해당 인물의 이름과 나이,

직업 그리고 광주 민주화운동에 참여하게 된 계기가 적혀 있다. 이러한 방식은 이 영화가 실제 사건을 기반으로 하고 있고, 해당 역사적 사실을 영화화 하는 것에 중점을 두고 있음을 강조하는 듯한 인상을 준다. 반면 <택시운전사>의 포스터는 제목 그대로 택시 운전사의 삶이나 택시운전을 직업으로 하는 주인공이 겪는 어떠한 이야기를 다루는 듯하다. 배우 송강호가 노란색 셔츠를 입은 택시 운전사로 분하여 초록색 택시를 배경으로 푸근한 미소를 짓고 있는 포스터는 굉장히 밝은 색감과 조명이 사용되어 따뜻한 느낌을 준다. 때문에 가장으로서의 아버지를 주인공으로 한 휴먼 감동 드라마로 영화 장르를 추측하게끔 만든다. 그러나 포스터 한 켠에 '광주로 간 택시 기사'라고 적혀 있는 문구는 이 영화의 공간적 배경이 어디인지를 생각하게 하고, 택시 기사의 복장이나 차량의 연식으로 보았을 때 시간적 배경을 고려하게 함으로써 광주 민주화운동과 관련된 이야기가 전개될 것임을 암시한다. 그럼에도 역사적 사건이라는 인식보다 한 인물과 그 인물을 둘러싼 이야기에 초점을 맞출 것으로 보이는 서사구조를 추측하게 함으로써 관객에게 보다 친밀한 느낌을 주는 것이 특징적이다.

❙ 서사구조 - 스토리텔링의 힘

영화 <택시운전사>는 기본적으로 외부인의 시선으로 광주를 조망한다. 광주의 현실을 경험하고 외부에 알리는 역할을 하는 것은 서울에서 온 택시기사 만섭과 독일 기자 피터의 역할이었다. 그래서 이 영화는 서울과 광주라는 이중의 공간을 틀로 하여 진행되는 이중 서사구조를 지닌다.[65] 서울에서 광주로 향할 때의 만섭과 광주에서의 만섭은 다른 성격을 보인다. 비정치적이었던 만섭은 광주에서 정치적 인물로 각성하고 변모하지만 다시 서울에 도착한 후 원래의 소시민으로 돌아간다. 그는 공항에서 피터와 작별 인사를 나누며 '김사복'이라는 가짜 이름을 전하는데, 이는 마치 광주에서의 인물이 오히려 허구이고 자신의 진짜 삶, 소시민으로의 정체성을 유지한 채 한 아이의 아버지로서 살아가게 될 만섭의 모습을 상징한다.

이 영화의 내레이션 전략은 만섭의 감정적 움직임을 따라간다. 평범한 소시민인 만섭이 역사적 비극의 목격자로 위치가 변화하고, 목격자의 입장에서 참혹한 폭력의 현장을 바라보며 변화해가는 그의 감정이 묘사되어 있기 때문에 이 영화의 스토리는 일종의 심리소설과 같은 서사구조를 지닌다.[66]

<화려한 휴가>는 영화 마지막에 관객에게 직접적으로 메시지를 전한다. "우리를 잊지 말아주세요."라고 외치는 여자 주인공의 모습은 관객의 마음에 울림을 주기도 하지만 한편으로는 역사적 사건에 대해 기억할 책임을 강요하는 느낌을 주어 거리감을 갖도록 만들기도 한다.[iv] 그러나 <택시운전사>는 역사적 사건의 실상을 파악하거나 진상을 규명하는 데 중점을 두지 않는다. 그저 관객은 만섭의 감정에 따라, 만섭이 보는 것을 함께 보고 경험하며 만섭이 변화하는 속도에 맞춰 천천히 그와 동일시되며 그 과정에서 마치 만섭처럼 광주와 서울로 올라가는 길목에서 선택의 기로에 서도록 할 뿐이다. 이러한 방식은 우리를 현재의 위치에서 선택하도록 함으로써 계몽적이고 대중적인 스토리텔링을 추구하였다고 평가받는다.[67]

❙ 인물 설정의 중요성 - 소시민 만섭

소시민 만섭은 영화를 보는 관객들에게 '나'와 같은 사람, 나의 일상에서 만날 수 있는 사람이라는 인식을 갖게 함으로써 일종의 정서적 안전장치 역할을 한다. 감독은 "이 영화를 보는 다양한 관객이 자신과 동일시 할 수 있는 사람이 필요했다. 광주에 살지 않아 그 사실을 모르던 사람들을 만섭이 대변해야 한다고 봤다."[68]라고 말하며 만섭을 소시민이자 비극의 목격자라는 이중의 위치에 의도적으로 두었음을 설명하였다. 검문소를 통과해서 광주에 진입하게 된 만섭에게 가장 먼저 눈에 띈 것은 텅 빈 도로와 트럭 뒤 탑승한 학생 시위대원들의 모습이다. 피터는 그들을 만나자마자 현재 광주가 왜 이런 모습인지 인터뷰를 진행하고 곧바로 그들을 따라 트럭에 오른 채 적십자병원으로 이동한다. 만섭은 피터가 기자라는 사실을 알게 된 후 괜히 같이 다니다 자신이

---

iv) 기존에 5 · 18 광주 민주화운동을 소재로 한 영화들은 1989년도부터 활발히 제작되었다. 〈오! 꿈의 나라〉(1989), 〈꽃잎〉(1996), 〈박하사탕〉(1999), 〈스카우트〉(2007), 〈화려한 휴가〉(2007), 〈오월애〉(2010), 〈26년〉(2012), 〈택시운전사〉(2017)가 있다.

피해를 당할까 싶어 병원으로 따라가는 척 하다가 유턴해서 도망가려는 모습을 보인다. 그런 그에게서 가장 먼저 느껴지는 감정은 '두려움'이다. 조금 전까지 경제적으로 궁핍할지언정 평온했던 나의 일상이 위협받을 수도 있다는 느낌을 받을 때 대부분의 사람들은 만섭과 같이 두려움으로부터 벗어나고 싶은 회피 욕구를 느낀다.

이어지는 상황에서도 만섭은 계속해서 회피하고 싶어한다. 그는 피터가 카메라를 들고 취재를 하고 있는 모습이 발각되어 사복 특공조에 쫓기는 상황에서 "이것 필름 그냥 줘버리자."라며 피터를 설득한다. 그에게 당장 중요한 것은 지금 이 상황을 기록하는 것보다 공포와 폭력의 순간에서 벗어나 나의 안전을 확보받는 것이다. 또 YMCA 건물 옥상에서 금남로에서 벌어지는 시위대와 무장 경찰 간의 격렬한 대립을 바라보고 있던 중 재식(류준열)이 보고만 있을 수 없다며 건물 아래로 내려가려고 하고 피터 또한 취재를 목적으로 함께 내려가려고 하자 만섭은 "학생이 지금 내려간다고 뭐가 달라져?"라고 말하며 만류하는 모습을 보인다. 이는 두려움에 휩싸인 소시민의 불안과 공포를 직접적으로 드러내며 한편으로 아무것도 바꿀 수 없다는 소시민적 체념의 태도를 상징적으로 보여준다. 사건 현장으로의 투입이 이루어졌지만 회피하려는 태도를 보인다. 이는 지극히 현실적인 일반인의 모습에 가깝다.

모든 사람이 한순간에 영웅이 될 수는 없다. 그러나 관조적 태도로 목격하던 인물이 적극적인 참여자로 변화하는 순간이 찾아오는데, 바로 주변 인물들과 그 사건이 직접적인 관련성을 맺는 시점에서이다. 시위 현장에서 택시가 고장나고 통금 때문에 서울로 가지 못해 광주의 택시기사인 태술(유해진)의 집에서 재식, 피터와 함께 하룻밤을 보내게 된 만섭은 그들과 이야기를 나누며 광주의 상황이 왜 이런지, 사람들이 왜 시위를 하고 그들을 향해 무차별 폭력이 가해지고 있는지 알게 된다. 그럼에도 만섭은 처참한 광주의 상황보다 집에서 혼자 자신을 기다리고 있을 11살 딸이 더 걱정되는 아버지이다. 사망한 아내를 대신하여 딸을 길러야 하는 아버지로서, 가장으로서 만섭의 이야기에 태술과 재식, 피터는 모두 공감하고 관객들 역시 감정적으로 만섭의 행동과 태도를 더욱 이해하게 된다. 그렇게 만섭은 새벽에 몰래 태술의 집에서 빠져나가 서울로 향한다. 피터에게 받은 택시비로 서울로 향하는 길에 딸에게 줄 구두 선물을 사고 식당에 들러 식사도 한다. 그 순간에 바로 옆 광주에서는 수많은 사람들이 폭력에 쓰러지고 있었으나 그들의 진짜 이야기는 뉴스에 등장하지 않는다. 자신이 직접 보았던 피 흘리는 사람들, 함께 밥을 먹고 이야기를 나누었던 태술과 재식 같은 인물들이 폭도로 정의되는 모습을 보며 만섭은 "아빠가 손님을 두고 왔어. 아빠 택시에 꼭 태워줘야 되는 손님인데."라고 딸에게 전화 통화를 한 뒤 다시 광주로 향한다. 결국 인간을 움직이는 것은 역사적·시대적 사명감이라는 거창한 것에서 비롯된다기보다 내 주변의 사람들에 대한 동감과 연민, 공감적 태도에서 기인한다는 점이 만섭이라는 인물을 중심으로 한 서사 진행에서 잘 나타난다.

❙ 시각적 표현 기법

영화의 시각 이미지 중 반복적으로 등장하는 것은 '상처'의 모티프이다. 이것은 서사의 전개뿐만 아니라 관객이 다양한 체험을 통해 스토리를 따라가도록 하는 데 있어서 중요한 역할을 한다.[69] 예를 들어 만섭은 생계수단인 택시를 매우 소중히 여기는데, 광주의 시위 현장에서 차에 흠집이 나고 고장이 난다. 시위 현장에서 주먹밥을 나누어주던 은정은 시위를 진압하는 경찰의 폭력에 의해 이마에 상처가 나 빨간 피를 흘리며 택시 위로 쓰러지고, 이는 만섭에게도 붉은 잔상이 되어 충격을 심어준다. 피터의 망가진 카메라와 상처 난 재식의 얼굴 역시 상처의 모티프로서 영화 속 처참한 사람들의 이미지를 한데 모으는 역할을 한다.

또 다른 표현상의 특징 중 하나로는 프레임 안에 카메라를 든 인물을 활용하여 현장감을 살리고 있다는 점이 있다. 카메라는 외부에서 장면을 담아내는 역할을 한다. 그러나 이 영화에서는 기자인 피터를 통한 또 하나의 카메라가 영화 내부에 존재한다. 독일 제1공영방송 ARD의 기자 피터는 일본에 머물던 중 우연히 광주의 소식을 전해 듣게 된다. 그리고 무작정 취재를 위해 택시기사 만섭과 함께 광주에 도착하는데, 그곳에서 트럭에 타고 시위 농성을 벌이는 학생들을 마주하자마자 바로 카메라를 들고 인터뷰를 시작한다. 그의 카메라는 시위 현장에서도, 과격한 진압으로 사망한 시민들의 시체가 즐비한 병원 응급실에서도 모든 것을 기록한다.

화면 밖의 카메라 외에 피터의 카메라는 마치 피터가 찍은 듯한 흔들리는 화면으로 현장감을 살리는 기능을 한다. 금남로의 시위 현장에서, 병원에서, 모든 광주의 현장에서 피터는 카메라를 들고 있다. 그가 손에 들고 있는 카메라는 마치 프레임 내부에 있는 인물이 찍은 쇼트를 연결시킨 듯 핸드 헬드 기법으로 촬영하여 흔들리는 듯한 현장감 있는 장면을 연출한다. 더불어 그런 그가 카메라를 내려놓고 재식과 그 밖에 많은 사람들의 죽음에 좌절하며 슬퍼하고 있는 모습을 다시 외부 카메라가 비춤으로써 시점의 이동 또한 복합적으로 이루어진다. 이는 관객으로 하여금 관찰자로서 비교적 안전한 위치에서 거리를 두고 영화를 바라보게 했다가, 영화 내부에 위치한 인물의 시선으로 보다 가깝게 사건을 관찰하고 감정적으로 참여하게 하며 관객과의 심리적 거리를 복합적으로 만드는 데 기여할 수 있다.

❙ 스토리텔링과 영화적 장치의 활용

<택시운전사>는 역사적 사실을 소재로 하는 역사 영화이지만 스토리를 구현하는 방식에 있어서 다른 장르적 관습을 차용하여 다양한 장르적 특성이 혼재되어 나타난다. 예를 들어 20일 밤 광주 MBC가 불타는 현장에서 취재 사실을 발각당한 피터와 만섭 그리고 재식은 사복 경찰들에게 쫓기게 된다. 끝내 붙잡히지 않고 도망치는 이 과정은 스릴러적으로 연출되며 관객들에게 긴장감을 부여한다. 한편 사복 경찰에게 붙잡힌 만섭을 피터가 구출하는 장면은 일종의 액션 영화 같기도 하다.

이 영화의 유일한 단점이라고 손꼽히는 차량 추격신은 영화적 관습이 과도하게 혼용된 결과에 해당한다. 광주의 현장을 녹화한 필름을 가지고 광주를 빠져나와야 하는 만섭과 피터는 그들이 가지고 있는 사명만큼이나 큰 위험에 처해 있는 상황이다. 외국인 기자와 서울 택시기사가 검문소를 통과할 것이라는 사실이 이미 경찰들을 통해 알려진 상황에서 검문소를 무사히 빠져 나가

는 것은 불가능에 가까울 것이라고 생각되기에 영화를 보고 있는 관객들의 긴장감은 극에 달한다. 이런 상황에서 영화는 극의 말미에 극적 긴장감을 더 고조시킬 수 있는 클라이맥스를 설정하고자 시도한다. 검문소에서 트렁크까지 조사를 당하고도 무사히 통과하는 만식과 피터를 보며 관객은 함께 안도하지만 이들은 이내 고위 경찰에게 쫓기게 된다. 만섭은 유려한 운전 솜씨로 경찰들이 택시를 향해 쏘는 총도 피하며 전속력으로 달린다. 자칫 잡힐 법한 상황에서 갑작스럽게 등장한 태술과 그의 동료 택시기사들이 줄지어 차를 몰고 등장하고 경찰의 차와 만섭의 택시 사이에 끼어들어 만섭이 무사히 빠져나갈 수 있도록 돕는다. 이 과정에서의 레이싱 장면은 흡사 범죄 조직과 추격전을 벌이는 액션 영화의 한 장면처럼 연출된다. 액션 영화에서 결국 주인공만 마지막에 살아남는 것처럼 택시 기사들은 차례대로 한 명씩 운전 중이던 차가 절벽을 들이박거나 경찰이 쏜 총에 맞는 식으로 낙마하고, 결국 조력자들의 도움을 받은 만섭과 피터는 광주를 빠져나오는 데 성공한다. 이를 두고 "개연성을 벗어나면서까지 할리우드 장르 플롯에 기대어 클라이맥스 효과를 극대화하려는 과잉"[70]이라고 비판받기도 했다.

역사 영화의 발전과 전망

초기 역사 영화는 역사적 사실을 재현한 장면의 나열에 치중하였다. 연대기적 서술을 근간으로 하는 역사적 사료와 일치하게 시간적 순서에 따라 서술되었고, 점차 역사학계와의 논쟁을 피하기 위해 역사적 사실을 고증한 그대로 재현하는 것이 중요하게 여겨졌다. 역사는 끝없는 이야기의 원천이기도 하지만 여러 감독에게 여러 번에 걸쳐서 제작되다보니 역사 영화에 대한 관객들의 관심은 떨어지기 시작했다. 또 이미 영화적 취향이 생긴, 영화를 보는 시각을 형성하기 시작한 관객의 입장에서 똑같은 서술 방식으로 전개되는 역사 영화는 고리타분하게 느껴졌다. 그러나 역사 영화는 변화하기 시작했고, 점차 연대기적 역사적 사실 중심이 아니라 그 역사 속에 존재하는 인물과 삶에 초점을 맞추는 방식으로 변모하였다. 이러한 과정에서 역사적 사실을 바탕으로 한 스토리텔링이 빛을 발한 영화가 바로 <택시운전사>이다. 앞으로 이러한 방식의 전개가 계속해서 이어질 것으로 추측되는 만큼 서사의 진행방식이나 인물의 성격 및 시점, 플롯에 다양한 변화를 주는 과정에서 너무 지나치게 영화적 특성이 도드러지지 않고 적절하게 다른 장르적 특징과 융화되어 갈 필요가 있다.

1.2 뮤지컬 영화

장르로서의 뮤지컬 영화

뮤지컬 영화는 뮤지컬이 지닌 공연예술로서의 성격을 포함한다는 점이 다른 장르와 구분되는 가장 큰 특징이다. 뮤지컬 영화는 뮤지컬과 같이 음악과 노래, 춤이 한데 어우러지며 이것이 영상으로 재현되면서 동시에 영화적 특성이 가미된다. 뮤지컬 영화의 장르적 특징을 살펴보기 위해 구성 요소를 상세히 살펴보도록 한다.

뮤지컬 영화는 '연출, 스토리, 배우, 음악, 안무'[v] 다섯 가지 요소로 구분된다.[71]

① 연출: 시나리오를 바탕으로 카메라 기법이나 편집 방식과 같은 영화적 연출 외에 음악과 춤 등 뮤지컬적인 요소를 어떤 식으로 결합할 것인지 감독의 의도를 재현하는 것을 말한다. 뮤지컬 영화는 특히 배우가 뮤지컬 넘버를 연기하는 뮤지컬 시퀀스가 중요한 의미를 갖기 때문에 극의 내러티브 전개 과정에서 뮤지컬 시퀀스가 효과적으로 연출하기 위한 전문적인 기술과 연출 기법이 요구된다.

② 스토리: 뮤지컬은 극본을 토대로 이루어지는 공연예술로 텍스트가 가장 기본적인 요소가 된다. 뮤지컬 영화에서도 역시 텍스트로 된 시나리오가

v) 배예은과 임성준(2024)은 뮤지컬 영화의 구성요인 5가지를 제시하면서 주로 뮤지컬이 가지는 특성을 중심으로 뮤지컬 영화에서도 해당 요소들이 중요함을 설명하였다. 이를 참조하여 5가지 요인을 동일하게 제시하되 보다 더 영화적인 측면에서 뮤지컬 영화의 구성요인을 제시해 본다.

가장 기본적인 요소로서 중요성을 지닌다.

③ **배우**: 뮤지컬 영화에서 배우의 역할은 특히 중요하다. 배우는 극에서 연기만 하는 것이 아니라 노래와 춤까지 모두 소화해 내야 하기 때문에 종합적인 예술 역량이 필요하다. 뮤지컬 영화의 배우는 노랫말을 통해 깊은 감정과 서사에 필요한 정보를 전달하는 역할까지 수행해야 하기 때문에 기본적인 발성과 가사 전달력이 필요하다.

④ **음악**: 뮤지컬 영화의 음악은 배경음악 외에 배우의 노래와 연기를 통해 구현된다. 뮤지컬 영화의 음악적 요소는 연기의 과장성, 서사적 기능, 상황 의미 전달, 감성의 극적인 표출을 특징으로 한다. 음악이 갖는 이러한 특성은 극적인 감정 표출을 통해 관객들을 더욱 몰입시키는 효과를 유발한다. 넓은 공연장에서 전개되는 배우의 노래보다 영화에서의 노래는 주로 인물을 클로즈업하여 인물이 전달하는 노래가 가사로서의 역할을 하기 때문에 더욱 그 중요도가 높다.

⑤ **안무**: 뮤지컬에서 안무는 대사나 음악으로 표현할 수 없는 극적인 상황을 보다 쉽게 이해할 수 있도록 극의 전개에 있어서 필수적인 전달 매체가 된다. 영화는 뮤지컬보다 장소의 전환이 자유롭고 인물의 액션을 시각적으로 속도감있게 전달할 수 있기 때문에 무대 위에서의 안무가 다른 방식으로 전환되기도 한다. 때로 영화의 전개 과정에서 갑작스러운 춤으로의 전환은 개연성을 떨어트린다는 느낌을 줄 수 있기 때문에 자연스러운 적용과 연출이 매우 중요하다.

뮤지컬 영화는 이미 영화사 초기부터, 영화의 장르로 인정받아왔다. 문화예술 산업이 발전하면서 '뮤지컬의 영화화', '영화의 뮤지컬화'와 같은 예술 산업적 교류는 점점 더 빈번하게 일어나고 있다.[72]

시대적 변화가 있다면, 과거에는 유명 작품, 브로드웨이나 웨스트엔드에서의 유명 작품들이 영화화 되는 것이 일반적이었지만 현재는 창작 뮤지컬 영화들이 등장하고 있다는 점이다. 이는 영화 제작을 위한 목적임에도 시나리오 작업 단계에서부터 뮤지컬적 연출을 염두에 두고 쓴 작품이라는 측면에서 차이가 있다. 한국영화의 경우, 기존의 뮤지컬 작품을 영화화하는 시도가 이루어졌다. 더불어 창작 뮤지컬의 시도 또한 성공적으로 이루어졌다고 평가받는다. 이에 이 장에서는 뮤지컬 영화 장르를 대표하는 할리우드의 영화 <라라랜드>와 한국영화 <영웅>(2022)을 살펴보도록 한다.

대표 작품: 영화 〈라라랜드〉(La La Land, 2016)

❙ 기본 정보

영화 <라라랜드>는 2016년 12월 개봉하여 전 세계 3,236개 극장에서 약 4억 4천만 달러의 수익을 거두며 대성공한 대표적인 뮤지컬 영화로, 상업성과 작품성을 모두 인정받은 작품이다. 2017년 아카데미 영화상에서 감독상, 여우주연상, 미술상, 음악상, 주제가상, 촬영상 6개 부문을 수상하였고 골든 글로브에서도 음악상, 주제가상, 남녀주연상, 감동상을 포함한 7개 부문에서 수상 실적을 거두었다. 영화를 연출한 감독 데이미언 셔젤(Damien Chazelle)은 영화감독이자 각본가로 2009년 뮤지컬 영화 <공원 벤치의 가이와 매들라인>(Guy and Madeline on a Park Bench, 2009)로 데뷔하여 <위플래쉬>(Whiplash, 2014)를 연출하였다. 2013년 단편으로 제작된 영화 <위플래쉬>는 감독 본인이 재즈 밴드 활동을 하면서 겪었던 자전적 이야기를 바탕으로 각본화 한 작품으로 독립영화제인 '선댄스 영화제(Sundance Film Festival)'에서 심사위원 대상과 관객상을 수상한 이후 2014년 장편으로 다시 제작되었다. 기존 음악 영화와 다른 방식으로 접근하여 마치 액션 영화 같은 드럼 연주 장면에서의 긴박감으로 주목받으며 제 89회 아카데미에서 감독상을 수상하면서 최연소 수상 기록을 세우게 되었다. 이후 할리우드의 관심과 지원을 토대로 <라라랜드>를 제작하기에 이른다.

영화 <라라랜드>는 동화적 요소와 현실적인 서사가 결합되어 판타지성을 지니면서도 현대적인 메시지를 전달하는 작품이다. 인물들을 중심으로 한 내면적 갈등과 현실적인 결말은 장르가 갖는 환상적이고 쇼 뮤지컬적인 특징과 결합하여 대중의 많은 호응을 얻었다.

영화 <라라랜드>의 연출적 특징 중 하나는 환상기법의 사용이다. 음악과 춤이 SF적인 요소와 함께 결합하여 관객으로 하여금 환상 속에 빠져드는 듯한 느낌을 받게 한다. 예를 들어 꽉 막힌 도로 위에 서있는 차들에서 사람들이 다 같이 내려 춤을 추는 장면, 천문대 플래닛타리움에서 반짝이는 별이 가득한 밤 하늘에 마치 우주 위를 떠돌아 다니는 주인공들처럼 연출한 장면 등을 예로 들 수 있다.

꿈과 희망의 도시 LA

영화 <라라랜드>의 배경은 할리우드가 위치한 LA이다. 영화계에서의 아메리칸 드림을 꿈꾸는 많은 사람들이 몰려드는 이곳에서 주인공 미아(엠마 스톤) 역시 배우의 꿈을 키우며 카페 아르바이트를 하고 오디션을 보러 다닌다. 그러나 화려한 꿈의 도시인 LA는 아직 꿈을 이루지 못한 자들에게는 그저 하루하루가 녹록지 않은 고난의 장소이기도 하다.

그래서 영화 제목 'La La Land'를 두고 혹자는 꿈과 희망의 도시인 LA의 이중적인 면모를 지칭하고 있는 것이라고 해석하기도 한다. 꿈꾸는 사람들을 위한 도시이면서 동시에 현실과 동떨어진 꿈의 나라 LA는 영화 곳곳에 현실과 환상을 동시에 표현하는 장소가 된다. 감독은 "LA가 때로는 로맨틱하고 아름답지만, 아티스트의 꿈을 가지고 찾아온 사람들에게는 잔인하고 험난한 도시이기도 하다."라며 도시가 가진 양면적인 모습을 모두 표현하고자 했다고 말한다. LA라는 도시와 그 도시에 머무는 사람들을 모두 선명하게 보이도록 하기 위해 롱 쇼트와 풀 쇼트를 사용하는 등 표현에 신경 쓰고 있는 점이 특징적이다.

꿈과 현실, 그리고 이상

미아는 영화배우를 꿈꾸며 카페에서 아르바이트를 한다. 오디션에 참가하는 날, 하필이면 오디션 복장인 흰색 와이셔츠에 커피가 쏟아지고 오디션장으로 향하는 길은 꽉 막혀 있다. 힘겹게 오디션장에 도착하지만 돌아오는 것은 혹평뿐이다. 지칠 대로 지친 미아의 마음을 위로해 주러 온 친구들은 파티에 동행할 것을 권하고, 그렇게 미아는 친구들과 함께 파티장으로 향한다. 그리고 그곳에서 피아노를 연주하는 세바스찬(라이언 고슬링)을 처음 만난다.

세바스찬은 레스토랑에서 피아노를 연주한다. 그는 재즈를 다시 살리고 싶다는 꿈을 가지고 있다. 재즈만큼 자유롭고 통합되는 음악이 없다며, 재즈 전용 클럽을 운영하며 재즈 음악의 재생을 위해 자신의 소임을 다하겠다는 삶의 목적을 지니고 있다. 그렇기에 그는 사람들에게 인기 있는 곡을 정해진 대로 연주하는 것에 흥미를 느끼지 못하며 자유롭게 즉흥적으로 연주하기를 원한다. 사장과 약속한 대로 정해진 음악을 연주하던 그는 이내 자신의 본능대로 재즈 연주를 시작하고, 이내 사장의 불호령과 함께 일자리를 잃게 된다.

미아와 세바스찬은 함께 고전 영화를 보고 춤을 추고 사랑에 빠진다. 미아와 함께 하는 안정적인 삶을 위해 남자는 재즈 연주자로서의 자신의 꿈을 포기하고 밴드 '메신저스'의 키보드 연주자로 참여한다. 해외 콘서트 투어를 다닐 만큼 안정적으로 자리 잡았지만 미아와의 관계는 점점 더 멀어진다. 미아는 자신을 위한다는 이유로 꿈을 접어버린 그를 이해하지 못하고, 심지어 그가 자신의 1인극 공연이 있는 날마저도 투어 때문에 공연장에 오지 못한다는 사실에 실망한다. 둘의 다툼은 더욱 빈번해지고 갈등은 점점 더 깊어진다.

한편 연기를 하겠다는 자신의 꿈을 위해 직접 공연을 기획하고 무대를 마련하여 1인극을 개최한 미아는 생각보다 저조한 관객수와 공연이 끝나고 난 뒤 마주하게 된 관객의 혹평으로 인해 큰 상처를 입는다. 자신에게는 연기의 재능이 없다고 생각하게 된 그녀는 모든 꿈을 접고 고향으로 돌아간다. 그러나 그녀에게 오디션 기회가 찾아오고 세바스찬이 그녀의 고향집에 찾아가 미아를 설득하여 오디션 장에 데려다주면서 미아는 배우의 꿈을 이룰 수 있는 기회를 얻게 된다.

한편 미아와는 반대로 밴드 활동을 포기하고 자신이 원래 하고자 했던 음악을 다시 선택한 세바스찬은 재즈 바를 인수한다. 미아와의 이별 이후 원래 하려던 재즈 음악가의 삶을 살게 된 세바스찬과 유명한 영화 배우가 된 미아는, 훗날 미아가 남편과 함께 방문한 바에서 피아노를 연주하고 있는 세바스찬을 우연히 마주하며 재회한다.

❙ 고전의 동경과 환상

<라라랜드>가 마치 환상 속 어느 곳에 위치한 장소가 아닐까 싶을 정도로 이 영화는 환상적인 연출을 선보인다. 영화 속 두 주인공이 함께 영화를 관람하는 곳은 실제 미국 국립 역사 유적지로 등장한 리알토 극장(Rialto Theatre)이다. 100년의 역사를 가진 이곳에서 주인공들은 고전 영화 <이유 없는 반항>(Rebel Without a Cause, 1955)을 함께 관람한다. 이는 마치 고단한 현실의 삶을 살고 있는 두 사람이 꿈꾸는 과거의 순간으로 돌아가 현재와 과거가 공존하는 듯한 느낌을 선사한다. 한편 영화 속 세바스찬이 마지막에 자신의 재즈카페를 운영하는 곳으로 등장하는 장소는 실제 재즈매니아의 성지라고 일컬어지는 라이트하우스 카페(Lighthouse Café)로 1950년대 마일즈 데이비스(Miles Davis), 쳇 베이커(Chet Baker), 아트 블래키(Art Blakey) 같은 유명한 재즈 연주자들이 라이브 연주 실황을 앨범으로 제작하기도 했던, 재즈 음악계에서 과거의 영광을 간직한 공간이다. 이는 재즈 뮤지션이 되고 싶고 재즈의 부흥에 기여하고자 하는 인물의 꿈과 어우러져 특별한 장소적 의미를 지닌다.

한편 영화는 특별한 화면 비율을 통해서도 관객에게 새로움을 선사한다. 영화의 촬영 감독 라이너스 산드그렌(Linus Sandgren)은 실제를 그대로 담기보다는 종종 '마법처럼 보여야 하는 영화'를 만드는 데 기여하고 싶다며 실재하는 장소에 마법 같은 정서를 담아내기 위해 시네마스코프(cinemascope) 화면을 선택하였다고 말했다. 시네마스코프는 1950년대 유행하던 화면비율로, 현대 영화들이 주로 극장에서 표준 규격이 1.33:1, 와이드 스크린 규격이 1.85:1인 것에 비해 가로의 비가 훨씬 더 높은 2.35:1의 비율로 촬영하는 기법을 뜻한다. 가로의 비율이 훨씬 커졌기 때문에 영화를 보는 관객은 원래 보던 화면의 프레임에서 좌우로 더 넓은 공간을 볼 수 있으며, 이는 마치 파노라마 쇼트를 보는 듯한 광활함과 함께 더욱 더 환상적인 느낌을 선사한다.

영화는 다양한 카메라 기법을 통해 현실과 환상을 구현하기도 한다. 영화의 인상적인 시퀀스들은 롱 테이크로 촬영되었다. 먼저 뮤지컬에서의 오프닝 군무처럼 노래와 안무가 곁들여진 뮤지컬 장면에서의 롱 테이크가 대표적이다. 꽉 막힌 도로 위에서 차에 탄 사람들이 다 같이 차 밖으로 나와 도로 위에서, 차 위에서, 곳곳에서 다같이 노래를 하고 춤을 추는 장면은 실제 한 번의 롱 테이크로 촬영된 것으로 알려졌다. 캐릭터가 무엇인가에 몰입하는 순간들 역시 롱 테이크로 연출된다. 미아의 오디션 장면이나 세바스찬이 피아노 앞에 앉아 연주를 하는 장면 등이 해당된다. 더불어 세바스찬과 미아가 재회한 순간의 마지막 롱 테이크 장면은 시간을 과거로 돌리는 플래시 백으로 연출하여 더욱 더 환상적인 느낌을 준다. 롱 테이크를 진행하면서도 롱 쇼트와 클로즈업 쇼트, 아이레벨 앵글과 하이 앵글, 로우 앵글 등 다양한 쇼트와 앵글을 결합함으로써 역동적인 이미지를 만들어내고 스토리에 속도감을 부여하면서 관객들로 하여금 적극적으로 정서에 몰입할 수 있도록 하는 효과를 유도하였다.

영화는 창작뮤지컬의 형태로 기존 뮤지컬과 비교했을 때 뮤지컬 넘버나 안무가 다소 소박한 느낌을 준다. 그러나 그렇기에 영화라는 매체와 더 잘 어우러지기도 한다. 감독은 이에 대해 가수가 아닌 배우를 기용한 것도, 영화 속에 진정성, 인간미를 남겨두고 싶었기 때문이라고 말한다. 배우가 캐릭터의 특성과 함께 표현해내는 자연스러움을 통해 캐릭터의 독특함을 완성시키고 스토리를 쌓아 나가기 위한 용도로 춤과 노래를 사용했을 뿐, 전문적인 기교나 기술의 차원에서 다루지 않았다는 점은 실제 영화 관람객들에게도 인상적으로 다가왔다. 때문에 실제 연극 무대처럼 보이는 스튜디오 오픈 세트장을 제작하여 연출하였고 CG 기술 등은 사용하지 않으며 LA 도심의 실제 장소에서 촬영함으로써 자연스러움을 배가하였다.

❙ 당신의 라라랜드는 어디인가?

영화는 지극히 현실적인 삶을 살고 있음에도 미래에 대한 희망과 이루고 싶은 꿈을 놓치지 않는 두 인물의 이야기를 다룬다. 고단한 현실 속 그들이 함께 하는 순간순간의 환상적인 분위기는 현재를 살아가는 원동력이 되며, 그렇기에 관객은 영화를 보며 함께 꿈을 꾸게 된다.

이 영화는 뮤지컬 영화로서의 장르적 가치도 충분하지만 서사적 측면에서도 손에 잡히지 않는 꿈을 향한 걸음을 내딛기 시작한 모두에게 용기를 부여하였기 때문에 많은 관객의 사랑을 받은 작품이다.

나의 라라랜드는 어디인지, 내가 꿈꾸는 이상적인 삶은 어떠한 형태인지 영화를 통해 생각해 보기를 바란다. 영화 <라라랜드>를 통해 꿈과 현실이 충돌하는 지점에 서게 되었을 때, 나는 미아 같은 도전을 할 것인지, 세바스찬처럼 현실과 타협하여 나의 소중한 사람과의 안정적인 삶을 추구하며 살아갈 것인지, 만약의 상황을 가정함으로써 나의 가치관이 무엇이고 어느 방향을 지향하는 삶의 태도를 지니고 있는지 생각해 볼 수 있을 것이다.

대표작품: 영화 〈영웅〉(2022)

❙ 기본 정보

이 작품은 2009년 10월 26일 안중근 의사 의거 100주년 기념으로 제작된 국내 창작 뮤지컬 <영웅>을 원작으로 한다. 뮤지컬 원작은 ㈜에이콤이 제작하였는데 약 8년의 사전제작 단계를 거친 것으로 알려졌고, 대본 작업 및 무대 디자인의 실감나는 연출을 위해 중국 하얼빈과 러시아 블라디보스토크를 답사하며 현장감을 극대화하는 노력을 기울였다고 알려진다.[73] 뮤지컬을 직접 관람한 영화 감독 윤제균이 작품의 서사에 깊은 감동을 받아 직접 영화화를 제안하며 논의가 시작되었고, 영화로 각색하는 데 약 4년간의 구상과 2년간의 사전 제작과정을 거쳐 2022년 영화 <영웅>이 개봉되었다. 한국에서의 뮤지컬 영화는 크게 성공한 사례가 없었기 때문에 장르 자체에 대한 우려가 거셌지만 천만 관객을 두 번이나 동원한 영화 감독이 뮤지컬 영화에 도전한다는 그 자체만으로 영화계와 뮤지컬계 양측 모두의 관심을 불러일으켰다. 결과적으로 영화 <영웅>은 2022년 12월 개봉하여 약 3개월간 325만 명을 동원하였고, 성공적으로 뮤지컬 영화를 안착시켰다는 평가를 받았다.

❙ 각색의 중요성

윤제균 감독은 '영웅'을 영화화하면서 온전한 '뮤지컬 영화'로서의 장르를 개척하는 것에 목표를 두었다. 영화의 매체적 특성을 살리는 것에 각색의 초점을 두고 자신의 영화 세계를 표현함과 동시에 관객의 몰입도를 향상시키고자 하였다. 더불어 기존에 한국 뮤지컬 영화의 문제점으로 꼽히던 부분들을 보완하기 위해 노력을 기울였는데, 바로 배우들이 뮤지컬 넘버를 부르는 장면에서의 연출이 바로 그것이다. 하나씩 조금 더 자세히 살펴보도록 하자.

영화적 각색을 통해 뮤지컬 원작과 달라진 부분들은 영화 <영웅>의 특징이자 장점으로 꼽힌다. 먼저 영화는 원작 뮤지컬에서 공연예술의 특성상 구현할 수 없는 부분들을 영상으로 재현해 내었다. 예를 들어 대규모 군중이 등장하는 전쟁 상황 같은 장면은 공연장에서 구현하기 다소 어려운 반면, 영화에서는 전쟁 장면을 추가하여 서사를 구체화하고 영화적 상상력을 표현하는 데 성공한다. 원작에 없던 회령 전투 장면을 추가하였고 전쟁포로를 풀어주었다가 이후 아군이 큰 피해를 입게 된 과거를 회상하는 장면을 통해 안중근 의사의 인간적 면모가 강조되는 과거 회상 장면이 이에 해당한다. 원작에 없던 안중근의 부인에 관한 장면은 서사의 확장을 통해 그의 인간적인 면모를 더욱 강조해 주는 역할을 한다. 뮤지컬의 서사 속에서는 안중근의 영웅적 면모를 중심으로 이야기가 전개되었다면, 영화 속에서는 전쟁 중 가족을 염려하는 안중근의 개인적인 이야기가 더해지면서 나라를 위하는 군인이자 한편으로는 가족을 걱정하는 가장, 남편으로서의 모습에 더욱 공감하도록 만든다.

영화화 과정에서 특정 캐릭터에 대한 서사를 보강하여 영화 속 서사를 더욱 다채롭게 구성하는 것도 각색에서 나타나는 특징이다. 뮤지컬에서는 독립군 정보원 설희(김고은)의 이야기가 축약되어 미미하게 나타나는 반면, 영화에서는 설희의 캐릭터를 이야기 차원에서 보강하여 뮤지컬에 없던 설희의 솔로 넘버 '그대 향한 나의 꿈'이 새로 작곡되어 등장하기도 한다. 이는 뮤지컬에서 영화로 매체가 전이되는 과정에서 영화의 특성에 맞도록 확장된 사례에 해당한다.

원작 뮤지컬의 영화화 과정에서 각색이 중요한 이유를 보여주는 사례로 영화 <김종욱 찾기>(2010)를 들 수 있다. 2006년 초연된 뮤지컬 '김종욱 찾기'

를 원작으로 한 이 영화는 국내 창작 뮤지컬로, 많은 관객의 인기에 힘입어 영화화된 케이스이다. <영웅>과의 차이는 뮤지컬 원작의 작가인 장유정이 직접 영화 감독을 맡아 연출했다는 점이다. 원작 작가가 직접 연출을 했을 경우 원작의 장점과 추구하는 바를 놓치지 않고 표현할 수 있다는 점에서 장점이 될 수 있으나 바로 이 지점이 이 영화의 실패 요인으로 작용한다.

영화 <김종욱 찾기>는 '첫사랑 찾기 주식회사'를 운영하는 한기준(공유)에게 서지우(임수정)로부터 10년 전 인도 여행에서 우연히 만난 첫사랑 '김종욱'을 찾아달라는 의뢰가 들어오면서 전국 팔도의 '김종욱'들을 찾아다니는 에피소드를 다룬 이야기이다. 뮤지컬 원작과 거의 같은 서사구조를 가지고 있으며, 영화와 뮤지컬에서의 가장 큰 차이는 '스토퍼(stopper)'의 유무이다. 뮤지컬에서는 많은 인원이 등장하기 어렵고 장면 전개 과정의 중간중간 관객들의 호응을 유도하고 분위기를 살리는 역할을 할 수 있는 감초 역할로 스토퍼가 등장하는데 이 인물은 작중 약 20명의 인물을 혼자서 연기한다. 반면 영화에서는 한 인물이 다른 인물로 분하여 등장하는 것은 특별한 서사적 연출을 위한 것이 아니라면 불가능한 것이기 때문에 스토퍼가 연기했던 여러 인물들은 영화 속 지우의 아버지, 인도 여행에서 만난 가이드, 요가 강사 등 여러 조연들로 분화되어 등장한다. 그러나 영화적 특성에 맞게 여러 인물들로 등장시키긴 하였으나 각각의 인물들이 영화 속에서 서사 진행을 더욱 구체화하거나 개연성을 높여주거나 하는 역할 없이 뮤지컬 속 스토퍼처럼 잠깐 등장하는 인물에 불과한 인상을 남길 만큼 큰 캐릭터성을 부여하지 못했다는 점에서 영화적 각색이 부족했다고 평가된다.

더불어 영화 <김종욱 찾기>는 영화와 뮤지컬 각각의 매체가 지니고 있는 특징을 고려하지 못한 채 단순히 뮤지컬적인 요소를 그대로 가져와 영화 속에 구현하는 데 그치고 만다. 예를 들어 뮤지컬 음악 감독인 주인공 지우는 공연 당일 갑자기 교통사고를 당한 배우를 대신해 우연히 무대 위에 서게 된다. 음악 감독이던 그녀가 갑자기 뮤지컬 배우로 분하여 화장을 하고 무대 위 반짝거리는 조명 아래에서 노래와 춤을 선보이는 모습은 극적인 카타르시스보다 영화의 몰입도를 깨트리는 대표적인 장면으로 남는다. 뮤지컬 넘버를 그대로 영화의 시퀀스로 끼워 넣은 억지스러운 연출은 원작을 사랑하던 팬들에게도, 영화를 보러 온 관객들에게도 비판을 받았고, 결국 이 영화는 영화계에서 흥행을 보장하는 대표 인기 배우들이 등장하였음에도 약 110만 관객을 동원하는 데 그치며 흥행에 참패한다. 이는 원작 뮤지컬이 대중의 많은 사랑을 받았다는 이유로 영화화에 성공한다고 보장할 수 없으며, 뮤지컬과 영화 각각의 매체적 특징을 살린 각색과 연출이 있어야 각 장르에서 가치를 인정받을 수 있음을 보여준다.

❙ 뮤지컬 넘버의 현장감 증대

원작 뮤지컬 작품을 영화화하는 데 가장 어려운 점 중 하나는 공연예술인 뮤지컬에서 느껴지는 현장감을 살리는 데 제약이 있다는 점이다. 무대 위에서 노래와 춤, 연기를 동시에 하며 관객들과 함께 호흡하는 뮤지컬과 달리 영화는 배우가 사전에 노래를 녹음하고 이에 맞춰 립싱크 연기를 하면서 연출되었기 때문에 노래를 부를 때의 현장감도 떨어지고 립싱크가 자연스럽게 맞지 않아 어색하게 느껴지는 단점이 있었다. 영화 <영웅>은 이러한 한계점을 극복하기 위해 이전의 유사한 사례인 톰 후퍼(Tom Hooper) 감독의 <레미제라블>의 방식을 차용하였다. 관객들이 이질적으로 느끼지 않도록, 연기와 노래가 유기적으로 흘러갈 수 있도록 '사전 녹음 - 현장 녹음 - 후시 녹음' 3단계를 거쳐 가장 자연스러운 음향을 추출하는 방법으로 음향에 신경 썼다. 배우의 독창은 특히 현장에서 직접 녹음을 하고 롱 테이크로 촬영하며 음악과 음악의 가사가 서사와 잘 어우러지도록 하며 현장감을 극대화하기 위한 노력을 아끼지 않았다.

❙ 영화적 연출로 인한 춤의 감소

영화 속 추격 장면은 영화가 연출할 수 있는 스피디함과 스펙터클함이 더해져 극의 긴장감을 고조시키고 관객의 몰입도를 높여주는 영화의 백미 중 하나이다. 그러나 <영웅> 속 추격씬은 영화의 연출보다 뮤지컬에서의 연출이 보다 극적이고 강렬한 울림을 선사한다는 평가를 받으며 아쉬운 부분으로 지적되기도 한다.

뮤지컬 원작에서 안중근과 그의 동지들이 일본 경찰들에게 쫓기는 추격 장면은 긴박감 넘치는 음악과 무대 위 거대한 철골 구조물들 사이를 미로처럼 이곳저곳 뛰어다니는 연기자들의 움직임과 안무가 리듬감 있게 어우러져 박진감 넘치는 연출을 보여준다. 반면 영화에서는 흔히 액션 영화에서 볼 수 있는 것처럼 안중근이 이국적인 건물의 지붕 위를 뛰어다니는 모습을 현지 촬영으로 선보이는데, 특수효과를 사용하여 일본 경찰을 상대로 저격하는 편집과 합쳐져 연출되었다. 영화적 연출 방식을 잘 활용하였지만 원작을 본 관람객에게는 무대에서만큼의 역동성을 느끼게 하지 못했다는 데서 아쉽다는 평가도 다수 있다.

한편 음악적인 부분에서 영화 서사 속 캐릭터를 강화하기 위해 새로 창작된 넘버도 있는가 하면 시간상의 문제와 서사 진행상의 필요에 따라 기존 뮤지컬 넘버가 축약되기도 한다. 뮤지컬 <영웅>의 경우 총 31곡의 넘버로 구성되었으나 영화에서는 16곡이나 생략되어 뮤지컬 영화임에도 뮤지컬 넘버의 지나친 생략으로 인한 아쉬움이 제기된다. 또한 일부 배우들의 노래 실력 역시 아쉬움으로 손꼽히기도 한다.

그럼에도 뮤지컬 영화에 대한 전망은 밝은 편이다. 뮤지컬에 대한 대중의 수요는 갈수록 높아지고 있다. 뮤지컬 시장의 성장만큼 뮤지컬 영화에 대한 기대, 수요도 긍정적으로 평가 가능하다. 더 많은 창작과 시도를 통해 장르에 대한 관심을 계속해서 높여 가야 한다.

1.3 음악 영화: <비긴 어게인>

장르로서의 음악 영화와 장르적 관습

음악 영화는 음악이 서사를 이끄는 기능을 수행한다. 영화는 시각적 요소, 청각적 요소, 서사적 요소로 구성된다. 음악은 청각적 요소에 해당되는데, 음악 영화에서의 '음악'은 서사의 맥락을 전달하는 중요한 서사적 기능을 수행한다는 점에서 특별하다. 노래 가사가 인물의 심정을 대변하거나 스토리의 일부를 차지하여 서사를 진행시키는 역할을 하는 것이다.

음악 영화 속 주인공들은 음악을 하는 뮤지션으로 등장한다. 음악을 만들어 가는 과정이 서사의 큰 부분을 차지하는 공통점을 지닌다. 예를 들어 영화 <그 여자 작사 그 남자 작곡>(Music and Lyrics, 2007)에서는 제목 그대로 남자 주인공은 곡을 만들고 여자 주인공은 그 곡에 가사를 붙여 노래를 한다. 그 과정에서 사랑의 관계까지 형성해 가는 모습을 그린다. 영화 <비긴 어게인>(Begin Again, 2014)과 <원스>(Once, 2007) 역시 함께 음악을 만들어 가는 과정이 영화의 핵심 서사에 위치하고 있다.

음악 영화는 음악을 통한 서사 진행을 하는 것이 특징인데, 이 서사 역시 관습적인 이야기가 반복적으로 등장한다. 음악을 통한 갈등의 해결이나 가족 간 화해와 결합 등이 클라이맥스 서사를 진행하는 방식으로 반복된다. 예를 들어 영화 <비긴 어게인>에서는 능력 없는 프로듀서로 회사에서도 해고당하고 가정에서도 외면받던 중년 남성이 우연히 딸을 밴드에 합류시켜 기타 연주를 하고 함께 음악을 연주하며 화해하는 장면을 다룬다. 영화 <어거스트 러쉬>(August Rush, 2007) 역시 마찬가지로 특별한 음악적 재능을 타고난 소년이 뉴욕의 길거리에서 기타 연주를 통해 엄마, 아빠를 찾아가는 과정을 그리며 마지막에는 세 사람이 재회하는 긍정적인 결말을 맺는다.

대표 작품: 영화 〈비긴 어게인〉(Begin Again, 2014)

❙ 기본 정보

<비긴 어게인>을 연출한 감독 존 카니(John Carney)는 아일랜드 출신으로 'The Frames'라는 밴드의 베이시스트로 활동한 경력이 있다. 그의 음악에 대한 애정은 영화로 이어져 2007년 영화 <원스>를 시작으로 <비긴 어게인>, <싱 스트리트>(Sing Street, 2016)를 차례로 선보이며 '음악 영화 3부작'을 완성하였다. 최근에는 OTT 오리지널 영화로 <플로라 앤 썬>(Flora and Son, 2023)이 공개되었는데, 여전히 음악을 통한 소통과 화합을 주제로 다루고 있다.

영화 <비긴 어게인>은 국내에서 별다른 기대 없이 개봉되었고, 크게 홍보를 하지도 않았으나 순수하게 영화를 관람한 관객들의 입소문으로 약 350만 관객을 불러들이며 성공을 거두었다. 특히 영화의 전체 수익 중 한국에서의 수익이 가장 높은 수치를 기록할 만큼 국내 관객들에게 큰 사랑을 받았다. 영화는 개봉 10주년을 기념 2024년에 재개봉하여 다시 한번 대중들의 관심을 불러 모았다.

┃내용 읽기

영화의 전반적인 내용은 다음과 같다. 싱어송라이터인 그레타(키이라 나이틀리)와 밴드의 보컬 데이브(애덤 리바인)는 음악이라는 공통 분모로 이어진 연인이다. 서로에 대한 애정과 음악에 대한 사랑으로 평온한 나날을 보내던 이들에게 변화가 찾아온 것은 스타가 된 남자친구 데이브와 함께 뉴욕에 오고 난 이후부터이다. 데이브는 길거리에서도 알아보는 팬들이 생길 만큼 큰 인기를 얻은 반면 그레타는 여전히 무명의 싱어송라이터이다. 그녀는 바쁜 스케줄로 점점 소원해지는 데이브와의 관계에 외로움을 느끼며 하루하루를 보낸다. 그러던 어느 날 해외 투어를 마치고 돌아온 데이브는 그레타에게 자신이 만든 노래를 들려준다. 그러나 흘러나오는 음악은 다른 여자를 사랑하게 되었다는 고백이었기에 두 사람의 관계는 끝이 난다.

한편 대형 음반회사의 스타 프로듀서였던 댄(마크 러팔로)은 계속되는 실패로 회사 내의 입지가 갈수록 작아지고 있는 상태이다. 그럼에도 여전히 보석 같은 재능을 가진 뮤지션을 찾는 데 몰두하고 있으며, 그렇기에 회사에서 바라보는 그는 전혀 상업적 이익을 내지 못하는 무능력한 사람이다. 결국 그는 해고 통보를 받는다. 각각 실연과 해고의 아픔을 겪게 된 두 사람은 시름을 달래기 위해 라이브 바에 찾아간다. 그리고 그곳에서 자신의 노래를 부르는 그레타를 보고 댄은 한눈에 그녀의 음악성을 알아본다. 이야기를 나누게 된 두 사람은 음악에 대한 공통분모를 발견하고 함께 음반을 제작하기로 한다. 그렇게 그들은 무명의 악기 연주자들을 한데 모아 뉴욕의 골목 어귀에서, 건물 옥상에서 함께 음악을 만든다.

한편 그레타의 소중함을 뒤늦게 깨달은 데이브는 그녀에게 다시 한번 기회를 달라고 청하며 자신의 공연장에 그레타를 초대한다. 이별을 고하는 방식도, 다시 자신의 마음을 표현하는 수단도 결국 음악인 것이다. 무대 위에서 그레타가 선물로 만들어준 노래 'Lost Stars'를 진심을 담아 부르는 데이브를 무대 아래에서 바라보던 그레타는 그의 진심을 느끼지만, 이내 음악은 변화한다. 자신이 만들어준 버전으로 부르다가 점차 관객들의 호응을 이끌어낼 만한 대중적인 락 밴드 리듬으로 변조하여 고조되는 음악과 함께 관객들은 열광하기 시작하지만 그레타는 그 모습을 보며 돌아선다. 결국 이들 관계의 중심에 음악이 있었던 것처럼 이들의 끝에도 음악이 존재한다. 서로가 지향하는 음악이 달라졌음을 직접 목격한 그레타는 각자의 방향에 따라 묵묵히 각자의 길을 걸어나가는 결말을 선택한다. 그리고 그녀의 선택은 댄과의 관계에서도 드러난다. 댄은 완성한 음악 CD를 들고 자신이 속해 있던 음반 기획사에 가서 자랑스럽게 들려준다. 회사의 상사 역시 음악의 매력에 끌려 계약을 진행하자고 제안하지만, 그레타는 자신의 음악이 상업적으로 소비되는 것을 거부한다. 그녀는 자신이 하고 싶은 음악을 하겠다는 음악적 소신 그대로 자신이 만든 음악을 중심으로 자신의 삶을 살아가는 것을 선택한다.

❙ 서사의 중심에 있는 음악

영화에는 전반적으로 음악이 흐르고, 재생되는 음악은 이어지는 영화의 이야기 그 자체이다. 영화 속에서 음악이 주로 등장하는 장면을 중심으로 영상이미지를 읽어보도록 한다.

(1) 바에서 노래하는 그레타

어두운 배경 아래 어쿠스틱 기타를 매고 마이크 앞에서 노래를 부르는 그레타. 쇼트는 기타가 보일 정도의 상반신만 비추고 있다. 검정 배경 화면에 검정색 옷을 입고 있는 그레타는 우울하게 보일 만큼 차분한 느낌을 주고 거기에 붉은 색 핀 조명이 화면상 오른쪽 얼굴을 사선으로 비추고 있다. 이러한 장면 연출과 롱 테이크로 진행되는 방식은 몰입감을 선사하며 노래 부르는 그녀의 진지한 모습과 함께 음악 그 자체에 집중하는 효과를 준다.

(2) 함께 음악을 듣는 그레타와 댄

그레타는 음반을 제작하자는 댄의 제안을 의심하면서도 그와 함께 음악 이야기를 하는 것이 즐겁다. 댄과 대화를 나누며 함께 걸어가는 장면에서나 지하철에서 이어폰을 한 쪽씩 나누어 꽂고 음악을 듣는 장면 모두 그레타는 새로운 삶의 활력을 찾은 듯 밝게 웃고 있는 모습으로 등장한다. 그들이 이렇듯 함께 음악을 듣고 음악을 연주하는 쇼트에서 그들은 항상 같은 비중으로, 수평적인 구도로 보여지는데, 이는 음악에 있어서 같은 것을 추구하고 평등한 관계임을 보여준다. 또한 음악을 통해 공감대를 형성해 가는 이들의 모습을 보는 관객 역시 그들에게 정서적으로 공감하며 마치 음악을 만들어 나가는 이들의 과정에 함께 하는 듯한 느낌을 준다.

(3) 무대 위의 데이브와 무대 아래의 그레타

앞서 그레타가 기타를 메고 어두운 배경 아래에서 노래를 하던 것과 유사하게 데이브는 어두운 배경이 깔린 공연장에서 기타를 메고 마이크 앞에 서 있다. 그러나 앞선 장면에서 그레타는 무대 위 의자에 앉아 어쿠스틱 기타를 메고 혼자 노래를 부르고 있으며 그녀를 비추는 조명 역시 얼굴 한 편만 비출 뿐 전체적으로 어둡고 우울한 이미지를 조성하였다면, 데이브는 어두운 배경이 오히려 대조적으로 그를 선명하게 만들어준다. 밝은 색 핀 조명이 오로지 그만 비추고 있는 듯 마이크 앞에서 노래하고 있는 인물의 상반신부터 무릎까지가 선명하게 제시된다. 그리고 그의 무릎 아래로는 무대 아래에서 그를 향해 환호하는 팬들이 가득 프레임을 메우고 있다. 그는 노래를 하며 그레타가 자신의 공연장에 들어오는 것을 확인한다. 그리고 이내 음악은 변주되고 그의 노래는 대중을 환호하게 만드는 클라이막스로 향하게 되지만 무대 아래에서, 관중과 떨어진 무대 사선의 위치에서 노래하는 데이브의 모습을 바라보던 그레타는 이내 돌아선다. 그레타를 확인하고, 노래가 변조되고, 변조되는 음악과 관객의 반응을 보고 난 후 그레타가 돌아서서 공연장을 빠져 나가고, 그런 그레타를 보고도 계속 노래를 이어나가는 데이브의 모습까지가 하나의 시퀀스로 이어지는데 이 시퀀스 내내 흐르는 것은 데이브가 부르고 있는 노래

'Lost Stars'뿐이며 어떤 대사도 등장하지 않는다. 그럼에도 노래 가사와 어우러지는 인물들의 클로즈업, 데이브와 그레타의 클로즈업을 교차로 연이어 제시하며 마치 표정만으로 모든 이야기를 주고받는 듯한 서사적 연출은 이 둘의 관계가 끝이 났음을 효과적으로 시각화한다.

노래를 부르는 그들의 모습에서 이들의 시선은 그들이 추구하는 음악의 방향이 어디를 향하고 있는 지를 설명해 준다. 그레타는 자신이 만든 노래를 부르는 동안 연주하고 있는 기타를 바라본다. 이는 자신이 만든 음악에 대한 자부심과 자신의 음악을 하고자 하는 그녀의 음악에 대한 태도를 드러낸다. 반면 데이브는 관객을 바라보며 노래한다. 관객을 열광하게 만드는 방법을 알고 있는 만큼 대중을 향해 노래하는 그는 대중의 환호를 지향한다. 장황한 말을 주고받지 않아도, 서로가 부르는 음악을 통해, 음악의 스타일 변형을 통해 어떤 음악을 추구하고 어떤 삶을 지향하는지 잘 이해할 수 있도록 연출하고 있다.

(4) 도시를 배경으로 하는 옥상에서의 합주

그레타와 댄의 음반 녹음 작업의 절정은 옥상에서의 합주 장면이다. 고층 빌딩이 즐비한 도시 한가운데에서 도시의 야경을 배경 삼아 한 건물 옥상에 그레타와 댄을 비롯한 수많은 악기 연주자들이 자리하고 있다. 한 쇼트에 담지 못할 만큼 많은 음악가들이 한자리에 모여 있고, 이들이 연주하는 모습은 핸드 헬드 방식으로 카메라를 이동시키며 마치 한 명 한 명을 소개하듯이 비춘다. 음악을 연주하며 함께 하나가 되는 이들의 얼굴 표정이 클로즈업되고 은은한 도시의 조명과 조화로운 음악, 행복한 미소를 띠고 있는 인물들의 표정, 이 모든 것이 한데 어우러져 음악은 모두를 하나로 모아주는 진정한 하모니의 매개체라는 것을 상징적으로 보여준다.

음악 영화의 인기 요인과 한계

놀랍게도 대표적인 음악 영화들인 <그 여자 작사 그 남자 작곡>, <원스>, <어거스트 러쉬> 모두 2007년도에 개봉하였고 관객들의 많은 사랑을 받았다. 음악으로 진행되는 서사 진행의 반복이 자칫 지루하게 느껴질 수 있음에도 관객들의 반응은 폭발적이었고 음악 영화에 대한 인기는 한동안 지속되는 경향을 보였다. 관객들이 생각하는 음악 영화의 매력과 인기 요인은 무엇일까?

우선 영화가 관객의 정서를 자극하고 영화에 대한 잔상을 오래 간직할 만큼 훌륭한 OST를 갖췄다는 점이다. 음악 자체의 완성도가 높고 대중적 취향에 맞추어져 있다는 점이 음악 영화의 일차적인 성공 요소이며 이 음악이 관객의 심리적 공감과 정서적 몰입을 유도하는 데에도 효과적으로 기능하였다는 점 또한 중요하다. 클라우디아 골만은 음악이 영화 속에서 중요한 정보를 제공하고 복합적인 감정을 전달하는 서사적 기능을 한다고 설명한다. 이를 통해 내러티브가 강화되는데 이 과정에서 관객은 음악이 내포하는 상징성과 암시적 의미를 무의식적으로 받아들이고 음악과 함께 느껴지는 정서적 인상에 강하고 공감하게 된다는 것이다.[74]

음악 영화에서 사용하는 음악들은 대부분 기존 음악이 아닌 영화를 위해 만들어진 음악이며, 음악 그 자체가 영화의 서사에 있어서 중심을 차지한다. 서사의 중심에서 인물의 감정이 고조되었을 때 흘러나오는 음악은 관객의 감정 역시 고조시키는 기능을 하며 영화에 더욱 몰입하도록 한다. 음악의 가사 역시 등장인물의 대사와는 또 다른 서정적인 메시지를 전달함으로써 관객의 공감을 불러일으킨다.

이러한 음악은 영화 속에서 주로 등장인물들이 함께 음악을 연주하거나 완성해 가는 과정으로 서사의 중심을 차지하게 되는데, 관객은 이런 과정을 지켜보며 함께 무언가를 만들어 가는 듯한 간접 경험을 하게 된다. 이로써 20-30대에게는 한참 앞으로의 삶을 그려 나가고 있는 세대로서의 공감대를 형성하고, 40-50대에게는 잃어버렸던 삶의 가치, 두근거리는 설렘을 느끼게 한다. 음악을 통한 서사의 몰입과 공감의 경험이 관객으로 하여금 긍정적인 경험으로 남았을 때 관객은 음악이 주가 되는 영화를 다시 한번 선택하고, 관객의 수요에 따라 음악 영화들이 반복 제작되며 하나의 장르로 인정받게 되는 것이다.

그러나 음악 영화의 인기는 동시에 한계를 보여주기도 하는데, 이는 바로 관습적인 서사의 반복이다. <그 여자 작사 그 남자 작곡>이나 <비긴 어게인> 처럼 등장인물이 함께 음악을 만들어 가는 과정을 통해 역경을 헤치고 다시 삶의 에너지를 회복하는 이야기가 음악 영화의 대표적인 서사로 고착화되어 나타난다. 혹은 음악을 통해 잃어버린 가족을 찾거나 분열된 가족이 다시 결합하는 서사구조 역시 반복적으로 등장하는데, <어거스트 러쉬>나 <플로라 앤 썬>이 여기에 속한다. 반복되는 서사구조의 반복 속에 관객들은 흥미를 잃고 장르적 특성에 따라 뻔히 예상되는 영화적 관습은 장르의 인기를 떨어트리면서 동시에 지속적인 발전을 저해하는 한계점으로 작용한다.

또한 영화의 메인이 되는 음악의 중요성이 큰 만큼 영화의 메인 OST를 비롯하여 영화 속에 사용되는 음악이 얼마나 관객의 기호에 맞느냐, 음악 자체로 공감을 주고 대중적인 인상을 심어줄 수 있느냐 하는 것도 역시 중요한 문제로 작용한다. 그럼에도 영화와 음악은 서로 분리될 수 없는 요소이며 좋은 음악에 대한 대중의 관심 역시 사라지지 않을 것이기 때문에 음악 영화에 대한 관심과 장르적 선호는 사라지지 않을 것으로 보인다.

반복되는 서사와 특별한 장르적 변용이 없는 상태에서 음악 영화는 잠깐 스쳐 지나가는 유행 장르로 전락할 가능성도 배제할 수 없다. 그럼에도 음악 영화의 가치는 음악 자체가 영화의 상징이 되어 사람들의 기억 속에 오랫동안 잔상으로 남아 있게 된다는 점, 더불어 영화 역시 오랫동안 회자될 수 있다는 점을 무시할 수 없다. 사람들은 음악을 들으며 영화를 떠올리고 이와 동시에 그 당시의 기억, 개인적 기억과 시대적 배경을 환기하는 수단이 될 수 있다는 점에서 가치를 지닌다. 개봉 10주년을 맞이하여 2024년에 재개봉한 <비긴 어게인>에 대한 높은 관심은 이를 방증한다.

1.4 다문화 영화: <방가? 방가!>, <알마냐-나의 가족 나의 도시>

사회의 반영, 다문화 영화

영화는 사회와 상호작용하며 사회적·문화적 맥락 내에서 만들어진다. 그렇기 때문에 영화를 분석하는 것은 특정한 주제에 대해 사회가 지니고 있는 전반적인 태도를 알아보는 척도가 되기도 한다.[75] 이는 영화가 그 시대와 사회의 문제를 소재로 하여 이야기를 만들어냄을 뜻한다. 영화는 단순히 즐거움을 위한 오락물이 아니라 인간의 경험을 바탕으로 하는 의미 작용의 체계이기 때문이다.

유럽에서는 1970년대부터 다문화 영화(multicultural film)가 등장하였고, 한국 영화계에도 2000년대 이후 한국 사회가 본격적으로 다문화 사회에 진입하면서 다문화 문제를 소재로 한 영화들이 제작되기 시작하였다. 이용관의 『영화 용어해설집』에 따르면 장르는 "영화의 양식, 스타일, 주제, 극적 구조, 분위기 등 유사한 표현상의 인습적 요소를 바탕으로 해서 동일한 영역으로 분류한 것"[76]으로 규정된다. 영화에서 다루는 주제는 시대적 상황에 따라, 문화적 흐름에 따라 변화하며 시대적으로 시의성 있는 주제를 발굴하여 하나의 장르로 유형화하는 것은 영화를 분류하고 특정한 주제를 바탕으로 커뮤니케이션 하는 데 도움이 될 수 있다. 이런 차원에서 한국뿐만 아니라 전 세계적으로 점점 더 국가 간 자유로운 이동과 이주, 직업 활동을 바탕으로 다문화되어 가는 사회에 대한 논의를 활성화하기 위해서라도 다문화 영화에 관심을 갖고 논의를 이어가는 것이 필요하다.

다문화 영화의 장르적 관습

다문화 영화는 전통적 분류에 따른 장르로 정의내리긴 어렵다. 그러나 장르로 인정할 만한 영화적 관습을 지니고 있다. 지금까지 다문화를 소재로 한 영화들을 중심으로 장르적 관습에 해당하는 특징들을 살펴보자.

흔히 다문화 영화는 "외국인 노동자나 또는 결혼 이주민에 관한 내용을 다루는 영화"[77]로 멀티컬티 영화(multiculti film)라고도 불린다. 다문화 영화에서 주로 나타나는 서사적 관습은 타문화에서 온 이주민들이 주류 사회에 편입하기 위해 겪는 과정에서의 정체성 문제나 정체성 형성 과정을 그리는 것이다. 또한 주류 문화가 지니고 있는 편견이나 편협함을 드러냄으로써 비판적으로 성찰하도록 하고 이방인을 포용하고 그들과 상호 융합할 수 있는 방안을 제시하는 이야기 구조 또한 반복적으로 나타나고 있다. 이처럼 다문화 영화는 이방인이자 소수자로서 타국에 오게 된 이주민들이 겪는 어려움에 대해서만 일방적으로 이야기하는 것이 아니라 한편으로는 다수의 구성원들이 다문화 사회 속에서 지니고 있는 내재적 편견을 성찰해 보고 타인의 문화를 존중하는 태도를 가져야 함을 논의하기도 한다.

한국에서는 2000년대 들어 다문화 현상을 다룬 작품들이 등장하기 시작하였다. 그리고 이 영화들에는 컨벤션[vi]이라고 부를 만한 관습적으로 반복되는 캐릭터들이 등장하고, 이 캐릭터들은 한국 사회에서 이방인을 바라보는 시선이 어떠한지, 한국의 다문화 감수성이 어느 정도 수준에 머물고 있는지를 비판적으로 성찰하게 한다. 영화 <파이란>(2001)과 <박쥐>(2009)에는 차별받고 억압받는, 그럼에도 말도 하지 못하는 결혼이주여성이 등장하고 <황해>(2010)에는 조선족 연쇄살인범이 등장한다. 이는 다문화 구성원들에 대한 한국 사회의 편협한 시각을 나타내는 것으로 낯선 존재인 이방인은 차별받거나 소외되는 것이 일반적이지만 나와 상관없는 문제이기에 무관심하며, 특정 집단을 통틀어 잠재적인 범죄자라는 낙인을 찍듯 편견을 형성하고 있는 사회의 분위기가 영화 속 캐릭터 형성에도 반영되어 나타난 것이다.

위에서 언급한 영화들처럼 그동안 이주민들이 등장하는 영화들은 이주민

---

vi) 장르 영화에서 '컨벤션'은 일종의 내러티브 관습을 뜻하는 것으로 일종의 영화적 장치를 말한다. 예를 들어 서부 영화에서는 반드시 총을 든 결투 장면이 등장하고, 공포 영화에서는 특정한 장소에서 공포의 대상이 갑자기 나타나는 식의 예상되는 레퍼토리가 이에 해당한다.

이 영화의 소재임에도 이들을 주인공 옆에 있는 수동적인 존재로 나타냈다. 그들의 주요 임무는 주류문화의 주변인으로 존재하거나 주인공의 캐릭터를 다각화 시켜주는 보조적 임무에 불과하다. 주류사회에 포함되지 못하는 그들은 영화에서도 소재일 뿐 주제가 될 수 없으며, 그들의 행위는 사회적 억압과 차별에 따른 반작용으로 해석된다.[78]

그러나 다문화 영화에서 그들은 주인공의 자리에 위치한다. 다문화 영화의 내러티브 공식은 주인공을 중심으로 한 갈등 상황이 설정되고 전형적인 기승전결의 형식을 통해 관객의 긴장감을 고조시킨 후에 만족스러운 결말을 도출해내는 플롯을 지닌다. 컨벤션이라고도 불리는 이 내러티브 관습은 다문화 영화 속에도 신이나 시퀀스의 단위로 등장한다. 불법 체류 중인 이주민과 출입국 관리사무소 직원 사이의 추격 장면이나 이방인인 주인공이 주류 사회의 구성원에게 인종차별이나 집단 폭행을 당하거나 혹은 노동현장에서 임금 착취나 인권유린을 당하는 장면 등이 여기에 해당된다.[79] 이외에도 다문화 영화를 특징짓는 반복되는 코드 또한 존재하는데 반복되는 갈등 구조 속 카운터파트, 적대자와 조력자가 분명하게 등장하는 것이 이에 해당된다. 다문화사회를 구성하는 이주 노동자를 중심인물로 다룬 두 편의 영화를 소개한다.

대표작품: 영화 〈방가? 방가!〉(2010)

❙ 기본 정보

영화 <방가? 방가!>는 국내에서 개최된 제2회 다문화 영화제 개막작으로 상영되었으며 100만이 넘는 관객을 동원하며 사회적 반향을 불러일으켰다. 영화는 이국적인 외모를 가진 주인공 방태식(김인권)이 6년간 취업을 위해 노력하지만 매번 고배를 마시고 결국 부탄에서 온 이주노동자 '방가'로 위장하여 취업에 성공한 이후 공장에서 함께 일하는 이주 노동자들과의 에피소드를 다룬다. 한국인이지만 외국에서 온 이방인 '방가'인 척한다는 서사적 설정은 해학적이면서 또 한편 사회 비판적이며 일종의 블랙코미디 장르의 성격을 지닌다.

영화 〈방가? 방가!〉 속 내러티브 관습

1) 이주 노동자들을 대상으로 한 인권유린, 노동 착취

방가가 취직한 공장에는 한국인 근로자와 외국인 노동자들이 근무한다. 그러나 그들의 업무는 나뉘져 있고 방가는 이주노동자들과 함께 근무하게 된다. 그들이 하는 일은 주로 몸으로 제품의 성능을 테스트하거나 위험한 도구를 다루는 일들이다. 이들은 한국에 가족이 없다는 이유로 연장 근무를 강요받기도 한다. 뿐만 아니라 공장의 관리자는 베트남에서 온 장미(신현빈)의 엉덩이를 상습적으로 만지며 성추행을 하고 그들이 받아야 할 임금도 제대로 주지 않고 착취한다.

이러한 내러티브 관습에는 항상 소수자인 이들을 도와주는 조력자, '카운터파트'가 등장하기 마련이다. 방가는 이들의 편에 서서 불공평한 연장 근무를 막기 위해 한국인팀과 외국인팀 사이의 족구 대결에서 승리를 이끌고, 이들을 대표하여 노동 투쟁, 권리 인정을 위한 집회에 참여하여 주도적인 역할을 한다.

2) 불법체류자와 단속반의 추격신

영화 속 공장 근무자들은 모두 한국에서의 체류 기간이 지나 불법 체류하고 있는 상황이다. 그런 그들에게 단속반의 존재는 마치 저승사자와도 같다. 단속반이 호루라기를 불면 혼비백산하여 도망치는 그들의 모습은 경제적인 이유로, 고향에 있는 가족을 부양하기 위한 간절한 마음으로 한국에서 일하고 있는 그들의 상황에 대비해 보면 안쓰럽고 처연하기 그지없다.

3) 이주민을 괴롭히고 속이는 주류 사회 구성원들

방가의 모습을 한 태식이 퇴근하는 길, 버스에 타고 있는 태식을 향해 맨 뒷자리에 앉은 고등학생 무리들이 과자를 집어던지며 괴롭힌다. 당연히 한국말을 못할 것이라며 이주민을 비웃고 농락하는 그들의 모습은 소수자에 대한 존중의 태도가 없는 전형적인 주류사회 구성원들의 부정적인 모습을 보여준다. 그러나 이내 태식이 이국적인 모자를 벗고 학생들을 대상으로 욕설을 내뱉자 그들은 당황하며 머뭇거리는 모습을 보인다.

한편 태식 역시 이주자를 괴롭히는 고등학생들과 별반 다르지 않다. 그는 친구 용철과 협심하여 용철의 노래방을 살리고자 하는 의도로 태식이 일하는 공장 노동자들의 환심을 사고자 한다. 그래서 이들은 불법체류자인 이들의 약점을 이용하여 가짜 출입국 관리사무소 단속반인 척 연기를 하고 '방가'가 단속반에 붙잡힌 장미를 구해 주며 그들의 환심을 산다. 방가는 그들과 함께 '외국인 노래자랑 대회'에 나가기 위해 용철의 노래방에서 그들과 노래 연습을 하며 함께 한다. 그리고 끝내는 이들을 대상으로 위조 신분증을 제작해 준다고 사기를 치며 이용하는 태도를 보인다. 이는 한국 사회의 규정과 문화를 제대로 알지 못하는 이주노동자들을 약자로 보는 것에서 그치지 않고 그들을 이용하거나 농락하는 주류 사회의 위선적인 태도를 전형적으로 보여준다.

문화적 편견의 코드

영화에 반복적으로 등장하는 소품은 특정 문화를 상징하는 사물로서, 시각적 의미를 지니는 기호로서 작용한다. 영화 <방가? 방가!>에도 다양한 다문화주의적 도상이 등장하는데 이는 특히 한국인에서 부탄인으로 위장한 태식의 정체성을 전환시키는 소재로 등장한다. 방가는 항상 같은 모자를 착용하고 다니는데 이는 태식에서 방가로 전환시켜주는 소재이자 문화적 기호를 상징한다. 공장 노동자인 다른 인물들이 거주하고 있는 지역은 대체로 낙후한 모습으로, 이들이 거주하는 집과 동네의 모습을 구성하는 미장센은 이국적이며 어둡고 칙칙하다. 주류사회와 다른 소수자로서의 그들의 빈곤하고 외로운 삶을 방증한다.

대표작품: 영화 〈알마냐-나의 가족 나의 도시〉(Alamanya-Willkommen in Deutschland, 2011)

기본 정보

튀르키예 출신 야세민 삼데렐리(Yasemin Samdereli) 감독이 제작한 영화 <알마냐 - 나의 가족 나의 도시>는 2011년 2월 베를린 영화제에서 프리미어를 선보인 후 유쾌하고 감동적으로 이민자 가족에 대해 풀어낸 영화라는 호평을 받으며 주목을 받았다. 독일영화제에서 최우수 각본상인 은상과 독일영화 비평상 영화데뷔 부분 각본상을 수상한 이 작품은 독일에 살고 있는 이주가정 1세대부터 3세대까지가 한데 모여 할아버지가 구입한 튀르키예의 집을 보러 휴가를 떠나면서 발생하는 에피소드를 그린 영화이다. 독일에 살고 있는 이주 가정의 삶의 모습과 세대별 갈등, 이주자 가정의 자녀들이 겪는 정체성 문제 등을 유쾌하면서도 의미 있게 풀어나가고 있다. 그간 제작된 이주자 관련 영화들과 다르게 독일에 사는 이주민의 삶을 유쾌하게 다루고 있는 이 영화는 감독의 경험을 토대로 튀르키예와 독일의 미묘한 문화 차이를 세심하게 묘사한다. 3세대가 혼합된 대가족이 독일에서 겪는 각종 크고 작은 문제들과 세대 간 나타나는 문화 혼종의 이야기에 주목해 보자.[80]

❙ 1세대: 이주 노동자 후세인

튀르키예 동부 아나톨리아 지방 출신의 후세인 일마즈(파리 야르딤/베다트 에린킨)는 백만 한 번째로 독일에 도착한 손님노동자(Gastarbeiter)[vii]이다. 독일은 두 번의 세계대전이 끝난 이후 빠른 경제 재건을 위하여 동유럽 등지에서 이주노동자들을 모집하였는데, 이들이 독일에 정착하는 것을 막기 위해 2년 주기로 귀환해야 하는 귀환 정책을 펼쳤다. 그래서 그들은 2년 후면 돌아갈 '손님'이라고 하여 손님노동자라는 용어가 등장하였다.

후세인은 아나톨리아에서 가정을 이루고 시골 마을에서 일하며 평범하게 살아가다가 우연히 독일에 일자리가 있다는 소식을 듣게 된다. 운 좋게 노동자로 선발된 그는 가족들을 남겨둔 채 홀로 독일로 간다. 독일에 가서 일을 하고, 휴가 기간 가족들을 보기 위해 튀르키예로 돌아간 그는 큰 충격을 받는다. 아이들은 어린 시절 독일로 떠나버린 아버지 후세인을 낯설어 한다. 또한 아이들은 학교를 빠지기 일쑤이고 규율을 지키지 않으며 제멋대로 행동한다. 학교에서 학부모 소환을 당하고 근심이 깊어진 후세인은 결국 가족들을 모두 데리고 독일로 이주한다.

---

vii) 독일어 'Gastarbeiter'는 영어 'guest'의 뜻을 가진 'Gast'와 일하는 사람이라는 뜻의 'Arbeiter'가 결합된 단어로, 손님처럼 잠시 왔다가 가는 노동자라는 뜻을 지닌다.

자발적으로 독일로 이주했지만 후세인은 뼛속까지 튀르키예인의 정체성을 지니고 있다. 자식들과 손자들을 한데 모아 가족 식사를 하며 튀르키예 음식을 먹고, 우리는 '튀르키예인'이라고 강조한다. 끝까지 튀르키예인의 정체성을 유지하며 튀르키예 국적을 유지하려 했으나 함께 독일로 이주하여 오랜 세월 고생한 아내 파트마(드멧굴/릴레이 호저)의 강력한 의지로 독일 국적을 취득하게 된다.

▎2세대 – 가족 이주를 통한 독일 사회의 정착

후세인을 따라 독일로 이주하게 된 3남매의 장남 벨리(아이쿠트 카야즈크)는 이들 중 가장 독일어 구사능력이 부족하지만 독일에 적응하고 살아가는 데 큰 문제를 겪지 않는다. 오히려 둘째 무하메드(칸 아이독두)는 독일사회에서 정착하지 못하며 가족 내에서도 부유하는 듯한 모습으로 나타나고 결국 무하메드는 가족 여행이 끝나는 시점에서 튀르키예에 남겠다는 결정을 한다. 딸 라일라(쉬일 엘루글루)는 이혼하고 혼자서 딸을 키우며 살아왔고 독일에서 태어난 막내아들 알리(데니스 모스치토)는 독일인 여성과 결혼하여 튀르키예 음식은 맵다고 불평하는 등 독일 문화에 더 익숙한 듯한 모습을 보인다.

▎3세대 – 정체성의 혼란을 겪는 튀르키예계 독일인

라일라의 딸 카난(아일리 데젤)과 알리의 아들 첸크(라파엘 코우스리스)는 독일에서 태어나 독일 교육을 받으며 자랐기 때문에 독일어 사용에는 전혀 문제가 없지만 오히려 튀르키예어를 전혀 구사하지 못한다.

초등학교에 다니는 첸크는 자신이 독일에서 태어난 독일인임에도 왜 선생님에게 고향이 어디냐는 질문을 집요하게 받아야 하는지, 친구들과의 운동 시합을 할 때도 독일팀에 속하지 못하는지 이해되지 않는 것 투성이다. 결국 첸크는 가족들이 모두 모인 자리에서 "우리는 어느 나라 사람이에요?"라고 질문을 던지는데, 가장 튀르키예 음식을 잘 먹던 첸크의 독일인 엄마는 "독일인"이라고 대답하고, 가장 튀르키예의 문화를 받아들이지 못하는 듯하던 아빠 알리는 "튀르키예인"이라고 답하는 아이러니한 상황이 연출되기도 한다.

❙ 서사: 튀르키예로의 가족 여행

3대가 모두 모인 식사자리에서 파트마는 독일여권을 자랑스럽게 보여주며 독일 국적 취득 사실을 알린다. 그러나 후세인은 여권과 국적은 일종의 서류일 뿐 여전히 그들은 튀르키예인이라고 주장하며 튀르키예에 집을 샀다는 사실과 함께 여름 휴가에 다 같이 튀르키예로 여행을 가자고 공표한다. 파트마는 자신에게 한마디 상의도 없이 집을 샀다며 후세인을 다그치고 자식들은 휴가 때 튀르키예에 갈 수 없다며 불평하자 후세인은 자신이 경비를 다 내주겠다고 했고, 아버지로서 처음으로 제안한 것을 이렇게 반대하느냐며 언성을 높인다. 한 사람도 빠짐없이 여행에 참여할 것을 강요하는 후세인은 어느새 가장 편안한 튀르키예어로 이야기를 하고 있고, 그렇게 가족들은 튀르키예로 떠나게 된다.

그러나 극적이게도 튀르키예에 도착하고 가족들이 버스를 빌려 고향으로 향하는 길 중간에 후세인은 차 안에서 아무도 알아채지 못할 만큼 조용하고도 편안하게 숨을 거둔다. 황망한 죽음 앞에 가족들은 당장 후세인의 장례식을 치르기 위해 튀르키예 국립묘지를 방문하지만 후세인의 국적이 독일이라는 이유로 거절당하며, 외진 곳에 있는 외국인 묘지에 안장할 수 있다는 안내를 받는다. 파트마는 자신의 욕심 때문에 누구보다도 튀르키예인으로의 문화적 정체성을 유지하고 있던 남편이 고향에 묻히지 못한다는 사실에 슬퍼한다.

❙ 집의 의미

우여곡절 끝에 후세인이 구입한 집에 도착한 가족들. 외벽이 거의 남아있지 않은 상태에 현관문으로 보이는 문이 하나 달려있고, 그 문을 열고 들어서자 광활한 풍경만이 눈앞에 펼쳐진다. 집은 문을 제외하고 모든 형체가 남아있지 않은 상태이고 집이었음을 알려주는 듯한 집의 테두리만이 땅바닥에 그어져있을 뿐이다. 허무맹랑한 집의 형태에 가족들은 일순간 당황하다가 이내 후세인을 떠올리며 웃음짓고 그곳에서 마을 사람들을 초대해 음식을 대접하며 후세인의 장례식을 치른다.

'집'이라는 기호는 보통 '고향', '안전한 곳', '정체성'의 의미를 지니는 코드로 등장한다. 여기에서도 마찬가지로 후세인이 구입한 집은 고향이면서 동시에 그들의 정체성을 상징한다. 후세인부터 시작해 3세대 첸크까지 독일에서 정착해서 살고 있는 그들 가족은 점점 더 독일어와 독일문화가 익숙해지고 튀르키예어를 전혀 하지 못할 만큼 뿌리를 상실해 가는 중이다. 집터의 흔적만 남아있을 뿐 집의 형태를 이루는 벽도, 지붕도, 뼈대도 남아 있지 않은 후세인의 집은 그들 가족 전체의 정체성을 상징적으로 보여준다.

독일로 돌아가기 위해 가족들 모두가 버스에 올라타던 중 둘째 아들 무하메드는 자신은 이곳 튀르키예에 남겠다고 말한다. 독일 사회에서 이방인으로 겉돌던 그는 다시 돌아온 튀르키예에서 왜 그가 먼지처럼 부유했는지를 깨달은 듯하다. 그는 고향에서 자기의 존재를 다시 세우고 뿌리내리며 자신의 정체성과 가족 전체의 튀르키예인으로서의 정체성을 이어가기 위해 '집을 다시 짓겠다'고 말한다.

❙ 튀르키예인의 편견과 독일인의 편견

남편을 따라 독일로 이주하게 된 파트마는 고향을 떠나 본 경험이 없다. 그런 그녀는 독일이라는 나라에 대한 거대한 두려움을 가지고 있고 주변 지인들은 그녀의 새로운 도전에 대한 공포를 더욱 배가시킨다. 지인들은 독일인들이 대체로 더럽고 독일의 먹거리는 감자밖에 없다며 독일의 추운 날씨를 견디기 위한 두꺼운 양말과 뜨개질한 옷, 먹거리 등을 선물로 건넨다.

아이들 역시 친구들에게 독일에 대한 온갖 편견이 가득한 소문들을 전해듣는다. 무하메드는 독일에 가면 하루 종일 누워서도 콜라를 마실 수 있고, 독일인들은 돼지와 사람을 잡아먹는데, 특히 한 이상한 남자가 십자로 된 목판 위에 박혀 피를 흘리고 있다는 말을 듣고 우스꽝스러운 상상을 하기도 한다.

독일에 처음 도착한 아이들은 독일공항에서 택시를 타고 이동한다. 이들 눈에 독일의 택시운전사는 튀르키예인에 비해 매우 뚱뚱해서 마치 거인처럼 보이기까지 한다. 길거리에서 독일 개 닥스훈트를 처음 본 아이들은 다리가 짧고 시커먼 외양 때문에 거대한 쥐라고 오인한다.

독일 시민권을 얻기 전 후세인이 꾼 꿈 역시 자기 정체성에 대한 방어의식과 함께 독일 문화에 대한 편견적 인식을 보여준다. "앞으로 독일 국민으로서 독일 문화를 충실히 따를 것을 서약합니까?"라고 물으며 심사관이 내건 조건은 일주일에 한 번씩 돼지고기를 먹고 주말에는 사냥을 나가고 탐정물을 봐야 한다는 것이다. 얼토당토 하지 않은 이러한 조건은 오랜 세월 독일에 거주하면서 후세인이 형성해 온 독일에 대한 고정관념이자 편견의 일부라고 할 수 있다.

한편 튀르키예 이주자에 대한 독일인의 편견 역시 3세대 카난을 통해 드러난다. 집으로 향하는 길, 지하철을 탄 카난은 나이가 많은 독일 노부부의 맞은편에 앉는다. 지하철 내에 아이들이 내는 소음이 들리자 바라본 곳에는 튀르키예 출신으로 보이는 부부가 지하철 벽에 기대어 서 있고 네 명의 아이들이 뛰어다니며 시끄러운 소음을 유발하고 있다. 그들을 바라보며 나이 든 여성은 피임 할 줄도 모르는 미개한 사람들이라 야만인 같이 아이만 낳아대는 것이라며 경멸에 찬 표정으로 독한 말을 쏟아낸다. 이 장면을 통해 독일에 퍼져 있는 튀르키예인에 대한 편견의 일면을 볼 수 있으며, 이주민들이 어떠한 편견의 시선을 받으며 사회 속에서 차별 받고 있는지를 알 수 있다.

다문화 영화의 필요와 전망

한국과 독일에서 이주 노동자, 이주민 가정을 다루고 있는 영화 두 편을 살펴 보았다. 한국은 이제 더 이상 단일민족이라는 개념은 존재하지 않는다고 할 만큼 다양한 국적과 인종의 사람들이 한데 어우러져 살고 있다. 그러므로 다문화를 주제로 한 영화와 소설은 더욱 많이 등장할 것이고 다루어져야 한다.

영화는 우리 사회에 보편적으로 적용되어 있는 관념문화를 들여다볼 수 있는 창구이다. 관념문화는 일종의 '문화적 무의식'으로 사회 속에서 자연스럽게 터득하고 친숙하게 느끼는 문화적 경향을 말한다. 말 그대로 무의식중에 형성되어 있기 때문에 느끼지 못하던 것을 우리 삶의 모습을 반추하고 있는 영화 속에서 보게 되는 순간 인식의 각성이 발생된다. 다문화 영화를 통해 우리가 발견할 수 있는 관념문화는 우리 사회가 이주민을 바라보는 시각이 어떠한지, 이주 노동자에 대해 보편적으로 가지고 있는 고정관념과 편견은 어떤 형태인가 하는 점이다. 같은 이주민이라도 출신이나 인종에 따라 다른 이미지를 연상하고 있지는 않은지, 특정한 문화적 배경을 가진 사람들을 대상으로 범죄자 혹은 엘리트의 프레임을 씌우고 있는 것은 아닌 지 자각하게 함으로써 다문화에 대한 이해와 포용력을 향상시킬 수 있다.

슈바이니츠(Jörg Schweinitz)는 장르란 주제에 따라, 캐릭터의 조합에 따라, 음악의 역할이나 문화적·시대적 또는 지형학적 측면에 따라, 심리적 효과에 따라 극영화를 분류하는 개념이라고 정의하였다. 이처럼 장르는 시대적이고 문화적인 차원에서 반복적으로 논의되는 주제를 중심으로 영화를 구분할 수 있다. 따라서 장르는 사회적 배경과 결합되는 것으로, 다문화 영화는 전통적인 장르 분류의 관점에서는 장르라고 정의내리기 어렵지만 장르적 성격을 갖는 유형으로 정의될 수 있다. 영화를 통해 이주민들이 겪는 어려움에 대해 생각해 보고, 내가 가지고 있던 무의식적인 편견은 무엇인지 성찰해 보는 경험을 통해 다문화 감수성을 키워갈 수 있도록 해야 한다.

1.5 교육 영화: <디 벨레>, <지상의 별처럼>

영화와 교육

영화와 교육이라는 두 키워드를 두고 보았을 때, 영화를 교육하는 방식은 두 가지 갈래로 나뉜다. 우선 영화의 장르나 편집, 이미지 등 완성된 영화에 대한 이해를 목표로 하는 방식은 '영화에 대한 교수법'이라고 한다. 영화를 잘 이해하기 위한 하나의 교육으로 시나리오나 촬영방식, 영화에서의 연기 등 영화 제작에 대한 전반적인 이해를 목표로 하는 교육을 의미한다. 반면 '영화를 이용한 교수법'은 언어, 문화, 역사 등 여러 교과에서의 수업이나 글쓰기 등 일반적인 교양 교육의 보조도구로서 영화를 활용하는 방식을 말한다.

교육 영화의 정의

앞서 살펴본 영화 교수법은 영화를 '어떻게' 교육과 연계시키느냐에 대해 설명한다면, 교육 영화는 교육을 주제로 다루는 하나의 장르로서의 성격을 갖는 영화를 말한다. 서울대학교 교육연구소의 『교육학용어사전』에서 제시하고 있는 교육 영화의 개념은 다음과 같다. 먼저 '교육에 이용할 것'을 목적으로 제작된 영화를 교육 영화라고 정의한다. 좁은 의미에서는 교재 영화(instructional film)에 해당하며, 이는 학습 단원에 맞게 제작된 것으로, 일종의 교육을 위해 활용하는 영상의 성격에 가깝다. 보다 넓은 의미에서의 교육 영화는 교재 영화를 포함하여 학교 교육, 사회 교육의 목적으로 제작된 영화와 교육 목적을 가진 아동 대상의 극영화까지를 포함하는 것으로 본다. 이러한 차원에서 교육 영화는 "교육적 가치를 구현하는 데 사용될 수 있는 영화적 장치"[81] 를 의미한다고 정의 내릴 수 있다. 정리해 보면 교육 영화는 교육을 하려는 목적으로 특수하게 제작된 영화 혹은 제작 의도와는 무관하게 교육에 활용되는 영화를 뜻한다.

위의 정의가 영화를 교육에 '활용'하는 것에 초점을 두고 있다면, 교육을 소재로 하거나 혹은 교육과 관련된 세계 자체를 다루고 있는 영화 역시 교육 영화라고 정의된다.[82] 이때의 교육 영화는 교사의 사명감과 윤리 의식에서 시작하여 교육 현장에서 학생들을 가르치는 일에 전념하는 교사의 이야기나 교사의 도움으로 인간으로서 성장해 가는 학생들의 이야기, 혹은 교육에 관련된 사회적 의미를 다루는 광범위한 교육과 관련된 문제들을 형상화한 것을 말한다.[83]

교육 영화는 하나의 장르라고 볼 수 있을까? 전통적인 장르 관습에 의하면 교육 영화는 고정적으로 선호하는 관객층이 있거나 반복적으로 생산되는 관습이나 생산이 이루어지고 있다고 볼 수 없기 때문에 정형화된 장르영화라고 보기 어렵다. 이는 장르라기보다 영화의 한 유형이라고 분류할 수 있다. '교육'이라는 것을 공통의 주제로 한 교육 영화는 다음 세 가지로 분류된다.[84]

1. 교육을 위해 제작된 영화
2. (비)상업영화지만 교육적 가치가 있는 영화
3. 학교, 학생, 교사를 통해 교육적 이슈를 담은 영화

이 세 가지 유형 분류 중에 첫 번째 '교육을 위해 제작된 영화'는 영상매체가 처음 교육에 도입되기 시작한 시점에 성행하던 것으로, 어떠한 교과적 내용을 전달하거나 혹은 성교육이나 안전교육 등을 목적으로 한 교육 영화는 현대 사회에 거의 영화로 인정되지 않고 오히려 교육을 위한 영상 자료, 교육 콘텐츠로 분류되는 것이 합당하다. 때문에 교육 영화는 제작 의도와 영화 자체의 장르와 무관하게 교육적 가치를 지닌 영화, 학교나 학생, 교사 등 교육 현장과 교육에 대한 관점을 촉구하는 영화로 정의 내릴 수 있다.

교육 현장에서 교육이 어떻게 이루어져야 하는지, 교사는 어떠한 교육적 책임을 지니고 있으며, 교육은 어떤 효과를 지니는지 등을 두 편의 영화를 통해 생각해 보도록 하자.

대표 작품: 영화 〈디 벨레〉(Die Welle, 2008)

❙ 기본 정보

데니스 간젤(Dennis Gansel) 감독의 영화 <디 벨레>는 2008년 개봉 후 독일 내 230만의 관객을 동원하며 대중의 주목을 받았고 2008년 독일 영화상 동상을 수상하며 작품성을 인정받았다. 영화의 내용은 1967년 미국 캘리포니아주 팔로알토의 커버리 고등학교(Cubberley High School)에서 역사 교사 론 존스(Ron Jones)에 의해 실험된 '제3의 물결(The Third Wave)'을 바탕으로 한다. 히틀러 시대의 독일인들이 왜 파시즘을 따랐는지에 대한 학생들의 질문에 대한 답을 실제 권위주의와 규율을 강조하는 수업에서의 실험을 통해 교육하고자 했던 이 실험은 학생들이 실제 집단주의에 빠져 위험한 상황으로 발전하면서 5일 만에 중단되었고 이후 교육사와 정치심리학에서 '제3의 물결'이라고 불리게 된다. 이 실험은 1981년 토드 스트라서(Todd Strasser)가 『파도』(The Wave)

로 소설화하였고, 이후 미국에서 영화화되기도 했다.

독일 사회 내에서 언제든지 또 다른 히틀러, 또 다른 파시즘정권이 재등장할 수 있다고 경고한 브레히트의 말이 현실화 되는 듯한 사회에서의 움직임이 2000년대 이후 여러 방면에서 나타났다. 사회는 점점 더 보수화되고 있고 극우주의, 네오 나치스가 급성장하며 다시 전체주의로의 회귀를 주장하는 사람들이 등장한 것이다.[85] 이런 상황에서 영화 <디 벨레>는 파시즘이라는 것이 얼마나 위험한 것인지 다시 한번 자각하게 하며 독일 사회에 큰 반향을 일으켰다. 파시즘이 재현되는 과정을 학교 교실을 배경으로 충격적이고도 현실적으로 묘사한 이 작품은 독일 학교 교육에서 수업에 활용할 만한 교육 영화로 자주 언급되고 있다.

❙ 내용 읽기

독일의 고등학교인 김나지움의 교사 라이너 벵어(위르겐 포겔)는 '독재정치'를 주제로 6일간 프로젝트 수업을 진행하게 된다. 그는 이미 다 배운 내용이고 언제까지 우리가 과거의 일을 배우고 반성해야 하는 거냐고 반항하는 학생들에게 새로운 방식의 수업을 제안한다. 교실 전체를 일종의 파시즘 체험 공간으로 설정한 그는 학생들에게 전체주의를 이끌어갈 리더를 뽑아야 한다고 말하고 학생들은 교사 벵어를 리더로 추대한다. 벵어는 학생들의 추천을 수락하며 지도자로서 자신을 위치시키고 교실 내에서의 규칙을 만든다. 그들은 책상을 일렬로 배치하고 기존의 수평적 문화가 아닌 수직적 규율을 만드는 첫 번째 규칙으로서 자신을 '벵어 선생님'으로 부르도록 명한다. 다음 수업에서 그들은 조직의 이름과 로고를 결정한다. 마르코(막스 리에멜트)의 제안으로 물결이라는 뜻을 가진 '디 벨레(die Welle)'가 조직의 이름으로 결정되고, 그들은 물결 모양의 로고를 만든다. 그리고 물결 모양의 손짓을 하는 그들만의 인사방식을 개발하고 똑같은 하얀색 셔츠에 청바지로 맞춘 유니폼을 입으며 점차 그들만의 조직을 체계화한다. 그들의 집단 의식은 점차 공고해지며 집단에 포함되었다는 소속감하에 학생들은 점점 더 디 벨레의 열렬한 지지자가 되어 도시 전체에 디 벨레의 로고를 새기고 붙이기에 이른다. 그들은 높아진 단결력

만큼이나 벵어 선생님에 대한 충성도 역시 높아져서 그의 집 앞에서 밤새 벵어를 지키는 비정상적인 행동을 한다. 디 벨레의 인사법을 거부하거나 유니폼을 입지 않는 다른 학생들을 비판하고 배제하기도 한다. 이 모든 변화는 교사 벵어가 전체주의에 대한 이해를 경험을 통해 체득하도록 하고자 의도한 것이었다. 그러나 집단주의에의 몰입은 벵어의 예상보다 더욱 강력하게 나타났으며 이들 사이에 자유로운 토론은 사라지고 획일적이고 강압적인 집단의 규율만이 남아있게 된다. 인사법을 따르지 않고 유니폼을 입지 않는다는 이유로 배제당한 카로(제니퍼 울리히)는 디 벨레의 위험성에 대한 안내 전단을 만들어 수구 경기가 있던 체육관에서 전단 살포를 하고 애인인 마르코는 카로에게 폭력을 가하게 된다. 더 이상 학생들의 행동을 제어할 수 없고, 스스로도 지도자의 위치에 도취되어 가는 모습을 발견한 벵어는 이 실험을 끝마치기로 하고 강당에 모든 학생들을 불러 모은다. 그곳에서 벵어는 마지막 실험을 한다.

하얀 유니폼을 입은 학생들이 가득 채운 강당의 무대에 오른 벵어는 독일이 세계를 정복해야 하며 독일의 피해를 막기 위한 최상의 방법은 테러라며 연설한다. 그의 모습은 마치 단상 위에 올라선 히틀러와 같으며, 이를 본 학생들은 일제히 감동에 차올라 열렬한 박수를 보낸다. 여자친구 카로와의 갈등 이후 디 벨레 실험의 위험성을 자각하게 된 마르코는 벵어의 연설에 반발하며 전체주의에 빠진 조직을 해체해야 한다고 지적한다. 그러자 벵어는 마르코를 배신자라고 칭하고 배신자를 어떻게 처리해야 하는 지는 학생들이 결정하라고 말한다. 교수형도 하나의 안이 될 수 있다고 제안하는 벵어를 보며 학생들이 움찔거리는 태도를 보이자 벵어는 지금까지 진행한 전체주의 실험은 끝났다고 말하며 디 벨레의 해체를 선언한다. 아직도 우리 사회에 독재 정치라는 것이 가능할까 하는 질문은 이미 집단에 빠진 학생들의 모습으로 모두가 경험했기에 그의 실험은 학생들에게 적지 않은 충격을 줌과 동시에 경험을 통한 교육이 가능하도록 했다는 점에서 의미있는 수업 방식이었다고 볼 수 있을 것이다. 그러나 여기서 문제가 발생한다. 벵어의 결정을 받아들일 수 없었던 팀은 단상에 올라 벵어의 해산 명령을 저지하며 총을 겨누고, 이후 “디 벨레는 계속되어야 한다."며 무대 위의 다른 친구에게 총을 쏘고 자신 역시 총으로 자결한다. 이후 팀의 시체는 구급차에 실려가고 벵어는 경찰에 연행되어 가는 모습으로 이 영화는 끝난다.

❙ 실제 사례를 바탕으로 한 영화적 재구성

이 영화의 이야기는 1967년 미국 캘리포니아의 커벌리 고등학교에서 시행되었던 실제 실험 '제3의 물결(The Third Wave)'을 영화화하여 재구성하였다. 당시 이 실험을 진행하였던 존스 교사는 2차 세계대전이 끝난 지 채 30년도 지나지 않았음에도 나치즘에 대해 무지한 학생들을 보고 독재자 1인과 절대적으로 준수되어야 하는 규칙을 중심으로 한 교육적 실험을 진행하였다. 원래 2주 예정이었던 실험은 학생들이 공동체 의식에 병적으로 열광하는 모습을 보고 그 위험성을 자각한 교사 존스가 5일 만에 중단시킴으로써 끝마치게 된다.[86]

영화는 학생들이 어떻게 집단주의에 몰입하게 되는지, 어떤 형태로 열광의 태도가 형상화되는지를 보여준다. 그들은 그들만의 인사법을 만들고 복장을 맞추고, 모두가 집단이라는 틀 안에서 보호되고 보호받는다. 뿐만 아니라 다른 어느 집단과 비교해도 견줄 만한 강력한 힘을 갖게 되면서 집단에 대한 그들의 애정과 충성도는 더욱 강력해진다.

❙ 교사의 역할과 교육의 효과

<디 벨레>의 교사 벵어는 학생들이 스스로 경험하고 정의를 깨우치는 경험주의적 교수 방법을 택한다. 그는 학생들에게 전체주의의 위험성을 기존의 역사적 자료를 바탕으로 설명하는 방식에서 벗어나, 학생들 스스로 규율을 만들고 집단화 되어 가는 과정을 몸소 경험하도록 설계함으로써 전체주의와 독재가 얼마나 폭력적이고 위험한 것인지를 피부로 느끼게 한다. 이러한 교육 방식 자체가 나쁜 것은 아니다. 그러나 이 실험에 학습자들이 얼마나 주체적으로 몰입하여 빠져들게 될지, 현실과의 경계 없이 교실 밖으로까지 실험이 이어졌을 때 얼마나 큰 위험을 초래할 수 있는지에 대한 고려 및 대응책 마련 없이 실험을 시작하였다는 점에서는 교사로서의 교육적 책임이 부족하였음

을 비난받을 수밖에 없다. 디 벨레 프로젝트에 몰입한 학생들에게 '벵어 선생님'으로 불리며 자신이 설계한 규칙 내에서 행동하고 자신의 말이 전부인 양 따르는 학생들을 보며 내심 느꼈을 교사로서의 잘못된 만족감 역시 총기 사건이라는 비극적 결말에 이르는 데 있어서 주요한 요인이 된다. 벵어 본인도 독재자로서의 경험은 없었기 때문에 자신 또한 이 실험에 얼마나 도취될 수 있을지, 뚜렷한 기준 없이 그릇된 판단을 할 수 있을 거라는 예상을 하지 못한 채로 학생들에게 휩쓸려 갔던 것이다. 이를 통해 우리는 교육에 있어서 교사의 역할이 얼마나 중요한지, 교사의 교육관과 지도 방향에 따라 학생들에게 얼마나 큰 변화가 일어날 수 있는지에 대해 성찰해 볼 수 있다.

대표 작품: 영화 〈지상의 별처럼〉(Taara Zameen Par, 2007)

❙ 기본 정보

아미르 칸(Mohammed Aamir Hussain Khan) 감독의 영화 <지상의 별처럼>은 난독증을 가지고 있는 주인공 이샨(타나이 크헤다)이 미술 교사 램(아미르 칸)을 만난 후 성장을 이루어 가는 이야기를 담은 인도 영화이다. 아미르 칸 감독의 데뷔작으로 2012년 국내에서 개봉한 이후 교육의 가치와 의미를 생각하게 만드는 영화로 계속해서 회자되고 있는 작품이다.

❙ 내용 읽기

주인공인 이샨은 학교 생활에 도무지 적응하지 못한다. 글씨를 제대로 읽고 쓰지 못하고 수업 시간에 제대로 집중하지 못해 선생님한테 혼나는 것이 일상이다. 그렇지만 이샨은 끊임없이 그림을 그리고 부모님을 바라보며 환하게 웃는 사랑스러운 여덟살 아이이다. 매일 학교에서 혼나는 일상이 버거웠던 이샨은 어느 날 부모님 몰래 학교를 무단 결석하고 이 사실을 들키면서 기숙 학교로 강제 전학을 가게 된다. 사랑하는 가족들과 떨어져 살게 된 이샨은 엄격한 기숙 학교의 규율 속에, 가족들로부터 버림 받았다는 생각에 하루하루 영혼이 말라 가듯 시들어간다.

문제아로 취급받으며 벌을 받고 있던 이샨에게 마치 구원자처럼 등장한 미술 교사 램은 그림도 그리지 않고 우울한 표정으로 앉아 있는 이샨을 주의깊게 관찰한다. 그리고 b와 d, p와 q 등 비슷한 알파벳을 구분하지 못하는 이샨을 보며 그가 난독증을 지니고 있다는 것을 발견한다. 직접 이샨의 집으로 찾아간 램은 집안 가득한 이샨의 그림을 보고 깜짝 놀라며 이샨의 증상을 부모에게 알리지만 부모는 자신의 아이에게 그런 증상이 있다는 것을 받아들이려 하지 않는다. 이샨을 돕겠다는 다짐을 한 램은 즉시 교장 선생님에게 자신이 직접 이샨을 지도하겠다고 하며 정규 수업과 다른 특별한 교육을 실시한다. 자신을 위해 열의를 다하는 교사에게 감동한 이샨 역시 스스로 열심히 공부하며 태도가 변화하기 시작하고 결국 이샨은 난독증을 극복하고 교내 그림대회에서 1등을 차지하며 모두의 인정을 받는 학생으로 성장하게 된다.

❙ 교사의 역할과 교육의 의미

교육 영화의 기능 중 하나는 교육의 방향이 어디로 나아가야 하는지, 교육자로서 어떤 태도를 가지고 교육을 해야 하는지, 더 나은 교육을 위한 고민과 성찰을 하도록 유도하는 것에 있다. 그런 점에서 이 영화는 교사의 교육적 역할에 대한 논의를 할 수 있는 기회를 제공한다는 점에서 대표적인 교육 영화로서의 가치를 지닌다.

영화 속 교사 램이 이샨의 문제를 살펴보고 원인을 파악할 수 있었던 것은 물론 학생에 대한 관심을 가지고 주의깊게 살펴본 결과이기도 하지만 램 역시 어릴 적 난독증을 앓았다는 영화적 설정에 기인하기도 한다. 난독증을 앓는 아이가 같은 증상으로 문제를 겪었고 이것을 극복해낸 경험을 지닌 교사의 지도를 받을 확률은 현실적으로 매우 낮다. 그럼에도 이 영화적 설정은 학생 개개인을 위한 교사의 관심과 지도가 어떻게 한 아이를 성장시키고 변화시킬 수 있는지를 감동적으로 그린다.

영화는 우리에게 생각거리를 던져줄 수 있다. 더불어 어떤 특정한 주제에 대해 지속적으로 다루고 논의하도록 문제를 제기하는 반복되는 과정 속에서 특정 주제를 다룬 영화는 장르적 성격을 지니게 된다. 이 두 편의 영화 <디 벨레>와 <지상의 별처럼> 역시 마찬가지이다. 우리는 영화를 보며 학생들에게 교사의 역할이 얼마나 중요하고 어떤 영향력을 미칠 수 있는지에 대해 자각함과 동시에 나의 경험을 반추해 볼 수 있다. 내가 경험했던 학교 교육과 교육 현장에서 교사와의 상호 관계, 그 속에서의 성장 경험과 아쉬움 등을 회상하고 성찰하는 과정을 통해 앞으로의 교육을 생각해 볼 수 있는 것이다. 교육은 교육자의 전문 영역이지만 또한 일상의 영역에서 모두에게 중요한 주제이기도 하다. 우리는 한 아이의 부모로서, 혹은 가족이자 친구, 이웃으로서 교육적 본보기가 될 수 있기 때문이다. 때문에 이러한 주제를 중심으로 하는 영화를 통해 생각해 볼 수 있는 기회를 갖고 함께 논의해 보는 과정은 우리의 가치관과 삶의 태도를 고양시킬 수 있다는 점에서 의미있다.

02 주제에 주목하여 읽기

2.1 나를 사랑하는 방법을 찾아서: <파니 핑크>와 <리틀 포레스트>

〈파니 핑크〉(Keiner liebt micht, 1994)와 〈리틀 포레스트〉(2015)

영화 <파니 핑크>는 독일을 대표하는 여성감독 도리스 되리(Dorris Dörrie)의 영화로 우리나라에서는 주인공의 이름인 '파니 핑크'로 개봉했지만 원제는 '아무도 날 사랑하지 않아'로 번역된다. 공항 검색대 직원으로 일하는 29살 여성 파니(마리아 슈라더)는 영화 제목처럼 아무도 날 사랑하지 않는다고 말하며 외롭고 지루한 삶을 살아간다. 그러던 중 오르페오(피에르 지누사 블리스)를 만나 삶과 진정한 사랑의 의미에 대해 알아가며 자신을 변화시켜 가는 이야기를 담고 있다.

영화 <리틀 포레스트>는 이가라시 다이스케의 동명 일본 만화를 원작으로 하고 있으며 일본에서도 모리 준이치 감독이 <여름>, <가을>, <겨울>, <봄> 4부작으로 영화화하였다. 이 일본판 영화는 국내에서 2015년 <여름과 가을>, <겨울과 봄> 두 편으로 묶여 개봉되었다. 한국에서는 임순례 감독이 영화 연출을 맡았으며 이 영화는 "지친 젊은 영혼들을 달래는 치유영화"[87]로 기능한다며 대체로 평단에서도 긍정적인 평가를 받았다. 이 장에서는 국내에서 제작된 임순례 감독의 <리틀 포레스트>를 중심으로 살펴본다.

서울에서 임용고시를 준비하며 힘들게 살고 있던 혜원(김태리)은 편의점 아르바이트를 하며 힘들고 외롭게 살아간다. 그렇지만 결국 임용고시는 떨어지고 허기진 마음으로 고향집으로 내려간다. 그녀는 제철 음식을 해먹고 친구들과 함께 사계절을 보내며 지친 마음을 달래고 자기 자신을 치유해 나간다.

<파니 핑크>와 <리틀 포레스트>는 공통적으로 20대 여성이 주인공으로 등장하고 있으며 독일과 한국의 대표적인 여성 감독들이 제작하였다. 영화 속에는 특별히 갈등이라고 할 만한 사건들이 존재하지 않으며 서사의 중심에는 그저 주인공이 있다. 주인공들이 왜 현실에 지치고 외로운 삶을 살아가고 있는지, 주변 사람들과 함께 어떤 과정을 거쳐 자신의 상처를 보듬고 자신의 자존감을 회복해 나가는지, 치유와 공감의 측면에서 두 영화를 비교해 보자.

'파니'와 '혜원'

'파니'는 서른 살이 되는 것에 대한 두려움을 가진 29살 여성이다. 안정적인 직장도 있고 자기 소유의 아파트도 있어 겉보기에는 안정적인 조건들을 갖추고 있지만 그럼에도 그녀는 외로움 속에 살고 있다. 거기에는 사랑에 대한 두려움이 큰 자리를 차지하고 있다.

'혜원'은 서울에서 편의점 아르바이트를 하며 임용고시를 준비하고 있다. 시험에 떨어진 혜원과 달리 함께 공부하던 남자친구는 합격했다. 대도시는 혜원에게 차갑고 외로움만 가득하다. 혜원은 미래에 대한 불안 속에 허기짐을 가지고 있다.

두 주인공은 공통점을 지닌다. 두려움과 외로움 속에 혼자 살아가는 여성이라는 점이다. 파니를 지배하는 두려움은 29살이라는 나이와 그에 따른 사회적 편견에서 기인한다. "서른 살 여자가 결혼할 확률은 원자폭탄을 피할 확률과 같다."라고 말하는 파니의 얼굴 표정에는 자신감이 없고 여성으로서 자신의 사회적 가치가 떨어졌다는 생각에 망연자실한 표정을 짓는다. 하지만 그녀의 모습은 사실 아름답기만 하다.

또 다른 공통점으로는 전통적으로 인정되는 '모성'을 상징하는 어머니가 부재하다는 점이 있다. 둘 다 물리적으로는 어머니가 존재한다. 그러나 그들에게는 딸을 보듬어주는, 따스한 지원자로서의 어머니가 없다. 파니의 어머니는 딸보다 자신의 삶이 더 중요하다. '여성'으로서 인정받는 삶이 가장 중요한 어머니는 여성으로서의 매력을 발산하지 않고 내내 검정색 옷을 입고 다니는 딸이 못마땅하기만 할 뿐이다. 그녀는 딸 파니의 외로움이나 불안함을 진정으로 이해해 주지 않고, 삶에서 가장 중요한 것은 남자라고 말하며 이성을 추종하는 데 집중하는 모습이다.

혜원 역시 어머니가 존재하긴 한다. 그러나 20살 이후부터 어머니는 부재한 상태이다. 영화가 진행되는 내내 어머니가 현재 살아있는 것인지, 혜원과 어머니는 서로 연락을 하며 지내기는 하는 것인지 어떠한 실마리도 관객에게 제공되지 않는다. 다만 서사의 진행으로 보았을 때 여전히 어머니는 자취를 감춘 상태로 추측될 뿐이다. 아버지의 투병으로 고향집에 내려와 살게 된 혜원과 엄마는 아버지의 죽음 이후에도 시골에 계속 머문다. 시골에서의 불편한 삶에 불평하는 딸을 달래가며 시골집에서 함께 살던 둘이었지만 혜원이 수능을 보고 난 다음날, 어머니는 편지 한 장을 남기고 돌연 사라진다. 이제 '자기의 삶'을 찾아보겠다고 적혀 있는 엄마의 편지와 존재의 사라짐은 어쩌면 이때부터 혜원의 마음속에 허기짐을 만들어내는 원인 중 하나로 작용한다.

조력자의 존재들

파니와 혜원의 곁에는 그들이 외로움을 극복하고 불안의 늪을 벗어날 수 있게 도움을 주는 조력자들이 존재한다. 파니의 조력자는 '오르페오'이다. 마치 에우리디케를 구하기 위해 지하세계로 가서 손을 잡고 나오던 오르페우스처럼 오르페오는 파니의 가장 가까운 곳에서 그녀의 삶의 방향을 전환시키는 데 주요한 역할을 한다. 오르페오는 부정적인 삶의 관점과 시각을 지니고 있는 파니에게 긍정적으로 생각할 수 있도록 관점의 전환을 제시한다. 물이 반 들어있는 컵을 보여주며 '물이 반 밖에 남지 않았네'라고 생각할 것이 아니라

'물이 반이나 남았네'라고 생각할 것을 권하는 식이다. 또한 오르페오는 파니에게 직접적인 조언을 하며 사랑의 의미를 깨우치게 한다.

혜원이 한밤중 찾아간 고향집에는 학창 시절의 친구들인 재하(류준열)와 은숙(진기주)이 머물고 있다. 잠을 자고 난 다음 날, 마치 일상이었던 것처럼 친구들이 집으로 찾아와 혜원을 반긴다. 어떤 것도 직접적으로 묻고 답하지 않지만 친구들은 혜원의 모든 것을 한눈에 파악하고 그저 품어준다. 지역 은행에서 일하는 은숙은 내심 서울로의 상경을 꿈꾸며 살아가고 있다. 그런 그녀에게 서울에서 다시 고향으로 갑작스럽게 내려온 혜원의 행동은 일면 이해가 안 되는 행동임에도 그녀는 별다른 말을 하지 않는다. 오히려 혜원이 시험에서 낙방한 반면 남자친구는 합격해서 표현도 못할 마음의 생채기가 났을 친구를 헤아리며 그저 반갑게 맞아준다.

한편 재하는 혜원과 같은 경험을 공유하고 있기도 하다. 재하와 혜원에게 서울은 "절대적 결여의 공간"[88]이다. 재하 역시 회사 생활을 하며 도시에서 머물렀지만, 자신에게 막말을 서슴지 않는 직장 상사에게 상처를 입고 다시 고향으로 돌아왔다.

> 회사 생활이란 게 스스로 결정할 수 있는 일이 많지 않더라구. 생각할 여유도 없이 왜 사는지도 모르겠고…. 월급날이나 꾸역꾸역 기다리며 사는 게…. 어느 날인가 문득 내 모습을 보고 있자니, 가슴이 터질 것 같더라구.

친구들 앞에서 힘겹게 자신이 고향으로 돌아온 이유를 털어놓는 재하는 월급 축내지 말고 똑바로 일하라는 폭언 속에 시키는 일을 하며 자신의 자존감이 무너져 갔음을 토로한다. 결국 재하는 그대로 무너진 상태에서 하루하루 살아가는 삶이 아니라 "자신의 시간"을 되찾기 위해 자발적으로 회사를 나온다.[89] 고향으로 돌아와 과수원을 경작하고 있는 재하의 모습을 보며 혜원은 차오르는 안정감을 느낀다.

전환: 인물의 이동

파니와 혜원의 변화를 유도하는, 삶을 전환시키는 데 있어서 각각의 작품에서 '이동'이 발생한다. <파니핑크>에서는 오르페오가 파니의 집으로 들어오는 'in'의 이동이 일어난다. 반면 <리틀 포레스트>에서는 혜원이 서울에서 시골로 내려가는, 외로움의 공간을 'out'하는 이동이 발생한다.

시각 이미지 분석

❙ 외로움, 텅 빈 공허함을 드러내는 이미지

파니는 살아있는 바니타스(Vanitas) 그 자체이다. 죽음을 상징하는 물건들을 통해 삶에 대한 허무감, 허무주의를 표현하는 예술양식을 의미하는 바니타스는 파니를 상징하는 대표적인 이미지로 표현된다. 그녀는 마치 장의사 혹은 마술사 같아 보이는 검정색 옷에 검정색 원형 모자를 쓰고 해골 모양 귀걸이를 하고 다닌다. 화면에 클로즈업된 그녀의 얼굴은 흑과 백으로만 대조되어 있어서 마치 흑백 무성영화 <칼리가리 박사의 밀실>에 등장하는 몽유병 환자 '세자르'의 모습을 연상시킬 정도이다. 변기에 앉아서 볼일을 보는 와중에도 벽에 검정색 사인펜으로 검은 십자가를 잔뜩 새겨 넣는 그녀는 '죽음을 대비하는 모임'에 참여하여 죽는 방법을 배우기까지 한다. 그곳에서 자살할 때의 현상, 자살하는 법에 대한 수업을 듣고, 자기의 관을 직접 만들어서 사람들과 함께 가상 장례식을 진행해 보기도 한다.

파니의 '관'은 영화 속에서 중요한 의미를 지닌다. 우선 그녀의 관은 파니가 항상 입고 다니는 옷처럼 검정색으로 칠해진 목판으로 만들어졌다. 독특한 것은 관 뚜껑이 나무 판자가 아니라 전면 유리로 되어 있다는 점이며, 그렇기에 파니는 가상 장례식때 자기의 관 속에 누워 유리를 통해 자신을 위해 슬퍼하는 사람들, 자신의 마지막을 배웅해 주러 온 사람들을 눈을 뜬 채로 지켜보는 아이러니한 모습을 연출한다. 이는 죽음을 생각하고 있지만 실상은 다른 사람들을 그리워하는, 사람들 사이에서 주목받고 싶은 내면의 결핍을 상징적으로 보여준다. 파니는 자신이 만든 관을 차에 싣고 집으로 가져온 뒤 방 한 가운데 놓고 퇴근하고 나서나 명상을 할 때, 외로울 때 항상 그 관 속에 누워 안정을 취한다.

혜원의 외로움을 상징하는 시각 이미지는 '텅 빈 냉장고'이다. 먹을 것을 찾아 냉장고를 연 혜원, 그리고 혜원이 바라보는 시각으로 냉장고를 비추는 장면에서 화면을 가득 채우는 미장센은 대도시에서 홀로 사는 삶의 외로움과 공허함, 부패하고 생채기 난 고단한 삶 그 자체이다. 언제 넣어 뒀는지 수분이 다 날아가 버린 사과와 바나나, 썩어 문드러진 양파만 남은 냉장고에서 혜원이 당장 먹을 수 있는 것은 생수뿐이다. 냉장고를 하염없이 들여다보던 혜원은 생수를 꺼내 들이킨다. 그녀가 물을 들이키는 행위는 진짜 목마름을 느껴서, 갈증을 채우기 위한 것이라기보다 삶의 고단함으로부터 느껴지는 마른 갈증과 가슴 답답함을 달래기 위한 행위로 보인다. 이 장면은 바로 전 시퀀스에서 푸릇푸릇한 이파리가 달려 있는 생명력 넘치는 재하의 과수원 모습을 다양한 구도로 비추고 난 후 대조적으로 등장시켰다는 점에서, 혜원이 느끼는 삶의 고단함, 차가운 도시에서 느끼는 냉혹함을 더욱 강렬하게 상징한다.

❙ 자기 치유의 시도

파니와 혜원은 자기 나름대로 위안을 얻고자 방법을 찾는다. 파니는 관에 누워 명상을 한다. 명상 테이프에서 흘러나오는 대로 '나는 사랑하고 사랑받는다'를 따라 되뇌지만 큰 효과가 있지는 않다. 죽음의 공간에 누워 읊조리는 그녀의 말은 생에 대한 의지와 인정받고 싶은 욕구로 가득 차 있다. 그러나 아무리 긍정적인 말을 날마다 되뇌어도 어둠으로 가득한 그녀의 공간처럼 그녀의 삶에 희망적인 일은 일어나지 않고 파니는 점점 더 우울감에 빠져든다.

절망의 늪에 빠져 있던 파니는 엘리베이터에서 우연히 마주친 주술사 오르페오를 반신반의하며 찾아간다. 행운의 숫자 '23'에 대한 정보를 듣고 자신의 짝이 되어줄 숫자 23을 가진 누군가를 찾아 집착하기 시작하는데, 그때 눈앞에 나타난 새로운 아파트 관리인 로타 슈티커의 차 번호판에 숫자 23이 새겨져 있는 것을 발견한다. 그가 자신의 운명의 상대라고 생각한 파니는 맹목적으로 로타에게 집착하며 그와의 사랑을 이루기 위해 목을 매는 모습을 보인다. 사랑의 감정을 느끼거나 서로 간의 정서적 교감의 과정 없이 우연히, 순전히 파니의 계략에 의해 하룻밤을 보내게 된 두 사람이지만 파니는 이제 그가 자신과 특별한 관계가 되었다고 생각한다. 그러나 파니의 기대와 달리 그는 다른 여자와 연인 관계였고 심지어 자신의 친한 직장 동료라는 사실을 알게 된 파니는 큰 충격에 빠진다.

혜원은 무작정 시골로 내려간다. 겨울밤, 눈이 소복하게 쌓인 시골길을 뽀드득 소리를 내며 걸어가는 혜원의 모습에서 여전히 고단하지만 새로운 기대감이 느껴진다. 냉기 가득한 집에 도착하자마자 허기를 느낀 혜원은 눈 덮인 밭에 남아있는 배추를 따다 된장국을 끓여 먹는다. 추운 겨울 굳은 땅 위에, 척박하고 황량한 분위기 속에 남아있는 배추의 모습은 마치 차가운 대도시 속에 홀로 남겨져 있던 혜원의 모습 같기도 하다. 그러나 냉장고를 열고 그저 물만 벌컥 들이키던 도시에서의 삶과 달리 이곳에서는 똑같이 차갑지만 혜원의 힘으로 배추를 캐고, 불을 켜고 따뜻한 음식을 끓이며 속을 달래는 능동적 행위를 할 수 있다.

혜원은 시골집에 돌아와 반복적으로 요리를 한다. 양배추 샌드위치, 꽃 파스타, 콩국수, 떡볶이 등 사계절이 흐르는 동안 제철 재료를 활용하여 요리를 하는 시퀀스는 혜원이 스스로를 보듬고 치유하는 과정이기도 하다. 혜원은 직접 요리를 하고 "잘 먹겠습니다."라며 혼자 인사를 한다. 그렇게 자기 자신을 위한 요리를 하고 음식을 섭취하는 혜원의 행동은 서울에서 생활하는 동안 텅 비어 있던 혜원의 내면을 채우고 회복시키는 과정이다. 서울에서 임용고시를 준비하며 편의점 아르바이트를 하던 혜원은 유통기한이 지난 차가운 도시락을 받는다. 바쁜 시간 속에서 삼각김밥을 먹고, 길거리 음식을 먹으며 끼니를 때우는 동안 혜원의 내면은 허기짐으로 가득찼고, 그렇기에 시험에 떨어져서 시골로 내려온 것이냐는 은숙의 질문에 "배고파서" 왔다는 대답은 이중적 의미를 지닌다. 도시에서의 배고픔을 시골집에서 스스로 채워 나가는 혜원의 모습은 자기 자신도 모르는 사이 다시 한번 자신의 삶을 다져갈 에너지를 비축하는 시간으로 작용한다.

이 둘이 보여주는 치유의 시퀀스는 파니와 달리 혜원이 자기 스스로 움직였으며 능동적인 극복의 태도를 보였다는 점에서 차이가 있다. 더불어 혜원이 요리를 하며 참고한 레시피는 그녀의 엄마가 남겨둔 것으로 딸이 고향 집에 뿌리내리며 제철 음식과 함께 단단히 자라나기를 바라는 엄마의 마음이 담겨 있는 것이었기에, 서서히 그 의미를 깨달아 가는 과정에서 혜원은 회복과 치유를 경험하게 된다. 반면 파니는 자기 스스로 선택한 방법이 아니었으며, 누군가의 조언 혹은 속임수에 의해 제안된 것을 따르는 과정이었기 때문에 이러한 방법들은 실패로 끝난다.

❙ 어울림을 통한 치유

파니와 혜원은 곁에 있는 조력자들과 함께 할 때 위안을 얻고 치유를 경험한다. 파니의 집에 오르페오가 함께 들어와 살게 되면서 파니는 변화하기 시작한다. 파니는 사실 운명 같은 사랑보다 자신과 함께 일상의 대화를 나눌 수 있는 사람을 갈망했다. 그녀는 단지 열쇠를 챙겼는지, 오늘 하루는 어땠는 지를 묻고 답할 수 있는 상대가 필요했고, 파니의 외로움은 현대 사회를 홀로 살아가는 20대 여성의 외로움 그 자체이다. 혼자 살던 집에 오르페오라는 존재가 함께 있는 것만으로 파니의 외로움은 극복되기 시작한다. 파니가 그렇게 두려워했던 서른 살 생일, 오로지 파니를 위해 분장한 오르페오에게 생일 케이크를 건네 받고 두 사람은 함께 춤을 춘다. 침대에 누워 있는 그들의 모습은 남녀 간의 사랑은 아니지만 우정 그 이상의 사랑의 감정과 그 속에서의 평안함이 엿보인다.

오르페오는 사랑하는 아내 에우리디케를 구하기 위해 지하세계에 뛰어든 오르페우스처럼 외로움의 심연에 빠진 파니를 구하기 위해 나타난 구원자 같은 역할을 한다. 그러나 사실 오르페오의 현실은 녹록지 않다. 아프리카계 독일인인 그는 낮에는 점성술사로, 밤에는 게이바의 립싱크 가수로 일하며 하루하루를 힘겹게 살고 있다. 그나마 위안이 되는 건 자신의 노래를 들어주는 애인의 존재인데, 유명 방송인인 그는 오르페오가 밀린 5개월치의 월세를 위해 돈을 빌려달라고 말하자마자 매몰차게 거절하는 것도 모자라 오르페오의 앞에서 다른 남자와 키스를 하며 이별을 고한다. 설상가상으로 바에서 잘리기까지 한 오르페오에게 남겨진 건 실연의 상처와 밀린 월세뿐. 길거리에 나가 점술을 봐주거나 구걸을 해도 달리 방법을 찾지 못한 오르페오는 결국 아파트에서 쫓겨나게 된다. 갈 곳이 없어진 그는 순진한 파니의 동정심을 자극하며 그녀의 집에 같이 머물기 시작한다. 큰 병에 걸린 듯 연신 기침을 하면서도 자신의 병에 대해서는 끝내 묻지 말라는 오르페오를 파니는 그저 따뜻하게 보살펴준다. 아픈 그를 침대에 눕히고 따뜻하게 이불을 덮어주며 정성스럽게 돌보는 파니는 함께 밥을 먹고 이를 닦고 잠에 들며 이야기를 나누는 시간 속에서 자신의 결핍과 외로움을 차츰 채워 나간다. 이제 더 살 시간이 남지 않은 듯 갈수록 병세가 악화되어가는 오르페오를 휠체어에 태워 공원 산책을 나간 파니는 오르페오와 이야기를 나누던 중 진심 어린 충고를 받는다. 늘 누군가에게 사랑을 받고 싶다고 말하지만 실상은 누군가를 진짜로 사랑해 본 적이 없는 파니에게 오르페오는 "넌 늘 사랑을 받으려고만 하지."라며 일침을 가한다.

파니가 그토록 두려워하던 30번 째 생일날, 평소와 다름없이 검정 옷을 입고 무표정하게 집으로 들어서는 파니를 향해 오르페오는 그녀가 항상 착용하고 다니는 귀걸이처럼 해골 모양이 새겨진 복장을 하고 케익에 불을 켠 채로 파니를 맞이한다. 배경음악으로 에디트 피아프의 '난 후회하지 않아'라는 노래가 재생되고, 그들은 노래에 맞춰 함께 춤을 춘다. '너의 인생을 오늘 다시 시작하라'는 노래 가사는 마치 오르페오가 파니에게 전달하는 삶의 메시지같으며 두려움의 순간을 새로운 삶의 시작점으로 전환시켜준다.

오르페오는 파니의 곁에서 외로움을 달래주고 동시에 파니를 외롭게 만드는 근본적인 원인인 파니의 생각과 가치관을 변화시키는 중요한 전환점을 제공한다. 물이 절반 차 있는 유리컵을 들어올리며 오르페오는 "물이 반밖에 없어."가 아니라 "물이 반이나 차 있네."라고 생각하기를 권한다. 파니의 내면에 있는 부정적이고 비관적인 생각들을 점차 긍정적인 방향으로 바꾸어 놓은 오르페오는 빠르게 다가온 생의 마지막 순간 파니에게 이렇게 말한다.

> 무서워하지 마, 파니. 과거는 네 뒤에 있는 해골과 같은 거야. 미래가 네 앞에 있어. 과거와 미래는 항상 너와 함께 하며 이따금 네게 말을 걸 거야. 좀 앉아 쉬라고, 휴식을 취하라고. 그들은 네가 원하는 모든 것을 주겠다고 약속할 거야. 하지만 그들의 말을 듣지 마. 계속 앞으로 나아가. 시계를 보지 마. 그들은 너로 하여금 계속해서 몇 시인지 생각하게 만들 거야. 하지만 항상 똑같은 시간만 있을 뿐이야. 알겠어? 지금이라는 시간 말이야.

오르페우스 신화에서는 에우리디케를 지상으로 데려가기 위해 뒤돌아봐서는 안 되는 존재가 오르페우스였다면 <파니 핑크>에서의 오르페오는 파니와 함께 동행을 해주었을 뿐, 미래로 나아가기 위해 뒤를 돌아보지 말고 앞으로 향해야 하는 것은 결국 자기 자신이라는 것을 파니에게 깨닫도록 해주는 조력자로서의 역할을 한다.[90]

혜원 역시 친구들과 함께 하는 과정에서 치유 받는다. 혜원이 한 요리를 함께 먹고, 직접 담근 막걸리를 함께 마시는 시간을 통해 혜원의 상처받은 마음은 치유된다. 고향은 과거성을 통해 나를 발견하는 공간이다. 고향에서 혜원은 친구들과 함께 과거의 기억을 불러 일으키며 잊고 있던 자신의 모습을 되찾는다.

혜원은 서울로 다시 돌아갈 거라고 거듭 말하지만 말로만 할 뿐 행동으로 옮기지 않는다. 혜원이 미성리에서 고모를 도와 농사를 짓고 재하의 과수원에서 사과 수확까지 도우며 시간을 보내는 모습을 보면서 재하는 "서울 간다 간다, 입에 달고 살던 애가 가을 갈무리 아주 오부지게 하시네. 그렇게 바쁘게 산다고 문제가 해결이 돼?"라고 말하며 혜원의 잔잔한 삶에 돌을 던진다. 사실 혜원에게 시골집에 머물며 자신을 회복시키는 시간은 반드시 필요한 것이었지만 아무런 목적 없이, 기약 없이 계속해서 머무는 것은 결국 혜원의 삶을 위한 것이 아니었기 때문에 재하의 질문은 혜원이 자신의 삶에 대한 스스로의 결정을 하도록 하는 결정적 계기로 작용한다.

삶을 살아가는 방식에 있어서 견디는 것과 살아내는 것은 매우 다르다. 견디는 것은 수동적인 자세로 그저 남들과 비슷하게, 사회에서 요구하는 대로 자신의 주체성 없이 살아가는 것이라면 삶을 살아내는 것은 자신의 목표 의식에 따라 자신의 추구하는 방향을 향하여 주체성을 가지고 걸어 나가는 것이다. 혜원은 재하에게 여름철 폭풍 속에서 살아남은 사과를 선물로 받고 자신 역시 폭풍과도 같은 시간을 지나 앞으로의 삶에서 어떤 결실을 맺기 위해 살아갈지 결정을 내려야 함을 깨닫는다. 그리고 마침내 혜원은 다시 서울로 올라간다.

변화, 끝내 변화하고 단단한 '나'를 되찾은 두 사람

우리는 흘러가는 시간 속에서 현재를 인식하며 살아가지만 또다른 한편으로는 현재를 인식함과 동시에 지나간 과거를 되새기며 후회를 거듭한다. 오르페오는 파니를 비관적으로 만드는 과거에 대한 후회나 아쉬움이 그녀를 잠식하지 않기를, 그저 자신에게 주어진 앞으로의 시간을 충실히 느끼며 살아가기를 조언해 준다. 오르페오의 죽음 이후 파니는 변화한다. "앞만 보고 가"라는 오르페오의 말처럼, 지나온 시간이 아닌 미래를 향해 걸어가기로 결심한 파니는 집안 한가운데 있던 관을 옥상 위로 가져가 자신의 손으로 던져버린다. 마치 엄마 자궁 속에 꽉 끼어 안정감을 느끼는 아기처럼 관 속에 웅크리고 누워 자신을 애처로워 하던 파니는 이제 온데간데없다. 마치 『데미안』에서 새가 알을 깨고 나오는 장면처럼 옥상에 올라가 1층으로 관을 던져 버리는 파니의 행동은 그동안 비관적이었던, 스스로를 사랑받을 수 없는 존재라고 여겼던 자기 자신에게서 벗어나는 의식적 행위라고 볼 수 있다.

이후 달라진 파니는 더 이상 혼자 있으면서 누군가를 기다리는 것이 아니라 사람들 속에서 어울리기 시작한다. 옷과 집이 모두 검정색이었던 과거와 달리, 하얀색 바탕에 검정색 도트무늬가 박힌 원피스를 입은 파니의 모습에서 생기와 활력이 돈다. 혼자 고립되어 있던 과거와 달리 다른 사람과 함께 어울려 나누기도 한다. 자신의 아파트로 이웃 주민들을 초대하여 파티를 열고 그들과 자연스럽게 어울리며 웃고 떠드는 파니의 모습에서 과거의 흔적은 찾아볼 수 없다. 자기 자신의 일부와도 같았던 검정색 유리 관을 옥상에서 자기 스스로 던져버린 파니는 그렇게 변화하였다.

혜원 역시 시골에서 하염없이 사계절을 보내고 난 후 엄마가 남긴 편지의 의미를 깨닫는다. '나의 삶'을 찾아 가겠노라고 매정하게 남긴 엄마의 마지막 한마디는 결국 어딘가에 뿌리내리며 스스로 삶을 살아가라는, 딸에게 전하는 가르침이기도 했다는 것을. 그래서 혜원은 서울로 올라가 모든 것을 정리하고 고향으로 돌아온다. 친구들은 이러한 혜원의 행동을 보고 '아주심기'를 하고 있는 것이라고 설명한다.

영화 <리틀 포레스트>의 첫 씬이 보여주는 미장센에는 시각과 청각, 후각까지 모든 감각이 총체적으로 들어가 있다. 수풀이 우거진 기다란 시골길과 풀벌레 우는 소리를 롱 테이크로 담아내는 장면은 자연 속에서 회복해 나갈 수 있을 것이라는 믿음을 갖게 한다. 영화는 이렇듯 인공적인 것 없이 자연적인 것만을 영상과 소리로 제공하며 관객들을 집중하도록 하고 혜원처럼 현대사회에서 지치고 예민해진 관객들의 감각을 보듬는다.

혜원은 시골에서 온전히 제철 재료로 음식을 만들어 먹고, 태풍에 쓰러진 벼들을 다시 일으켜 세우며 노동의 가치를 스스로 느끼고 수확의 기쁨을 누리는 과정 내내 엄마를 떠올린다. 수능을 보자마자 혜원을 혼자 남겨두고 떠나버린 엄마의 편지에는 이렇게 적혀 있다.

> 이곳을 떠나서 아빠와의 결혼으로 포기했었던 일들을 시도해 보고 싶어. 실패할 수도 있고, 너무 늦은 건 아닌가 하는 불안감도 있지만, 엄마는 이제 이 대문을 걸어나가 나만의 시간을 만들어 볼 거야.

이제 막 성인이 될 딸을 혼자 남겨두고 자신의 삶을 살겠다는 편지 한 장을 남겨두고 떠나가 버린 엄마의 모습은 지나치게 이기적이고 비정상적으로 느껴지기도 한다. 그러나 혜원은 시골집에서 머무는 동안 엄마의 마음을 깊이 이해하게 된다. 엄마가 만들어 주던 팥시루떡과 막걸리, 그 밖의 여러 음식들을 만들어 먹으며 엄마를 떠올리고 엄마가 왜 이 시골집에서 자신에게 음식을 해 먹이며 시간을 보내 왔는지, 왜 엄마는 홀로 떠나 버렸는지 이해하고 받아들이게 된다.

> 엄마가 다시 서울로 돌아가지 않은 이유는 너를 이곳에 심고 뿌리내리게 하고 싶어서였어. 혜원이가 힘들 때마다 이곳의 바람냄새와 흙냄새와 햇빛을 기억한다면 언제든 다시 털고 일어날 수 있을 거라는 걸 엄마는 믿어.

엄마의 확신에 찬 말처럼 혜원은 시골집으로 돌아와 자신의 고단함을 훌훌 털어내고 엄마처럼 자신만의 삶을 살아 나가겠다는 결정을 하기에 이른다. 그렇게 혜원은 모든 것을 정리하기 위해 다시 서울로 올라가고 영화의 말미에 다시 미성리로 돌아온다. 그녀가 고향으로 돌아와 어떤 일을 할지, 어떤 삶을 살아나갈지는 제시되지 않았지만 관객은 자신의 의지로 움직이기 시작한 그녀가 이전보다 덜 허기지고, 주변에 있는 친구들과 함께 더 풍족한 삶을 살아나갈 것이라는 것을 믿어 의심치 않는다.

인생에서 가장 외로운 순간, 나만 홀로 남겨져 있다는 느낌이 드는 순간은 언제든 한 번 혹은 여러 번 찾아오기 마련이다. 대학생이 되어 고향을 떠나 아무도 없는 타지로 오게 된 순간, 해외로 공부하러 가서 혼자 머물게 되는 순간, 이런 물리적인 순간뿐만 아니라 성인이 되고 각자의 위치에서 일하면서 사람들과 어울리고는 있지만 실상은 아무와도 내면을 나눌 수 없고, 가장 가까운 지인이나 애인, 가족마저도 내 마음을 알아주지 못하는 것 같다고 느껴지는 이런 순간까지 모두 해당된다. 이런 순간이 찾아오면 우리는 어떻게 다시 파니처럼, 혜원처럼 앞을 향해 나아갈 수 있을까?

오르페오는 사실 우리가 모르고 있는 것을 알려주는 존재가 아니다. 다만 우리가 인식하지 못했던 것, 우리가 알면서도 중요하게 여기지 않았던 것을 다시금 깨닫게 하는 계기가 되는 인물이다. 파니의 변화는 결국 파니의 내면에서 시작되었고 파니의 직접적인 행동으로 시작되었다. 아무리 오르페오의 조언이 있더라도 파니가 움직이지 않았다면 변화는 일어나지 않았을 것이다. 결국 파니를 변화시킨 건 본인 내면의 안정감과 그로 인한 자존감의 회복이었다. 더 이상 그녀 자신을 타인의 인정으로부터 '증명'받고자 하는 것이 아니라 자기 스스로 누군가에게 도움을 주며, 자기의 존재 가치를 스스로 단단하게 만들어 나가는 과정에서, 강해진 파니의 자존감이 그녀의 공간과 삶에 빛을 불어넣은 것이다.

혜원은 곁에 있는 친구들과 함께 지내는 시간 속에서, 엄마가 남겨준 레시피대로 먹고 자고 생활하는 시골에서의 일상 속에서 자기 자신을 되찾는다. 자신의 뿌리가 심어진 곳에서 다시 자신을 정착시키며 새로운 삶을 살아가고자 하는 혜원의 모습은 현실적으로 생각하면 불안하기 그지 없지만, 그럼에도 땅에 뿌리를 내리고 자라 가을이면 열매를 맺는 사과나무처럼 단단하게 살아갈 것이라는 기대감을 갖게 한다. 결국 자신의 내면에서 변화가 일어나기 위해서는 자신의 내면을 충분히 회복시키고 채워 나가는 사계절이라는 시간이 필요한 것이다. 빠르게 흘러가는 현대 사회의 흐름 속에서 계속 쫓기고 소진하는 데 급급할 것이 아니라 때로는 나를 단단하게 고착시킬 수 있는 나의 밭을 찾기 위한 시간이, 내 삶을 온전히 '아주심기' 할 수 있는 용기가 필요하다는 것을 영화는 이야기한다.

삶이 흔들릴 때, 두려움과 외로움이 나를 잠식하려 들 때, 이 영화들이 조력자가 되어 힘을 불어 넣어 줄 수 있기를 희망한다.

2.2 사회를 바라보는 감독의 시각을 영화에 담아내는 법: <기생충>

한국 영화를 대표하는 영화의 탄생

봉준호 감독[viii]의 영화 <기생충>(2019)이 2025년도에 뉴욕타임즈가 뽑은 21세기 최고의 영화로 선정되었다. 2023년도 칸 영화제에서 황금종려상을 수상하고, 아카데미에서도 최고작품상을 수상하며 인정받았던 이 작품은 그로부터 약 2년의 시간이 지난 후 또 한 번 작품성을 인정받으며 영화사에 기록될 명작으로 인정받은 것이다. 우리가 여기서 주목해 볼 점은 세 가지이다.

첫째, 한국의 영화가 해외의 여타 작품들과 견줄 수 있을 만큼 영화적 발전과 성공을 거두었다는 사실이다. 이것은 K-Culture로 대표되는 한국의 대중문화에 대한 전 세계적인 관심 및 인기와도 궤를 같이 하고 있지만, 단순히 대중적인 인지도만으로는 이룰 수 없는 성과를 거두었기에 영화계 자체의 괄목할 만한 성장이라고 평가할 수 있다.

---

viii) 봉준호 감독은 〈플란다스의 개〉(2000)로 데뷔하여 〈살인의 추억〉(2003), 〈괴물〉(2006), 〈마더〉(2009), 〈설국열차〉(2013), 〈옥자〉(2017) 등을 연출한 우리나라의 대표 영화감독이다.

둘째, 전 세계인의 삶은 문자 그대로 '세계화'되었음을 상징적으로 보여준다는 점이다. 영화 <기생충>은 한국 사회에서 점차 심화되어가는 빈부격차의 문제를 아주 적나라하게 보여준다. 영화 속 하층민으로 대표되는 기택의 가족이 살던 반지하 집은 외국에서는 전혀 경험해 보지 못한 집의 형태였고, 해외 언론사의 기자들이 직접 한국으로 와 반지하 체험을 하며 보도할 만큼 센세이셔널했다. 그러나 집의 형태가, 가족의 사는 모습과 그들이 사용하는 언어가 한국적이었을 뿐이다. 격화되어가는 빈부격차 속에서 소외되고 고립되어가며 점차 삶에 대한 희망을 상실한 채 누군가에게 기생하는 것을 택하는 비도덕적으로 타락한 인물 군상의 모습은 전 세계인의 공감을 이끌어냈다. 결국 똑같은 사회 문제를 겪고 있고 그 문제의 본질에 공감할 수 있을 만큼 우리의 삶이 탈 국가화, 탈 문화화되었기 때문에 이루게 된 성과인 것이다.

마지막으로 주목할 점은 이 영화가 가진 탄탄한 이야기의 힘 덕분에 작품은 명작으로서의 보편성을 지니게 되었다는 것이다. 아무리 공감할 만한 소재라도 이야기 구조가 허술하면 영화의 몰입도는 떨어진다. 그러나 이 영화는 일면 '부유한 자와 가난한 자' 같이 단순해 보이는 인물군에 또 다시 복합적이고 입체적인 캐릭터성을 부여함으로써 매력을 배가시켰다. 그리고 인물들의 성격과 인물 간 갈등을 드러내는 방식이 매우 은유적이고 상징적이며 때로는 블랙 코미디처럼 유머러스하기도 하다. 결국 이야기의 탄탄함이 이 영화를 시간이 지날수록 더 깊은 가치를 지니게 되는 작품으로 만들어준 것이다.

기본 정보

봉준호 감독의 영화 <기생충>은 상류층과 하류층을 상징하는 박 사장(이성균)네 가족과 기택(송강호)의 가족이 만나 벌어지는 블랙 코미디의 일종으로 국내에서 천만 명이 넘는 관객을 동원하였으며 국제적으로는 제72회 칸 영화제 공식경쟁부문에서 '황금종려상'을 수상하였고 제77회 골든글로브상에서는 '외국어영화상' 수상, 제73회 영국 아카데미 영화상에서 '각본상', '외국어 영화상', 제92회 아카데미 '작품상', '국제영화상', '감독상', '각본상'을 수상한 화려한 이력을 보유하고 있다.

집단 이기주의 – 가족이라는 이름으로

영화 속에는 총 세 가족이 등장한다. 부유한 계층을 상징하는 박 사장의 가족과 '반지하'로 상징되는 기택의 가족 그리고 박 사장의 집에서 일하는 도우미 문광(이정은)과 몰래 지하실에서 기생해서 살고 있는 문광의 남편(박영훈)이 해당된다. 이들은 각자 자신 가족들의 안위만을 위하며 가족 중심의 이기주의적인 태도를 보인다는 공통점을 지닌다.

❙ 기택의 가족

기택의 가족은 반지하 단칸방에서 네 가족이 모여 산다. 그들은 모두 특별한 직업이 없다. 네 가족이 둘러앉아 도란도란 이야기를 나누며 피자박스를 접는 모습은 특별한 대사 없이 이미지로만 보았을 때는 가난하지만 서로 힘을 합쳐 열심히 일하는, 서로 의기투합하여 살아보고자 힘겹게 애를 쓰는 부지런한 일개미처럼 보이기까지 한다. 그러나 실상 그들은 더 나은 삶을 위한 노력을 한다기보다 그저 지금의 처지에서 할 수 있는 일을 할 뿐이다. 그리고 이들이 하는 말들에는 현실 사회에 대한 부정적 평가와 비판, 불만이 가득하다.

집안에서 와이파이가 터지는 장소를 찾아 집안 내 가장 높은 곳인 화장실 변기 위에 올라가 휴대폰을 들고 있는 기우(최우식)와 기정(박소담)의 모습은 마치 앞으로 펼쳐질 이야기의 복선을 제공해 주는 듯하다. 그들은 무언가를 이용하기 위해 비용을 지불해야 한다는 개념을 갖고 있지 않다. 그저 공짜로 이용할 수 있는 방법을 찾아 그것을 얻어내기 위해 몰두할 뿐이다. 현대사회에서 이런 태도는 비도덕적이다. 다른 사람들은 정당한 비용을 지불하고 이용하는 무언가를 일종의 계략을 통해 무상으로 취득하려는 행위를 우리는 '무임승차'라고 부른다. 서울대학교 재학증명서를 위조하는 아들과 그런 모습을 곁에서 지켜보며 "위조학과가 있었다면 우리 아들은 무조건 합격"이었다고 자랑스러워하는 아버지의 태도에서 기택의 가족이 얼마나 도덕적인 선과 거리를 멀리 하고 있는지 알 수 있다.

서류를 위조하여 부잣집 과외 선생님으로 취직한 기우는 더 큰 계략을 세우기 시작한다. 자신이 맡은 과외 학생의 동생을 가르칠 미술 선생님으로 동생 기정을 추천하는 것이다. 뒤이어 동생 역시 미국에서 유학을 하고 온 미술 전공생으로 신분을 위조하여 박 사장네로의 진입에 성공한다. 이후 운전기사와 집사를 차례로 모함하여 실직 시킨 후 기택과 충숙(장혜진)마저 박 사장의 집에 취직하면서 이 두 가족의 동행은 시작된다.

'선'을 중요시하는 박 사장과 그를 향한 리스펙트

기택은 박 사장을 착하다고 말하고, 기우의 친구는 박 사장의 사모가 심플하다고 평가한다. 그들은 잘 정비된 잔디밭 마당이 있는 이층집에서 아이들을 키우며 어느 하나 모자랄 것 없이 살고 있다. 박 사장은 잘나가는 IT회사의 사장이다. 새로 뽑은 기사 기택이 처음 운전하는 날, 박 사장은 조용히 뒤에서 커피가 가득 찬 커피잔을 들고 앉아 있는다. 운전 중 커피가 흘러 넘치는 것은 커피 '잔'이라는 선을 넘은 것이고 그 즉시 기택은 채용이 취소될 것으로 예상되지만 기택은 네비게이션도 켜지 않은 채 자신감 넘치는 태도로 부드럽게 운전하며 박 사장의 시험을 통과한다. 박 사장은 이렇듯 자신만의 기준을 가지고 있고 자신이 부리는 사람들이 자신의 기준을 충족시키면 그뿐이라고 생각한다. 기택이 보는 것처럼 착해서라기보다 자신의 편의에 따라 얼마든지 자르고 다시 고용할 수 있는 그런 존재들이기 때문에 별다른 관심을 두지 않는 것이라고 보는 게 더욱 타당하다.[ix]

박 사장에게 있어 '선'은 인물 그 자체의 이미지를 나타내기도 한다. 앞서 영화 언어에서 살펴보았듯이 프레임에서 선은 여러 상징적 의미를 지닌다. 그 중 긴 수평선은 평온함과 균형을 상징하는데, 박 사장이 지향하는 선은 바로 고요하고 평온한 수평선 그 자체이다. 이것은 그가 바라보는 시선에서 구현된다. 언제나 수평한 프레임의 한가운데 머무는 그는 거실 쇼파에 앉아 창문을 바라본다. 그의 시선에 비춰지는 창문은 화면을 가득 채우는 넓은 직사각형의 프레임이며 프레임 내 프레임이 안정적인 구도를 보인다. 그리고 그 창문 밖

ix) 원래 있던 가정부(문광)가 갈비찜을 진짜 잘한다면서 왜 관둔지 모르겠고 아쉽다고 말하면서도 "아줌마야 쌔고 쌨으니까. 다시 구하면 그만"이라고 말하는 대사에서 자신의 집에서 일하는 사람들에 대한 박 사장의 생각과 태도를 엿볼 수 있다.

에는 일직선으로 마치 그어놓은 듯한 녹색 잔디 정원이 펼쳐진다. 이처럼 박 사장에게는 자신만의 수평선이 있으며 그 선을 넘거나 균열을 일으키는 것을 용납하지 않는 것이다.

박 사장은 기택을 고용하면서 '선을 잘 지켜달라'는 것만 조건으로 내세운다. 그에게 선이라는 것은 고용인과 피고용인이라는 계약적 관계에서의 선을 의미하기도 하지만 본질적으로 자신과 같은 계층으로 기택을 바라보지 않는, 박 사장 내면에 가지고 있는 계급의 선이기도 하다. 그런 그를 향해 기택은 운전 중 자꾸 사사로운 질문을 던지며 아슬아슬하게 선을 넘으려는 모습으로 박 사장의 심기를 건드린다.

한편 문광의 남편에게 박 사장은 '리스펙트'의 대상이다. 연이은 사업 실패로 가진 것을 모두 날린 문광의 남편은 문광이 도우미로 일하고 있는 박 사장의 집 지하실에 숨어 살고 있는, 그야말로 기생충과 같은 존재이다. 그는 불도 제대로 들어오지 않는, 마치 하수도와 같은 지하 공간에서 문광이 한밤중 몰래 가져다주는 음식을 먹으며 생활한다. 간이 침대와 화장실이라고도 할 수 없는 변기 하나만 있는 그곳에서 오랜 시간 몰래 지내온 그는 카프카의 『변신』에서 바퀴벌레로 변한 인간의 형상이 아닐까 싶을 정도로 인간으로서의 의사소통이 제대로 되지도 않는, 마치 벌레로 변해가는 중인 듯한 모습이다. 그런 그가 지하에서 이마로 박치기하듯 스위치를 누르며 박 사장을 향해 "리스펙트!"라고 울부짖는 모습은 상류 계층에 대한 무조건적인 추종과 함께 그 집의 가장 아래에 위치하며 인간성을 상실한 비참함을 상징적으로 보여준다.

상승과 하강의 소재, 계단의 상징성

영화에 반복되는 미장센으로 등장하는 것은 바로 '계단'이다. 이 계단은 영화 속에서 중요한 상징성을 지닌다. 우선 박 사장네 가족에게 계단은 '상승'의 이미지를 지닌다. 박 사장네 가족이 계단에 오르는 것은 위층에 있는 다정과 다송의 방을 가기 위해서이다. 그들의 계단은 견고하고 안전하며 뚜렷한 목적을 지니고 있다. 그리고 그들이 계단을 이용하는 장면은 주로 위로 올라가는 장면으로 보여질 뿐 하강의 의미를 담지는 않는다.

반면 기택의 가족은 계속해서 계단을 오르고 내린다. 박 사장네 집에 온 가족이 위장 취업하게 되면서 이들은 기택의 집으로 향하는 마당 계단을 오르고, 다정과 다송의 방이 있는 이층 계단을 오른다. 그러나 이는 이들이 서류를 위조하고 경력을 허위로 꾸며 만들어낸 상승에 불과할 뿐 실제 이들의 삶에서의 상승을 의미하지는 못한다. 그러나 이들은 마치 박 사장네에서의 삶이 자신의 것인 마냥 이마저도 허위로 누리고 싶어한다. 다송이의 생일을 맞이하여 박 사장네 가족이 캠핑을 떠난 날, 기택의 가족은 뒷일에 대한 걱정도 없이 박 사장네 집 거실에 모여 앉아 음식을 해먹고 술을 꺼내 마신다. 마치 자신의 집인 양 누리고 있는 그들에게 비가 많이 와서 다시 집으로 돌아간다는 사모의 전화가 오고, 이에 자신의 신분대로 집안 도우미로서 짜파구리를 끓이는 기택의 아내와 혼비백산하여 소파 밑에 벌레처럼 몸을 숨기는 기택과 기우, 기정의 모습이 연출된다. 박 사장과 사모가 잠든 사이 몰래 집을 빠져나온 이들은 자신들의 집으로 향하는데, 그들의 집까지 가는 길은 끝없는 하강의 연속이다. 동네에 위치한 높은 계단에서부터 하염없이 걸어 내려가서 반지하 집까지 이어지는 하강의 길은 험난하기만 하다. 홍수가 날 만큼 쏟아지는 장대비에 계단에 휩쓸려 내려가듯이 집으로 향한 그들을 맞이하는 것은 물이 높은 곳에서 낮은 곳으로 흘러 결국 가장 낮은 지형에 고이듯, 가슴 언저리까지 흙탕물이 차오른 가장 낮은 곳에 위치한 그들의 반지하 집이었다. 마치 가짜 계단을 올라간 벌이라도 받듯 이들은 더 깊은 하강의 계단을 거쳐 또 한 번 삶의 참혹함을 경험한다.

영상으로 표현되는 공감각적 연출

아서 단토(Arthur C. Danto)는 "특별한 태도나 비전을 갖고 세계를 보도록 이끄는 것"이 예술의 임무라고 보았다. 이처럼 우리는 사회를 비추는 장치로서 문학과 영화에 주목할 필요가 있다. 영화는 사물을 있는 그대로 보여주는 창문과도 같다. 이미지로 표상되는 것은 마치 실제를 보여주는 듯하지만 이렇게 만들어진 시각적 담론은 '자연주의적 환상'에 불과하다. 이것이 의미를 갖기 위해서는 정교하게 서사로 연결하여 언어적 담론을 만들어 시각적인 것과 연결 짓는 작업이 필요하다. 영화 속에 등장하는 공감각적 기호를 중심으로 하여 서사와 연결하고 그 의미를 살펴보자.

❙ 시각

홍수가 나서 집이 모두 물에 잠기고, 급하게 마련된 대피소인 체육관에 망연자실히 앉아 있던 기택과 기우 그리고 기정. 이들은 다송의 생일파티를 개최한다는 명목으로 각자에게 주어진 역할에 따라 박 사장의 집으로 향한다. 마치 지난밤 홍수는 거짓이었던 듯 햇빛이 쨍쨍한 날씨는 박 사장네 집 정원의 잔디가 더욱 생동감이 넘치는 초록 빛깔로 보이게 함으로써 기택의 가족이 전날 보여준 갈색 빛깔의 흙탕물과 우중충한 회색 빛의 미장센과는 극도로 대비되는 모습을 보인다.

한편 박 사장과 기택은 박 사장의 아들 다송의 생일파티 이벤트를 하기 위해 인디언 복장을 하고 정원 한편에 숨는다. 동일한 복장을 하고 나란히 동일한 위치에서 좌우 대칭을 이룬 듯 한 쇼트에 위치하는 이들은 시각적 이미지로 보기에 평등한 관계처럼 보이기도 한다. 그러나 이들은 구조적으로 평등한 관계일 수 없으며 시퀀스가 진행되는 동안 박 사장이 은근하게 티내는 불편함 또한 이들 관계의 불평등함을 보여준다. 박 사장은 아들 다송을 기쁘게 해주기 위해 어쩔 수 없이 인디언 분장을 했지만 자신의 곁에서 같은 복장을 하고 있는 기택이 어쩐지 선을 넘은 것만 같아 불편하다. 더불어 전날 홍수 물에 잔뜩 젖어 제대로 씻지도 못한 채로 출근한 기택에게서 나는 물에 젖은 찝찝한 냄새는 그가 살짝 움직일 때마다 더 강력한 존재감을 드러내며 박 사장의 표정을 자동적으로 찡그리게 만든다.

❙ 후각

냄새는 박 사장네 가족과 기택의 가족을 구분하는 또 다른 기표이다. 박 사장네 집에서 과외 선생으로, 가사도우미로, 기사로 각각 서로 모르는 사이인

양 일하게 된 그들이지만 어린 다송은 그들에게 같은 냄새가 난다고 말한다. 그들에 대한 어떤 의심도 하지 않고 그저 말하는 대로 믿으며 그들을 집에 들인 사모는 다송의 말에 실례라고 말하며 저지할 뿐 다송의 의견을 주의깊게 귀담아 듣지 못한다. 그러나 다송은 이 사람, 저 사람을 옮겨 다니며 모두 같은 냄새가 난다고 말함으로써 그들의 존재를 암시하는 역할을 한다.

냄새는 특히 기택에게서 강하게 느껴지는 것으로, 사모 역시 기택에게서 나는 냄새를 불편하게 느끼는 모습을 보인다. 냄새를 맡는 행동과 코를 막는 제스처는 기택에게 나는 냄새가 부정적인 기호로 작용하고 있음을 인지할 수 있도록 하며 영화를 보는 관객들로 하여금 전혀 후각적인 인지를 할 수 없음에도 어떠한 냄새가 나는 것인지 상상해 보고 느끼도록 한다.

냄새는 결국 잔혹한 결말을 이끄는 기표로 작용하며 살인이라는 서사적 행위를 하도록 이끈다. 똑같은 인디언 분장을 하고 다송을 놀래키기 위해 잔디밭에 숨어있던 박 사장과 기택은 갑작스레 식칼을 들고 나타난 문광의 남편이 기정을 찌르는 모습을 정면에서 목격한다. 다송도 정면에서 이 장면을 직접 목격하였으며, 큰 충격을 받아 그대로 까무라치듯 정신을 잃는다. 이러한 혼돈의 상황 속에서 박 사장은 오로지 자신의 어린 아들이 정신을 잃었다는 사실만이 중요할 뿐이기에 곧바로 다송에게 달려가 아이를 들어안고 병원으로 향하려고 한다. 기정은 가슴팍에 칼이 찔려 피를 흘리며 쓰러져 있고, 기택의 아내는 자신의 딸을 찌른 문광의 남편과 몸싸움을 벌이다 이내 바베큐용 쇠꼬챙이로 그를 찌른다. 모두가 혼비백산하여 소리치며 도망가는 이 모든 일련의 시퀀스들이 기택의 눈에 마치 미장센처럼 눈 한가득 여기저기서 벌어지고, 기택은 마치 모든 감각과 이성이 멈춰버린 사람처럼 정신을 잃은 채 그 모습을 지켜본다. 그런 와중에 기택에게 병원에 가야 한다며 운전을 하라고 다그치는 박 사장은 더 이상 중요하지 않다. 기택은 자신의 딸 기정을 끌어안고 가슴에 찔린 칼을 빼준다. 그런 기택을 향해 박 사장은 그저 빨리 병원에 가야 하니 차키를 내놓으라고 소리친다. 기택은 박 사장 쪽을 향해 차키를 던지고, 이내 땅에 떨어진 차키를 줍기 위해 팔을 뻗던 박 사장은 기택에게 느껴지는 냄새를 더 이상 참을 수 없다는 듯이 손으로 코를 틀어 막는다. 지금까지는 사회적 체면에 맞추어 타인에 대한 배려가 있는 척 혼자 몰래 인상을 찡그리는 것에 그쳤다면 이제 대놓고 기택에게 냄새가 난다는 듯한 제스처를 취하는 박 사장의 모습에 기택은 순간적인 분노를 느끼고 손에 칼을 든 채 박 사장에게 달려들어 그를 살해한다.

박 사장은 자신의 사회적이고 매너있는 태도를 반영하여 기택에게서 나는 냄새에도 선을 지키고자 노력하였지만, 마지막에 가서 기정과 기택의 관계를 눈치채고 더 이상 기택에게 선을 지킬 필요가 없어지자 코를 틀어막는다. 코를 틀어막는 행위는 자신의 존재를 무시당했다는 기택의 분노를 자극한다. 긴박한 상황의 연출과 그 사이 기택의 살인 행위에 대한 이유를 관객이 시각적 영상을 통해 파악할 수 있을 만큼 번갈아가며 기택과 박 사장의 얼굴 표정을 클로즈업하여 교차로 보여주는 편집 방식은 이미지를 통해 충분히 후각적인 감각을 자극시키며 관객을 공감하게 만든다.

도덕성은 어디에서 생겨나는가

박 사장(이선균)네 가족이 아들 다송의 생일을 맞아 캠핑을 떠난 날, 기택의 가족은 마치 그 집이 자신들의 차지가 된 것 마냥 집안을 마음껏 휘저으며 해보고 싶었던 것들을 누린다. 소파에 누워 창밖 정원을 바라보고, 잘 가꾸어진 앞마당의 잔디에 누워서 일광욕을 즐기는 등 여유로운 하루를 보낸 그들은 거실 테이블에 둘러앉아 술을 마시며 이야기를 나눈다. 사람을 의심하지 않고 쉽게 믿는 박 사장과 사모 연교(조여정)를 속여 취직하겠다는 목표를 이루는 데는 성공했지만, 그 과정에서 기존에 일하던 기사에게 피해를 끼친 건 아닌지 내심 걱정하는 기택. "그 친구는 뭐… 지금 다른 데서 일하고 있겠지? 일자리 구해서?"라고 걱정어린 한마디를 내뱉는 기택에게 돌아오는 건 우리가 먼저 살고 봐야 한다는 가족들의 날선 질책뿐이다. 그러자 기택도 곧바로 가족들에게 수긍한다. 자신들이 박 사장의 집에서 일을 하게 된 과정을 회상하며 마치 영웅담을 늘어놓듯 자랑스러워하다가 이내 박 사장이 그만큼 착하고 순진하다고 평가한다. 그러자 그의 아내는 자신도 이만큼의 돈이 있었다면 착하게 살 수 있었을 것이라며 돈도 없고 능력도 없는 자신의 남편을 탓하며 다툼을 벌인다.

"사람이 참 순진해."
"부자인데 참 착해."

이들의 말대로면 도덕성의 출발점은 자본이 된다. 물질적인 것을 소유하고 있는 사람만이 도덕성을 지닐 수 있으며, 반대로 물질을 충분히 가지고 있지 못한 이들이 도덕적이지 못한 것은 그만큼 당연한 것으로 귀결되는 것이다. 그렇기 때문에 그들은 자신들의 비도덕적인 행동이 정당화될 수 있다고 믿는다.

독일의 작가 게오르크 뷔히너(Georg Büchner)의 희곡 『보이체크(Woyzeck)』에서도 이와 유사한 대사가 등장한다. 가난한 병사인 보이체크는 돈이 없어서 혼례도 못 올린 채 미혼인 상태에서 자녀를 낳아 애인인 마리와 함께 살고 있다. 그는 어떻게든 자신의 가족들을 부양하고자 직업 군인으로, 또 한편으로는 하루에 콩 2알만 먹어야 하는 생체실험대상자로 살며 매일 힘들게 일한다. 그런 그를 상위 계층인 군대의 중대장은 "자네는 도덕적이지 않아."라고 비난하며 농락하자 보이체크는 이렇게 답한다.

> 우리네같이 미천한 것들은 도덕이 없죠. (…) 하지만 제가 신사라면 그래서 중절모와 시계도 있고, 예복도 있다면, 점잖게 얘기할 수만 있다면 저도 도덕을 지키려 했을 것입니다. 도덕이란 참 멋진 것임에 틀림없어요. 하지만 전 가난한 놈입니다.

비록 보이체크의 상황은 봉건제가 유지되고 있던 사회적 한계 내에서 하층민으로 살아가는 소외된 자의 울분이었지만, 하층민의 시각에서 바라보는 도덕성의 개념에 물질적인 것이 포함되어 있다는 점이 영화 <기생충>의 기택의 가족과 맞닿아 있다. 이들은 공통적으로 도덕성의 근원, 기본 전제에 대해 물질적인 것의 확보와 풍요로움에서 비롯된 여유로운 태도를 들고 있는 것이다.

그렇다면 우리는 생각해 볼 필요가 있다. 물질적인 것이 도덕성을 갖추는 데 있어서 필요한 전제조건이라고 할 수 있는가? 경제적으로 빈곤한 상태이기 때문에 비도덕적인 행위를 행하는 것은 상황이 그렇기 때문에 용인될 수 있는 것인가? 기택 가족과 가정부 부부가 공통적으로 하는 대사는 "우리는 없는 사람들이에요."라는 말이다. 이것이 그들이 신분을 속인 채 위장취업을 하고 거짓과 계략을 토대로 박 사장의 집에서 임금을 받는 것에 타당성을 부여할 수 있는지, 오랜 시간 동안 집주인도 모르는 공간인 지하 깊은 곳에 몰래 숨어 살며 무전 취식하는 삶을 살아온 것에 대한 면죄부가 될 수 있는지는 생각해 볼 필요가 있다.

2.3 영화는 역사를 미화하는가?: <다운폴>, <타인의 삶>

역사 영화에서의 '진정성' 문제

영화가 역사를 다룰 때 얼마나 실제적이고 진정성 있게 역사적 사실을 다루느냐 하는 것이 영화의 가치를 평가하는 데 있어서 반드시 필요한 중요 요소라고 볼 수 있는가? 영화는 현실을 재현하지만 허구적 상상을 바탕으로 만들어진다. 그렇기 때문에 관객은 영화 속 현실이 환상적 리얼리즘에 기반한 '재현된 현실'이라는 점을 인식하고 영화를 바라본다. 그러나 역사적 사건이나 인물을 다루는 역사 영화가 그것이 사실 그대로를 재현한 것이라고 강조한다면 이는 영화적 환상을 깨뜨림과 동시에 영화 속 장면을 과거 사실 그대로 받아들이거나 실제 역사적 사실과 혼선을 불러일으킬 수 있다. 즉, 역사적 사실이 다르더라도 영화를 관람하는 관객이 그 사실을 알고 있지 않다면 화면에 보이는 그대로를 믿을 수 있다는 점에서 일차적인 위험성이 있는 것이다. 이러한 이유로 영화 <다운폴>은 히틀러라는 인물을 다양한 각도에서 실제와 가깝게 고증함으로써 오히려 히틀러의 이미지를 지나치게 인간적으로 만들었다는 점에서 비판받는다. 이 영화가 히틀러를 실제 히틀러처럼 묘사하고 재현하는 것이 도덕적, 창의적인 측면에서 의심스러운 의도를 지닌 것은 아닌가 하는 마크 피츠케(Mark Pitzke)의 비판은 타당한지,[91] 이 영화는 과연 역사와 역사적 인물을 왜곡할 위험이 있는지를 중점에 두고 살펴볼 필요가 있다.

영화 〈다운폴〉(The Downfall, Der Untergang, 2004)[x]

❙ 기본 정보

영화 <다운폴>은 제2차 세계대전 말미 독일이 항복하기까지의 약 10일 간 히틀러의 마지막 종적과 그를 둘러싼 나치 수뇌부들의 모습을 영화로 재현한 작품이다. 감독 올리버 히르쉬비겔(Oliver Hirschbiegel)은 히틀러의 마지막 비서로 알려진 트라우들 융에(Traudle Junge)의 자서전과 대표적인 나치 역사학자인 요아힘 페스트(Joachim Fest)의 역사 고증을 중심으로 실제의 이야기를 최대한 복원하고자 하였다. 특히 그는 확인할 수 있는 실제 기록들은 모두 반영하고자 하였고, 당시 사람들의 증언, 남아있는 메모의 내용들 등 모든 역사적 사료들을 바탕으로 사실을 재현하고자 주력하였다고 밝혔다. 이러한 노력은 역사에 대한 그의 태도에서 기인하는데, 그는 역사적 자료를 재미를 추구하기 위한 소재로 사용하거나 혹은 영화적으로 포장하는 것은 적절하지 않다고 말하며 진정성 있는 표현의 중요성을 강조하였다.[92]

❙ 인간적인 히틀러의 등장

영화 속 히틀러는 어떤 모습이어야 할까? 영화 <다운폴>을 둘러싼 비평은 이 질문을 촉발시켰다. 전쟁을 일으킨 범인이자 많은 사람들을 죽음으로 몰고 간 희대의 악인을 죽음 앞에 두려움을 느끼는 인간적인 존재로 그렸다는 점에

---

x) 이 영화의 독일 원제는 'Der Untergang'으로 〈몰락〉으로 번역된다. 우리나라에 2014년 개봉될 당시 영어 원제 'Downfall'을 번역하여 〈다운폴〉이라는 제목이 사용되었고, 이에 이 장에서는 국내 개봉된 제목을 기준으로 '다운폴'이라고 명명하도록 한다. 2024년도 3월 국내 개봉 10주년을 맞이하여 재개봉될 당시에는 〈독재자의 몰락 - 히틀러 최후의 10일〉이라는 제목으로 개봉되었다. 영화 〈다운폴〉과 관련된 서술 부분은 기존 연구논문을 참조하여 변형 및 서술되었음을 밝힌다(참조: 백민아. "영화 수업을 위한 거리두기 교수법 - 영화 〈몰락 Der Untergang〉을 중심으로". *독어교육*, 89, 2024, pp. 365-389).

서 영화에 대한 비판은 끊이지 않았다. 특히 이 작품이 아카데미 수상 후보작으로 선정되고 난 후 히르쉬비겔이 미국으로 가 사전 인터뷰를 하는 현장에서는 그의 작품과 후보 노미네이트를 비난하는 시위가 벌어지기도 했다. 이러한 비판을 두고 감독은 그는 괴물이 아닌 한 명의 인간에 불과하다며 진짜 인간이기에 사실에 근거해 묘사했을 뿐 괴물로 표현해야 하는 것인지 반박하기도 하였다.

이러한 비판과 비난이 촉발될 만큼 영화 속 히틀러(브루노 간츠)의 모습은 낯설다. 작품 속 인물이 보여주는 모습은 보는 이로 하여금 우리가 기존에 알고 있던 것이 다른가 하는 의문을 가질 만큼 다정하고 온화한 모습으로 등장한다. 벙커에 있는 비서들과 요리사 등 주변 여성들에게 한없이 다정하고 아이들에게 온화한 그의 모습은 기존에 '히틀러' 하면 떠오르는 독재자의 이미지를 벗어던지게 한다. 그는 괴벨스(울리히 마트데스)의 아이들이 노래 부르는 모습을 인자하게 바라보고, 아이들을 품에 안은 채 웃음 짓는다. 독약을 '마지막 선물'이라고 말하며 비서들에게 건네는 그의 모습은 한없이 다정한 아버지 같기도 하다. 좋은 선물이 아니라 미안하다는 말에 비서들 역시 함께 눈물 지으며 서로 슬퍼하는 모습은 히틀러를 다룬 그동안의 수많은 영화와 드라마들에서 다루지 않았던 그의 인간적인 면모를 보여준다.

클로즈업으로 배우의 얼굴을 비춤으로써 인물의 감정을 표현하는 방식은 관객들로 하여금 영화 속 인물의 감정에 몰입하고 감정이입하게 만든다. 일종의 '인지틀'로서 클로즈업 쇼트는 영화가 묘사하고 있는 대상에 집중하게 만들고 화면에서 제시하는 바대로 자연스럽게 받아들이도록 이끈다. 이 영화는 클로즈업 쇼트를 매우 빈번하게 사용하며 특히 히틀러의 감정 표현을 극대화시키는 효과를 준다. 화면 가득 히틀러의 얼굴이 등장하고, 그의 얼굴은 다양한 감정을 극적으로 표출한다. 자신의 명령을 이행하지 않는 장병들을 향해 극도로 화를 내며 분노하는 장면에서 잔뜩 찡그린 히틀러의 얼굴을 클로즈업하거나 혹은 분노하며 움켜쥔 주먹을 극단적으로 클로즈업하여 표현하기도 한다. 손가락질을 하며 화를 내뿜는 모습은 보는 관객들 역시 그의 정서에 감

염되어 내러티브에 참여하도록 하는 감정적 신호를 만들어내기도 한다.[93]

잔인한 독재자라는 전형적인 이미지가 아니라 때로는 자상하고, 때로는 화를 내고 슬퍼하는 인간적인 모습의 히틀러는 낯설다. 그러나 지속적인 클로즈업과 감정의 표출은 인물에 대한 연민의 감정을 유도할 수 있다는 점에서 위험한 부분으로 지적된다. 심지어 독재자 히틀러 하면 떠오르는 고정관념과도 같은 이미지를 벗어난 '약자'의 프레임으로 비춰질 여지를 준다는 점도 주목할 만하다. 장교들 앞에서 이제 모든 것이 끝났다며 고개를 숙인 채 웅크린 자세로 몸을 돌려 앉는 모습이나, 손을 떨며 노쇠하고 약화된 모습을 극단적 클로즈업의 방식으로 묘사하는 것은 안쓰러운 감정이 일어날 만큼 노쇠한 인간의 좌절감을 묘사한다.

❙ 인물의 역할 - 감정이입의 매개

영화가 역사적 사실이라는 점, 실제성을 부각시키기 위해 사용하는 방법 중 하나는 '다큐멘터리적 미학' 기법의 사용이다. 이는 영화 속 인물 중 실존 인물의 모습이나 증언을 다큐멘터리 형식으로 혹은 실제 다큐멘터리 영상을 그대로 몽타주처럼 삽입하는 방식을 말한다. 이 영화에서는 역사적 사실을 실제적으로 증언하고 있음을 증명하기 위하여 실존 인물인 트라우들 융에가 출연했던 다큐멘터리 '히틀러의 비서(IM TOTEN WINKEL - HITLERS SEKRETÄRIN)' 속 인터뷰 영상을 영화의 시작과 끝에 삽입하는 방식을 취한다. 실존 인물의 목소리를 영화의 내러티브와 연결시킴으로써 영화가 역사적 사실을 기반으로 하고 있음을 강조하며 이를 입증하는 효과를 낸다.[94]

영화 속 히틀러의 비서로 등장하는 융에(알렉산드라 마리아 라라)는 히틀러에게 감정이입하도록 매개하는 매개자로서의 역할을 수행한다. 융에가 비서 면접을 보기 위해 히틀러와 처음 마주하게 된 날, 긴장한 융에는 히틀러의 말을 바로 타자로 치지 못하고 실수를 한다. 가차 없이 내쫓을 것이라는 예상과 달리 히틀러는 융에와 눈을 마주치며 온화한 미소로 격려하고 융에는 그런 그를 보며 함께 미소 짓는다. 영화 초반에 융에의 인터뷰 영상으로 시작하였기 때문에, 관객은 무의식적으로 영화의 서술자를 융에로 두고 그녀의 심리를 따라가게 된다. 무의식적으로 융에의 표정을 따라 짓기도 하고 자연스럽게 감정 전이를 경험하게 되는 것이다. 이러한 내러티브적 공감 구조를 이끌어가는 결정적인 인물로서 융에에 초점을 두고 바라볼 필요가 있다.

융에는 벙커에서 히틀러를 가까이 지켜보면서 기세가 무너져가는 전쟁 말미 히틀러를 인간적으로 이해하고 그가 사실은 여린 사람이라고까지 평가한다. 그를 바라보는 융에는 걱정과 연민으로 가득 찬 표정을 짓는다. 문제는 우리가 융에라는 인물과 일차적으로 감정이입을 하기 쉽다는 점이다. 그녀의 감정에 이입한 상태에서 융에의 표정과 시선을 따라 히틀러를 바라볼 때 인간적인 차원에서 그를 이해하는, 융에와 같은 적극적인 공감의 자세를 취할 수도 있게 된다.

이는 감독의 연출을 통해 무의식적으로 작용하는 인식의 과정에 기인한다. 카메라는 관객과 스크린 사이에서 위치하는데, 이때 '관객 - 카메라 - 융에 - 히틀러'가 일직선상에 위치하게 된다. 관객은 화면에 등장하는 융에와 히틀러의 모습을 마치 외부 관찰자가 된 것처럼 바라보기 때문에 충분히 객관적인 거리를 지니고 있는 듯하다. 그러나 서술자인 융에의 시선을 따라 가던 어느 지점에서 융에는 사라지고 마치 융에가 보는 시선의 끝에 히틀러가 있는 듯 화면 가득 히틀러의 모습이 등장하게 된다. 이때 관객은 자신도 모르는 사이에 융에와 같은 표정을 지으며, 융에만큼이나 가까운 거리에서 같은 감정으로 히틀러라는 인물을 바라보게 되는 것이다.

❙ 공감적 시선과 내러티브 서술

영화의 초반부터 중반까지는 벙커 안에서 벌어지는 일들을 중심으로 이야기가 전개된다. 히틀러 곁에서 보고 들은 것들을 서술하는 역할을 비서 융에가 맡아서 진행했다면, 벙커 밖에서 벌어지는 이야기는 쉔크(크리스티안 베르켈)의 시선으로 진행된다. 영화 속 쉔크는 전쟁 말미 베를린의 참상을 보여준다. 마지막 순간까지 베를린에 남아 희생자들과 함께 하겠다는 그의 모습은 마치 정의로운 영웅 같기도 하다.

쉔크는 모두 떠나라는 작전 명령에 따르지 않은 채 군인이 아닌 의사 신분으로서 부상자들을 돌보겠다며 베를린에 남는다. 그의 얼굴은 부상자들에 대한 연민, 참혹한 전쟁의 상흔에 대한 안타까움으로 가득하기에 관객은 또 다른 공감적 서술자 쉔크의 감정에 이입하며 영화 후반부를 따라가게 된다. 마치 영화 속 카메라의 렌즈처럼 그의 시선은 천천히 베를린의 참상을 시각적으로 서술한다. 지하 구호소에는 가족들의 품에 안겨 금방이라도 생을 마감할 듯한 부상자들이 한가득 몰려 있다. 베를린의 시민들은 총격으로 사망한 가족을 부둥켜 안은 채 거리 곳곳에서 울부짖는다. 이 모든 것을 관객은 쉔크의 시선을 통해 목격하게 된다. 미하엘 빌트(Michael Wildt)는 이러한 연출 방식을 두고 '의도적 속임수'라고 비판한다. 역사적 기록을 바탕으로 사실 그대로를 재현하는 것에 초점을 맞추었다는 감독의 말과, 마치 현실 그대로를 그저 카메라로 담기만 한 것처럼 시각적 기술을 의도적으로 사용하지 않음으로써 보이는 것을 그대로 믿게끔 만들고 있다는 것이다. 빌트의 견해대로 관객은 화면 속에 쉔크가 등장할 때는 그의 표정을 따라 슬픔과 허망함을 느끼고, 쉔크가 사라진 상태에서는 화면에 비춰지는 사람들을 마치 쉔크처럼 느끼며 바라본다. 이러한 방식의 시점 쇼트는 카메라 기법적인 요소라기보다 영화 스토리텔링의 측면에서 접근한 쇼트 방식에 해당하는 것으로 관객은 쉔크의 눈이 되어 연민의 감정을 경험하게 된다.

총성이 난무하고 아무 치료제도, 장비도 갖추어지지 않은 상태에서 직접 약을 구하러 텅 빈 병원으로 뛰어드는 쉔크의 모습은 마치 의사로서의 사명감으로 가득 찬 자기 희생적인 인물로 보이게 한다. 그러나 실제 인물인 쉔크는 제3제국 시절 유대인 생체 실험을 주도했던 악랄한 범죄자 중 한 명이다. 영화 속에서 이러한 범죄 사실에 대한 언급은 없기 때문에 역사적 사실을 배경지식으로 알지 못하는 관객들은 쉔크라는 인물을 긍정적인 인물로 분류할 가능성이 높다. 실제 인물의 범죄 사실에 대한 서술 없이 공감적 서술자의 역할을 쉔크에게 부여하고 있다는 점은 비판과 동시에 다시 한번 영화에 대해 경각심을 가지고 거리를 두어야 할 필요성을 일깨운다.

❙ 사실성 증대를 위한 소리의 사용

음악은 특별한 분위기를 형성하고 감정을 유도한다. 즐거운 분위기에 어울리는 음악은 영화 속 인물들의 흥겨움을 배가시키고 서정적인 음악은 인물의 감정을 더욱 심화시키는 효과를 준다. 이렇듯 인간의 감정과 의식을 변화시키는 음악은 영화에서 감정의 불완전함을 효과적으로 전달하는 역할을 하며 관객으로 하여금 공감을 자아내는 주요 요소로 기능한다.[95]

영화 <다운폴>에서는 배경음악이 거의 사용되지 않는다. 특히 영화의 전반부에서는 실제 벙커 안에 있는 것처럼 벙커 안에서 들리는 외부의 포격 소리만이 조금씩 소음으로 들릴 뿐이다. 화려한 연출 기법을 자제하고 극적인 음악을 사용하지 않음으로써 감독은 영화의 실제성을 살리고자 하였다. 영화가 다소 지루하게 느껴질지라도 제2차 세계대전 당시 들렸을 법한 실제 포격 소리, 인물의 대사와 생활 소음만을 고집스럽게 사용한다. 그렇기에 역사 영화로서 이 영화는 실제 역사적 사실 그대로를 재현하고 있다는 착각을 불러일으킬 위험이 있다.

영화적 리얼리즘은 영상 속에 보이는 장면이 사실 그대로인 것처럼 느껴지게 만드는 환상성을 특징으로 한다. 그러나 감독은 영화 후반부에 이 모든 것이 의도적인 영화적 연출이었으며, 실제를 바탕으로 하고 있지만 영화적 서술임을 음악의 사용을 통해 드러낸다. 쉔크의 시점으로 베를린을 바라보면서 쉔크의 감정에 맞는 속도로 카메라가 천천히 움직이고, 그 속도에 맞춰 서정적인 음악이 흐른다. 이 음악은 쉔크가 느끼는 감정을 유사하게 느끼도록 정서적 감응을 유도하는 동시에 영화적 환상성을 일깨우는 역할을 한다.

영화 〈타인의 삶〉(Das Leben der Anderen, 2006)

편히 쉴 수 있는 나의 공간, 나의 집에서 내가 하는 모든 말과 행동이 다른 사람에게 도청을 당하고 있는 중이라면, 모든 것이 다 문자로 기록되어 남겨져 있다면 어떤 느낌일까? 그 사실을 알게 되었을 때, 나를 감시하고 있던 사람을 만나게 된다면, 어떻게 행동할 것인가?

비즐러(울리히 뮈헤)는 동독의 정보부에서 일하는 유능한 경찰이다. 그는 동독을 탈출하려 하거나, 동독 체제 유지에 방해가 되는 자들을 아주 냉철하게 취조한다. 대학 강의에서 그는 자신의 취조 방식을 학생들에게 설명한다. 우선 취조를 받는 사람의 의자에 땀 냄새와 각종 인체에서 나오는 분비물이 흡수되어 보관될 수 있도록 방석을 깔아두고 대상자의 양손 손바닥을 바닥 쪽으로 향하게 한 뒤 자신의 허벅다리 밑에 붙이고 앉은 자세를 유지하도록 한다. 물 한 모금도 마실 수 없고 잠도 재우지 않는다. 정신이 혼미해져 이성을 잃어가는 대상에게 가족에 대한 협박을 하며 최종 압박을 가하는 것도 놓치지 않는다. 이런 자신의 노하우를 설명하는 도중 반대 의견을 제시하는 학생의 이름에는 '주의' 표시를 남기기도 한다.

그루비츠(울리히 투쿠어) 중령은 그런 비즐러를 데리고 드라이만(제바스티안 코흐)의 새로운 작품이 첫 공연되는 극장으로 향한다. 사회주의 체제 안에서 표현의 자유와 체제 순응의 줄타기를 교묘하게 하며 잘나가고 있는 감독 게오르크 드라이만을 보며 비즐러는 곧장 "냄새가 난다."며 그를 감시하기로 한다. 그루비츠는 이 소식을 헴프(토머스 디엠) 장관에게 전달하고 자신의 출세를 위한 또 하나의 작업을 시작한다.

드라이만은 자신의 공연에 배우로 등장하는 여배우 크리스타(미르티나 게데크)와 연인 관계이다. 공연이 끝난 후 열린 애프터 파티에서 서로를 애틋하게 껴안은 채 춤추는 그들의 모습을 보며 헴프 장관은 질투를 느낀다.

비즐러는 드라이만의 집으로 향한다. 다른 요원들과 함께 빈틈없이 도청장치를 설치하고 나오는 길에 맞은편 집에서 인기척이 느껴지자 거침없이 벨을 누른다. 비즐러는 이미 모든 것을 다 알고 있기에 목격한 것을 발설할 시 의대에 다니는 딸이 온전치 못할 것이라는 한마디 말로 바로 침묵을 약속받는다. 근처 지하실에 베이스캠프를 차린 비즐러는 그날부터 드라이만과 크리스타의 모든 것을 듣고 기록한다. 연극 시나리오를 쓰는 드라이만의 삶이 비즐러의 타자기를 통해서 마치 한 편의 연극 시나리오처럼 문자화되는 이 모습은 관객들로 하여금 우리 모두의 삶이 한 편의 '연극' 같다는 생각이 들게끔 한다. 이렇게 드라이만과 크리스타는 비즐러가 연출하는 무대 위의 배우가 되어 움직이기 시작한다.

며칠 동안 그들 주변을 감시하던 비즐러는 별다른 의심점을 찾지 못한다. 오히려 드라이만의 집 앞에 멈춰서는 헴프 장관의 차와 거기서 내리는 크리스타가 의심스러워진다. 이 사항을 보고서에 적어 본부로 올리지만 비즐러가 올린 이 보고서는 그루비츠 선에서 폐기되고 이에 두 사람은 슈타지로서의 사명감에 대한 견해 차이를 확인하게 된다. 비즐러가 지키고자 하는 것은 동독의 '사회주의' 체제 그 자체였던 반면, 그루비츠가 지키고자 하며 받들고 있는 것은 더 이상 동독이 아니라 자신의 상관, 즉 권력자였던 것이다. 이렇게 의견의 차이를 확인하고 난 후 비즐러는 자신에게 주어진 업무, 즉 드라이만을 감시하는 것이 실제 드라이만이 불순종자이기 때문이 아니라 누군가의 사리사욕에 의한 것임을 깨닫게 된다.

그리고 그날 저녁 또 다시 헴프 장관의 차가 집 앞에 멈춰 서고, 비즐러는 이 모든 상황의 진실을 밝히기 위해 관찰자의 위치에서 행위자의 위치로 첫 번째 개입을 시작한다. 연결해 둔 전선을 이용해서 드라이만의 집에 초인종이 울리게 한 뒤 드라이만이 현관문 1층으로 내려오면 헴프 장관의 차에서 내리는 크리스타를 직접 눈으로 목격할 것이고, 그러면 모든 상황은 종료되는 것이라고 생각했던 것이다. 화가 난 드라이만과 크리스타는 헤어지게 되고, 크리스타는 헴프 장관의 소유가 되든 아니든 더 이상 드라이만을 감시할 이유는 없어지기 때문이다. 그런데 비즐러가 전혀 예상하지 못한 상황이 발생한다. 드라이만은 그 모든 상황을 목격하고 나서 마치 아무것도 보지 못한 듯 다시 현관문을 닫고 들어간다. 뒤이어 크리스타가 집에 도착하고, 권력자의 무력에 저항하지 못한 젊은 여배우는 샤워기 소리로 복받치는 서러움을 애써 숨긴 채 침대에 누워 드라이만의 위로를 구한다.

"나 좀 안아줘."

크리스타가 힘겹게 내뱉은 말에 드라이만은 모든 것을 다 알고 다 이해한다는 듯 그녀의 뒤에 누워 말없이 꼭 껴안아준다. 이런 그들의 모습을 보며 비즐러는 인간과 사랑의 관계에 대한 새로운 인식을 갖게 된다. 그가 생각하는 '인간'은 적나라한 사실을 던져주면 그보다 더 날것의 사실을 실토하고 마는 유약한 존재였지만, 이들의 관계는 진실보다 더 숭고한 무언가를 공유하는 듯했다. 두 사람의 애틋한 포옹과 사랑의 순간에 빠져들어간 비즐러는 타자기에 손을 올린 채 모든 소리를 기록하는 것이 아니라 마치 그들처럼, 자신도 함께 포옹을 받는 것처럼 한껏 몸을 웅크린 채 의자에 기대어 앉아 있는다. 그리고 그 순간 교대 근무자가 도착하자 아무 일도 없었던 듯 자신의 집으로 향하고, 집으로 매춘부를 불러들인다. 그는 드라이만과 크리스타 같은 그러한 '애정'과 '신뢰'의 관계에서 비롯되는 포옹은 무엇인지 더 알고 싶어졌고, 그래서 매춘을 하러 온 여성에게 바로 가지 말고 자신과 조금 더 껴안은 채 있어 달라고 요청하지만 매정한 코웃음만이 돌아올 뿐이다.

한편 예르스카(폴크마 글라이너트)의 죽음은 드라이만을 각성시킨다. 드라이만을 비롯한 예술가들의 정신적 지주와도 같았던 연출가 예르스카는 동독 지도부에 미운털이 박혀 블랙리스트에 오르게 되고 더 이상 극작 활동을 할 수 없게 된다. 그는 결국 자신의 좁은 집 안에서 목을 매어 자살하는 것을 택한다. 이 사실에 충격을 받은 드라이만과 다른 젊은 작가들은 예르스카의 사례를 통해 알 수 있는 동독 정부의 예술계 탄압과 동독 정부가 공개하지 않는 자살률의 진실 등을 폭로하고자 계획을 세운다. 그들은 우선 도청이 되지 않는 안전한 곳이 어디일지 논의를 하는데, 드라이만은 당당하게 자신의 집은 그러한 도청의 위험으로부터 전혀 관련이 없는 안전한 곳이라고 확신한다. 그리고 이를 확인하기 위해 이들은 드라이만의 집에서 "서독의 친척이 온다고?"라는 식으로 도발적인 발언을 일부러 큰 소리로 떠든다. 자신들의 이야기가 새 나가지 않는 것으로 보아 안전하다고 생각한 이들은 거침없이 다음 작업에 착수한다. 서독의 친척이 가져다 준 타자기로 원고 작업을 시작하고, 이를 들키지 않기 위해 크리스타에게도 다음 작품에 대한 구상을 하고 있다며 거짓말을 한다. 타자기의 존재도 알지 못하도록 집 안 방문 밑 마루바닥을 들추어 그 밑에 타자기를 숨기며 철저히 비밀을 유지하고자 한다. 이들이 완성한 원고는 다시 서독의 친척에 의해 검문소를 통과하게 된다. 이 사실을 알게 된 비즐러는 자신의 직업적 정체성에 따라 본능적으로 검문소에 전화를 걸지만 아무 것도 폭로하지 않은 채 수화기를 내려놓는다. 그리고는 “이번 한 번만 봐주겠네 친구.”라고 혼잣말을 읊조린다. 그들이 쓴 르포 기사는 서독의 신문사에 대서특필되고 이 사실은 서독뿐만 아니라 동독 사회에도 거대한 파문을 불러일으킨다. 동독 정부는 곧장 서독에서 원고를 확보해 온 뒤 개인이 소유하고 있는 타자기의 번호와 필체를 대조해 가며 범인을 색출하는 데 혈안이 된다.

한편 크리스타는 호텔로 오라는 헴프 장관의 말을 쉽게 거역하기가 어렵다. 그녀에게는 계속 해서 무대 위에서 연기를 하고 싶은 꿈이 있기 때문에, 장관의 말을 거역한 순간 블랙리스트에 올라 예르스카처럼 생을 마감하게 되는 건 아닐지 두려웠기 때문이다. 늦은 밤 외출을 하려는 크리스타를 드라이만은 모든 것을 다 알고 있다는 말로 붙잡는다. 장관의 말을 따르지 말고 자신과 함께 계속해서 연극을 하자고 권유하지만 크리스타는 결국 드라이만의 손을 뿌리치고 길을 나선다. 그렇지만 쉽게 호텔로 향하지 못하던 그녀는 한 작은 펍에 들어간다. 여기서 비즐러는 아예 적극적인 행위자이자 무대 위의 등장인물이 되어 그들 사이에 등장하게 된다. 크리스타의 앞에 마주 앉은 그는 자신을 그녀의 공연을 본 팬이라고 말하며 무대 위에 있는 크리스타가 얼마나 빛나는 존재인지를 말해 준다. 그리고 마치 모든 것을 알고 있다는 듯이, 지금 하려는 일을 하지 않아도 충분히 빛나는 배우가 될 수 있을 거라고 그녀에게 용기를 북돋아준다. 이에 정신이 돌아온 듯 크리스타는 곧장 집으로 돌아가고 드라이만과 크리스타는 격정적인 사랑을 나눈다. 비즐러의 타자기 종이 위로 사랑을 나누는 두 사람의 모습이 오버랩되는 장면 연출은 마치 비즐러가 모든 것을 연출하고 있고, 그 속에서 가상으로 움직이는 배우들의 모습 같아 보인다. 더 이상 비즐러는 들리는 대로 듣고 기록하는 관찰자가 아니라 전지적이고 능동적으로 상황을 조절할 수 있는 연출자로 변모하게 된 것이다.

그러나 끝내 원고를 쓴 범인이 드라이만이라는 사실이 밝혀지고, 크리스타는 정보본부로 붙잡혀 들어간다. 그녀는 항정신약을 처방받아 복용중이었는

데, 사실을 똑바로 이실직고하지 않으면 더 이상 정신질환약을 처방받을 수 없을뿐더러 더 이상 무대 위에도 설 수 없다는 협박에 그녀는 무너지고 만다. 그리고 그녀 앞에서 취조를 하고 있는 주인공은 바로 '비즐러'이다. 크리스타는 첫눈에 그가 누구인지 알아본다. 사실 비즐러 역시 시험대에 오른 상황이었다. 그가 보고서를 제대로 올리지 않고 있고, 상황을 알면서도 눈감아 주고 있다는 사실을 그루비츠가 눈치챘기 때문에, 그에게 다시 제대로 취조를 하고 모든 상황을 되돌릴 수 있는 마지막 기회를 준 상황이었다. 비즐러는 자신에게 주어진 마지막 기회에 부응이라도 하듯 냉철한 모습으로 크리스타를 압박하고 이내 타자기가 숨겨져 있는 위치를 확보하게 된다. 그리고 마치 물증을 찾으러 가는 듯 바삐 몸을 움직이지만 그는 다른 속내를 가지고 있었다. 크리스타의 진술을 토대로 드라이만의 집에 숨겨져 있는 타자기를 먼저 선취해서 증거물을 없애는 것이 그의 목적이었던 것이다. 그러나 어느덧 집에 도착한 비밀경찰 대원들과 그루비츠가 거침없이 드라이만의 타자기가 숨겨져 있는 위치로 곧장 향하고, 드라이만은 그들의 모습을 보며 뒤따라 들어오는 크리스타를 배신감과 원망감을 감추지 않는 표정으로 바라본다. 죄책감을 견디지 못한 크리스타는 곧장 1층 현관 밖으로 뛰쳐 나가고 곧바로 마주 달려오는 트럭에 치여 목숨을 잃고 만다. 사건 현장에 누구보다 빠르게 뛰어 나와 그녀를 품에 안은 사람은 바로 비즐러였다. 자신이 이미 타자기를 안전한 곳에 숨겼는데, 어째서 이런 선택을 했냐는 원망 섞인 탄성을 내뱉는 비즐러의 모습과 망연자실하게 크리스타를 바라보는 드라이만, 비즐러의 모습을 보며 황당함을 감추지 못하는 그루비츠까지. 그루비츠는 명백한 배신 행위를 한 비즐러를 바로 체포할 수도 있었지만 둘은 오랜 친구사이였기에 비즐러를 일평생 우편물 분류 작업을 하는 직책으로 강등시키며 벌을 대신한다.

그리고 몇 년 뒤, 극장에서 만나게 된 드라이만과 헴프 전 장관은 해당 작품을 공연하던 크리스타를 함께 추억하며 대화를 나눈다. 자신은 한 번도 도청당하지 않았다는 사실에 의아함을 나타내는 드라이만과 그런 그를 코웃음 치며 헴프는 드라이만이 감시대상 1호였다는 말을 전한다. 곧바로 드라이만은 슈타지 기록 보관소로 향하게 되고, 자신의 이름으로 검색되는 수많은 양의 보고서들을 확인하게 된다. 그리고 그 자료에는 언제나 XX/7이라는 비밀 암호명이 적혀 있다. 보고서의 내용들을 살펴보던 드라이만은 자신의 감시자가 모든 내용을 보고서에 기록하지 않았다는 것과, 자신을 보호하려는 듯 많은 내용을 누락시키고 은폐하였다는 사실을 알게 된다. 그리고 크리스타의 죽음이 있던 그날의 전후 사정에 대해서도 모두 알게 된다. 현재 그 암호명 XX/7이 우체부로 근무하고 있다는 사실까지 확인한 드라이만은 곧장 그가 있는 곳으로 향하지만 먼 곳에서 바라보기만 할 뿐 가까이 다가가지 못한다. 이것은 굉장히 솔직한 반응이다. 나를 감시하던 사람을 향해 왜 그랬냐고 멱살잡이라도 하기에는 시대적인 문제 때문에 어쩔 수 없는 그의 처지도 있었을 것이고, 자신의 비밀을 감춰줬다며 고마움을 전하기에도 옳지 않은 관계였기에, 드라이만은 그저 거리를 두고 지켜보는 것을 선택한 것이다. 그리고 몇 년 후, 서점에는 드라이만의 신간 소설이 발행된다. 『선한 사람들을 위한 소나타』. 그리고 책의 서두에는 'XX/7에게 감사를 전하며'라는 문구가 새겨 있다. 서점에서 책을 손에 든 비즐러는 한참 동안 생각에 잠긴 듯 복잡한 표정을 짓다가 이내 "이건 저를 위한 책이에요."라고 말하며 계산을 하고 서점을 나서는 것으로 이 영화는 끝난다.

인물의 변화 – 슈타지 미화 논란

이 영화는 동독의 슈타지를 소재로 다루고 있다. 비밀경찰을 일컫는 슈타지는 사람들의 일거수일투족을 감시했고, 또한 일반 시민들 사이에도 비밀경찰에 협력하는 자들을 심어 놓고 서로가 서로를 감시하게 했다. 체제 유지를 위하여 감시와 이에 대한 경각심을 공포 정치의 일환으로 사용한 것이다. 극의 초반에 등장하는 비즐러는 냉혈한 비밀경찰의 모습 그 자체이다. 피도 눈물도 없이 사람을 앞에 앉혀 둔 채 물 한 모금도 먹이지 않고 잠도 재우지 않으며 취조하는 그의 모습은 그 어떤 휴머니즘적인 것에도 전혀 반응하지 않을 것만 같다. 그런 그가 왜 드라이만과 크리스타에게는 그렇게 적극적으로 동요를 하고 인간적인 모습으로 변모하게 된 것일까?

첫 번째는 자신의 사명감이 잘못된 방향으로 이용당하고 있다는 것을 알았기 때문이다. 더 이상 자신에게 주어진 일이 국가적 책무에 따른 것이 아니라 개인의 탐욕과 욕망에서 비롯되는 약탈 행위라는 것을 알게 되었을 때, 비즐러는 자신의 직업적 사명감을 침범당했다고 느낀다. 그래서 그는 자신에게 주어진 명령을 더 이상 적극적으로 이행할 의무도 책임감도 느끼지 못하게 되는 것이다.

두 번째는 드라이만과 크리스타가 보여주는 서로를 향한 절대적인 믿음과 신뢰, 그리고 이를 바탕으로 서로에게 힘을 주고자 하는 사랑의 관계를 직접 목격하며 여기에 감명받게 되었기 때문이다. 남편이 아내를 밀고하고, 아내가 남편을 비밀리에 감시하는 이런 비밀경찰 내에서의 사례들만 보던 비즐러에게 드라이만과 크리스타는 특별하게 느껴졌다. 연극 작가로서, 배우로서 서로의 지향점을 지켜주고, 고통스러운 사실을 알게 되었음에도 상대방의 아픔을 먼저 다독거리는 모습을 보며 비즐러는 이들의 관계에 관심을 갖기 시작한다. 그래서 이들이 모두 집을 비운 때 비즐러는 혼자 드라이만의 집에 들어가 책상 위에 놓인 '브레히트'의 시집을 들고 나온다. 쇼파에 누워 브레히트의 시를 읽는 비즐러의 모습은 마치 태어나서 시라는 것을 처음 접해 본 사람 같기도 하다. 자신이 모르고 있던 것을 알게 된 후, 내면에서 날뛰는 정서적인 황홀감에 도취하며 새로운 감각에 푹 빠진듯 들떠 보인다.

마지막으로 예르스카의 죽음을 애도하는 피아노 곡을 들으며 비즐러의 냉혈한 마음은 완전히 녹아내리게 된다. 비즐러가 연주하는 피아노곡의 제목은 '선한 사람을 위한 소나타'이다. 후에 드라이만이 지은 책 제목과도 동일한데, 이 피아노 연주를 들으며 함께 눈물 흘리는 비즐러의 모습을 통해 그가 타고난 악인이었기 때문에 비밀 경찰로 활동했던 것은 아니며, 본래는 '선한 인간'의 본성을 가진 사람이라는 사실을 이야기해 주는 것만 같다.

이렇게 비즐러를 움직인 것은 결국 진정한 '인간성'과 예술이 전달해 주는 '진정성' 그리고 '감동'이었다. 냉혈한 같던 비밀경찰이 갑자기 인간적으로 변모하는 것을 두고 슈타지를 지나치게 미화한 것이 아니냐는 비판의 목소리도 있지만 그럼에도 이 영화는 탄탄한 스토리라인과 배우들의 연기, 연출의 정밀함과 아름다움을 통해 영화의 작품성을 인정받았고, 지금까지도 독일을 대표하는 영화 중 한 편으로 손꼽히고 있다. 2025년도에는 국내 연출가에 의하여 연극 작품으로서 무대 위에 공연되기도 했다. 인간의 선한 본성은 결국 누구에게나 내재한다는 인간에 대한 믿음과, 인간을 인간답게 해 주는 예술의 힘을 생각해 보게 하는 영화이다.

역사 영화 읽기 – 거리두기의 필요성

영화는 내러티브를 따라가는 과정에서 관객으로 하여금 쉽게 영화 속 인물의 감정에 전염되고 이입하여 공감하게 만드는 특징을 지닌다. 때문에 관객은 강한 내러티브에 몰입되어 자동적으로 공감이 이루어지지 않도록 의도적으로 비판적 거리를 유지할 필요가 있다.

또한 영화는 하이퍼리얼리즘적 속성을 지닌다. 때문에 관객으로 하여금 눈에 보이는 화면 그대로가 실제라고 믿도록 만들 수 있기 때문에 위험하다. 특히나 갈수록 영화 관객들의 높아진 수준에 맞춰 역사 영화들이 '사실의 재현', '역사 고증', '실제성'에 초점을 맞추고 있기 때문에 관객을 혼동시킬 위험성이 더 크다. 역사 영화를 볼 때는 특히 이것이 영화적 환상 기법을 통해 실제라고 오인하도록 만드는 것은 아닌지, 역사적 사실을 미화하거나 왜곡시키는 의도적 연출을 하고 있는 것은 아닌지 능동적인 태도로 거리를 두고 분석하고 판단하는 자세로 영화를 바라보는 습관을 길러야 한다.

2.4 독일 통일과 통일 후의 삶: <굿바이 레닌>, <인 디 아일>

영화의 소재로서 '분단'

'분단'은 한국영화에서 반복적으로 사용되는 소재 중 하나이다. 그리고 이것은 먼저 동독과 서독으로 나뉘어 있던 독일의 문학이나 영화에서도 동일하게 발견된다.

이수현(2011)은 '무슨 이야기를 어떻게 할 것인가'의 문제에서 중요한 것은 'what'이 아니라 'how'라고 하였다.[96] 스토리텔링에 있어서 '어떻게'의 문제가 작품마다의 개성을 부여하고 작품의 가치를 부여하는 것이다. 분단과 통일을 다루는 작품들에서 이 스토리텔링은 더욱더 중요한 역할을 한다. 분단이나 통일은 계속해서 이야기가 생성되는 소재로 기능하지만 이미 지나간 과거이고 일어난 일들을 반복해서 작품에서 다루었을 때 관객과 대중은 식상함을 느낀다. 모두가 알고 있고 모두가 경험한 역사적 사건 속에서도 특별한 이야기를 이끌어내야 하며, 여기서 중요한 것이 바로 스토리텔링이다.

영화 〈굿바이 레닌〉(Good bye, Lenin!, 2003)

내용 읽기

볼프강 베커(Wolfgang Becker) 감독의 <굿바이 레닌>은 통일이 되었지만 아직 통일이 되지 않은 것처럼, 바라던 이상적인 모습으로 통일을 이루어 가는 이야기를 다룬다.

크리스티아네(카트린 자스)는 남편이 서독으로 탈출한 이후 동독에서 딸 아리안(마리아 지몬)과 아들 알렉스(다니엘 브륄)를 혼자 키웠고, 동독 40주년 기념행사에 초대를 받을 만큼 열혈 공산주의자이다. 그러나 동독 사회가 변화하면서 젊은 세대들을 중심으로 자유를 요구하는 시위가 빈번하게 발생한다. 크리스티아네가 40주년 행사에 참석하러 가던 중에도 시위대를 마주치게 되는데,

놀랍게도 그 시위대에는 아들 알렉스가 포함되어 있었다. 아들의 모습을 보고 충격을 받은 크리스티아네는 그 자리에서 쓰러져 혼수상태에 빠지고 8개월이 지나서야 의식을 되찾는다.

8개월이라는 시간이 흐르는 동안 동독은 큰 변화를 맞이하는데 바로 베를린 장벽이 무너지고 통일이 이루어진 것이다. 크리스티아네는 작은 충격에도 다시 의식을 잃을 만큼 몸이 약해진 상태였고, 그녀에게 통일이 되었다는 소식은 다시 한번 정신을 잃을 만큼 충격으로 다가올 것이 분명했기에 알렉스는 사랑하는 어머니를 위한 선의의 거짓말을 하기로 결심한다.

그는 집안의 모든 것들을 동독 시절의 것들로 가득 채운다. 그리고 어머니를 위해 동독에서 먹던 음식들을 구하러 다니고 이제는 더 이상 존재하지 않는 동독의 뉴스를 볼 수 있도록 직접 뉴스를 제작하기까지 한다.

그러나 그의 고군분투에도 크리스티아네가 의심할 만한 상황은 계속해서 발생한다. 알렉스가 잠시 침대에 기대어 잠이 든 사이 크리스티아네는 집 밖으로 나서고 예전과 다른 거리의 모습에 낯설어한다. 그리고 때마침 그녀의 눈앞에 레닌 동상이 헬리콥터에 매달린 채로 다가오는 비현실적인 상황이 벌어진다. 금방이라도 충격을 받아 쓰러질 것 같은 크리스티아네의 얼굴이 180도로 회전하는 고속촬영 방식으로 연출된다. 헬리콥터 소리가 마치 심장 박동처럼 고조되는 가운데 황급하게 달려나온 알렉스는 어머니와 함께 집으로 돌아가고, 함께 가족 여행으로 떠난 별장에서 어머니는 충격적인 고백을 한다. 사실 아버지가 아내와 자식들을 버리고 서독으로 망명한 것이 아니라 함께 가기를 원했지만 어머니 크리스티아네가 거절하였고, 그동안 아버지가 보낸 편지 역시 모두 차단하였다는 것이었다. 어머니의 병세가 좋지 않아 돌아가시기 전에 아버지를 만나게 해줘야겠다고 생각한 알렉스는 서독에 위치한 아버지의 집으로 찾아가고 그곳에서 어색한 재회를 한다.

어머니에게는 통일이 되었다는 사실까지는 전하지 않고 서독으로의 여행의 자유가 허가되었다는 거짓 뉴스를 만들어 보여준 후 알렉스는 아버지를 병원에 모시고 온다. 예상했던 것과 달리 어머니는 다시 만난 아버지와 애틋하게 포옹을 하며 인사를 나누고, 그런 어머니를 보며 알렉스는 끝까지 어머니가 충격을 받지 않도록 최선을 다해 거짓을 만들겠다고 다짐한다.

알렉스가 하는 어머니를 위한 거짓말은 이야기 속에 또 다른 이야기를 만들어내며 이중 구조를 형성한다. 알렉스가 만들어내는 거짓 뉴스들은 마치 알렉스가 구 동독 시절 시위에 가담하며 그려왔던 동독 사회를 표현하는 듯하다. 실제 동독과 서독의 통합 이후 많은 사람들이 서독에서의 새로운 삶을 꿈꾸며 이주를 한 사실과는 반대로, 뉴스 속에서는 서독 사람들이 동독에서의 새로운 삶을 기대하며 이주해 오고 있다는 소식이 전해진다. 동독은 통합을 위한 청사진을 주도적으로 제시하였으며, 통합의 과정에서 주도권을 쥐고 협상을 진행한다. 과학기술이 발달한 동독에서 코카콜라를 발명하였고, 어릴 적 알렉스가 선망하던 최초의 우주인 지그문트 얀이 넓은 혜안을 가지고 통일 독일을 이끌어 갈 지도자로 등장하여 새로운 국가 독일이 탄생하는 모습을 그려낸 뉴스를 함께 보면서 알렉스는 뿌듯해한다. 그런 그의 뒤로 뉴스가 아닌 알렉스의 모습을 바라보는 어머니의 모습은 마치 이미 사실을 다 아는 것처럼 보인다. 다만 그저 앞으로 통일된 국가에서 아들이 잘 살기를 바라는 어머니의 애틋한 마음이 표현되는 듯하다. 영화에서는 "어머니를 위해 꾸민 동독의 모습은 내가 꿈꾸던 나라였다."라는 내레이션이 등장한다. 영화를 만든 감독은 서독 출신이었으나 그는 동독의 청년인 알렉스의 입장에서 한순간 국가를 잃어버리게 된 동독 사람들의 상실감과 통일이 의식을 잃을 만큼의 충격이 될 수도 있다는 사실을 인정하며, 조심스럽고 섬세하게 영화를 통한 또 한 번의 통합을 시도한 것이다.

통일 이후의 삶에 대한 시각적 묘사, 영화 〈인 디 아일〉(In The Aisles, 2018)

제2차 세계대전 이후 동독과 서독으로 분단되었던 독일은 1989년 베를린 장벽이 무너지고 그 이듬해인 1990년 통일을 이룬다. 원래 하나의 나라였던 동독과 서독이 다시 합쳐졌다는 의미에서 '재통일', 독일어로 '다시'라는 의미를 가진 'wieder-'를 붙여 'Wiedervereinigung'이라는 용어를 사용한다. 그러나 단순히 나라가 다시 하나로 합쳐졌다고 해서, 하나의 국가명을 사용하고 하나의 사회 체제로 단일화되었다고 해서 한순간 모든 것이 완벽하게 하나가 될 수는 없다. 그렇기에 이 시기를 다룬 많은 문학 작품과 영화들이 등장하였고, 이를 사회가 격변하는 시기, '전환기(Wende)' 시기를 다룬다고 하여 '전환기소설(Wenderoman)', '전환기영화(Wendefilm)'라는 용어를 사용하여 분류한다. 이들의 공통점은 베를린 장벽이 무너지기 전, 여행의 자유를 외치고 동독의 사회주의 개혁을 주장하며 시위에 나서는 동독인들의 삶과 자유를 향해 서독으로 탈출하는 사람들의 이야기, 장벽 붕괴 후 통일이 되기까지, 더 나아가 통일 이후 하나된 독일 속에서 고군분투하며 미래에 대한 기대와 좌절과 또 다른 희망을 이야기하는 인물들의 다양한 이야기들을 그린다는 것이다.

앞서 살펴본 영화 <굿바이 레닌>은 서독 출신의 감독이 장벽 붕괴 후의 이야기를 동독 사람들의 시선에서 그려내고 있다면, <인 디 아일>은 동독 출신의 감독이 자신이 경험한 통일의 이야기를 영화에 담고 있다는 점에서 차이가 있다. 이 영화의 감독 토마스 슈투버(Thomas Stuber)는 1981년 동독 지역의 도시 라이프치히에서 태어났다. 그는 유년시절을 동독에서 보냈고, 열 살이 되기도 전 통일을 경험하며 통일된 독일 사회에서 성장한 대표적인 '전환기 아이들(Wendekinder)'에 속한다. 이 용어는 1975년에서 1985년 사이에 태어나서 동독 사회 속에서 성장하다가 통일을 경험하며 자라난 세대를 지칭하는 것으로 약 240만 명의 독일인들을 두고 '동쪽 지역의 아이들', '동독의 제3세대'라고 부르기도 한다.[97]

감독은 동독에서 자란 자신의 유년기 시절의 기억을 영화 속에서 자유자재로 활용하여 표현한다. 독일 통일은 달리 말하면 동독의 사라짐이었다. 한순간 자신이 태어나고 자란 나라가 사라졌고, 함께 살고 있던 이웃들은 하룻밤새에 새로운 희망을 찾아 서독으로 이주한다. 그렇게 마을에는 빈 집과 창고들만 가득했고, 어렸던 슈투버 감독은 빈 창고를 놀이터 삼아 놀았던 그 당시의 기억들을 이제 영화 제작을 위한 창작의 원천으로 사용하고 있다. 그렇게 그는 사라진 동독이 가지고 있는 분위기, 자기 자신과 주변 사람들의 이야기를 토대로 영화를 제작하였고, 영화 <인 디 아일>은 제68회 베를린영화제 공식경쟁부분에 초청되며 주목받았다.

영화 <인 디 아일>은 마치 연극 같은 구조를 지닌다. 총 세 개의 장으로 나뉘는 이 영화는 각 장마다 제목을 지니는데 영화의 주요 인물 세 명이 각 장의 제목으로 표현된다. 먼저 영화는 감독의 자전적 이야기를 포함한 인물인 듯한 청년 '크리스티안(프란츠 로고스키)'의 이야기로 시작된다. 크리스티안은 소년원에서 출소한 지 얼마 안 된 젊은 청년으로 사회에 처음 발을 내딛는 사회 초년생이다. 마트에서 수습기간을 시작하게 된 그는 유니폼을 입고 출퇴근 규칙을 듣는 모든 모습에서 어리숙함이 가득하다. 두 번째 장의 주인공 '마리온(산드라 휠러)'은 마트에서 근무하고 있는 금발의 여성으로 모두가 지칠 법한 마트에서 항상 미소를 잃지 않으며 밝은 기운으로 가득한 인물이다. 크리스티안은 마리온을 근무자들을 위한 휴게실에서 처음 마주한다. 함께 자판기 커피를 뽑아 마시며 인사를 나누는 두 사람의 뒤로는 마치 어느 휴양지의 한 곳에 머무는 듯 야자수와 푸른 바다가 벽 한가득 그려져 있다. 크리스티안은 마리온을 보고 한눈에 반하지만 그녀가 이미 결혼을 했다는 사실을 알게 된 후 크게 방황하는 모습을 보인다. 마지막 장은 '브루노(피터 쿠스)'이다. 브루노는 주류 코너를 담당하고 있는 베테랑으로 크리스티안의 사수로서 일을 가르치는 임무를 맡는다. 그는 통일 전 마트 자리에 위치하고 있던 국영 트럭회사의 트럭 기사로 일하던 자로 통일 이후 근로계약이 승계되어 마트에서 근무하며 살아가고 있다. 주류 재고를 정리하며 자른 노끈을 한데 모아 언젠가 쓸모가 있을 것이라고 말하는 그의 모습은 어딘가 쓸쓸하고 의미심장하다. 이렇게 연령과 성별이 각기 다른 세 사람은 통일 이후의 독일의 모습을 상징한다. 감독은 이들을 통해 유년시절에 겪은 전환기가 어떤 영향을 미치는지, 동독 사회에서 안정적으로 살던 사람들이 통일 이후 갑자기 사라진 나라와 모든 것이 변화하는 상황 속에서 어떻게 정체성의 혼란을 겪게 되는지를 비유적으로 잔잔하게 표현해낸다.

이 영화를 두고 많은 영화 평론가들은 크리스티안과 마리온의 사랑 이야기에 주목하였다. 여러 기사들에서 "수줍은 청년 크리스티안이 대형 마트의 통로 사이에서 사랑, 우정 그리고 그에게는 완전히 신비롭고 새로운 세계를 발견해 나가는 이야기를 그린 작품"[98], 혹은 "외로움을 기반에 둔 채, 섬세하고 직관적인 자세로 외로움의 반대편을 탐구하는 영화"[99]로 정의하며 두 인물의 사랑, 현대 사회 속에서 인물들이 느끼는 고독과 외로움에 초점을 맞춰 소개하는 모습을 보였다. 그러나 이 영화는 '통일'이라는 주제와 연결해서 해석해야 온전한 의미를 읽어낼 수 있다. 영화는 현실 사회를 반영한다. 이때 사회의 모습을 그대로 묘사하는 것에서 그치는 것이 아니라 감독의 시각을 담은 '해석'이 반영되기에 중요한 의미를 지닌다. 그럼으로써 영화는 사회를 반영할 뿐만 아니라 사회에 영향을 미치게 된다. 그러므로 우리는 이 영화의 표면에 드러나는 이야기구조를 감상하는 데 그칠 것이 아니라 사회 문화적 차원에서 더욱 심층적으로 해석해 봐야 한다. 세 인물이 등장하는 공통의 장소 '마트'가 단순히 이들의 생업을 위한 일상의 장소라는 의미를 넘어 독일 통일 이후에 생겨난 장소라는 점에 주목해 보자. 그리고 이 마트에서 일하는 사람들이 대부분 지금은 사라진 구동독 출신의 사람들이라는 점을 중심에 두고 이들의 관계성과 삶, 독일 통일이라는 시대적 변화와 관련지어 해석해 보도록 한다.[100]

공간적 배경에서의 미장센

영화의 주요 장소인 '대형마트'는 장소가 지닌 의미를 상징하기 위한 다양한 영상 기법 및 연출 방식을 통해 표현된다. 이를 위해 감독은 정적인 영상 프레임을 사용하다가 동적인 움직임을 주기도 하고, 롱 쇼트, 롱 테이크 등을 혼합하여 다채롭게 장소를 표현한다. 그는 다채로운 변화 속에서도 영화의 배경이 되는 장소를 진정성있게 비추며 '영화적 리얼리즘'을 추구한다. 이는 영화의 시작 부분에서부터 확인할 수 있다. 영화의 시작 부분에서 마치 여러 장의 사진이 연속으로 보이는 것처럼 마트의 이곳저곳이 제시되는데 이는 앞으로 전개될 영화의 주된 장소적 배경을 먼저 훑어보는 기능을 한다. 이때 정적인 공간 제시를 위해 수평적 위치에서 바라보는 시선을 유지하며 공간의 단면을 연속편집의 방식으로 제시한다. 불이 꺼진 마트의 공간들이 연이어 제시되는데, 불 꺼진 마트의 모습은 고객의 입장에서는 볼 수 없는 풍경이기에 이를 통해 영화에 마트 노동자들이 주요 인물로 등장할 것임을 암시해 주는 기능도 한다. 몽타주 기법을 사용하여 근로자들만이 갈 수 있는 일반 창고와 냉동창고, 사무실 등이 연이어 제시되고 이를 통해 관객은 마트라는 공간을 보다 다각도로 바라봄으로써 특별한 공간적 배경으로 인식하게 된다.[101]

정적인 공간이던 마트는 '도나우 강의 왈츠'가 배경 음악으로 흘러나오고 이 음악에 맞춰 춤추듯이 등장하는 지게차와 함께 동적으로 변화한다. 지게차에 탄 직원들은 마트가 개장하기 전 불이 다 켜지지 않은 어둑한 마트에서 일을 하고 있다. 그러나 이들의 움직임은 마트 곳곳을 마치 왈츠를 추듯 리듬감 있게 연출되며, 동적인 카메라 워킹을 보여주지만 수평의 시선을 유지하는 수평 트래킹 방식을 통해 관객으로 하여금 공간적 배경을 객관적으로 바라보게 한다.[102]

마트를 비추는 시점은 또 한 번 앵글의 변화를 통해 다른 의미를 보여준다. 손님들로 가득 찬 마트와 마트에서 고객들을 응대하는 직원들의 모습은 '하이 앵글'로 표현된다. 마치 CCTV의 시점으로 바라보듯 위에서 아래로 내려다보는 연출은 마트라는 공간을 감시자의 시선으로 바라보는 느낌을 주고 마치 수직적 구도하에 상위 계층의 존재가 있음을 암시하는 듯하다.

동독인 관리자와 서독인 관리자

영화 속에서 등장하는 두 명의 관리자는 전형적인 인물상을 표현한다. 동독 출신인 루디는 마트 직원들을 관리하는 역할을 담당한다. 그는 다른 노동자들과 수평의 구도에 위치하고 있으며, 퇴근할 때는 항상 '퇴근 의례'를 한다. 퇴근 카드를 찍은 근로자들과 마주보고 서서 한 사람씩 차례차례 악수를 하고 오늘 하루도 수고했다는 인삿말을 주고 받으며 하는 이 의식은 구동독에서의 노동 문화에 해당하며 서로 함께 하는 '동료'라는 의식을 표현한다.

다른 한 명의 관리자는 서독인으로 지게차 안전교육과 자격증 시험을 담당한다. 그는 루디와 달리 작업복이 아닌 셔츠와 넥타이를 착용한 차림새로 나타난다. 다른 근로자들과 마주보고 서 있는 구도로 등장하던 루디와 달리 서독의 관리자는 다른 교육생들은 앉아있고 그는 서서 내려다보는 구도를 취한다. 이는 마치 수직적 위치에서 다른 이들을 대하는 서독 관리자 혹은 서독 자본가의 모습을 형상화한다. 안전 교육 동영상을 시청하던 도중 작업자의 몸통이 잘려 나가고 손목이 절단되어 피가 튀기는 장면에서 그는 웃음을 터뜨리기도 한다. 누구나 본능적으로 인상을 찌푸리며 고통을 느낄 법한 상황이지만 그와는 관련이 없는 일이기에 전혀 공감하지 못하는 그의 모습은 비인간적인 서독인의 전형을 표상한다.

이처럼 영화 속 등장하는 두 명의 관리자는 인간적이지만 비합리적인 동독인과 자본을 중시하며 비인간적인 서독인이라는 전형적인 이분법에 따른 인물 유형이 등장하며 통일 이후 인물들 사이에 발생하는 갈등에 대해서도 간략히 표현한다.

통일 이후의 삶 - 시각적 이미지

❙ 체스판 - 조종되는 사람들

마트 근무자들은 사무실에 모여 체스를 둔다. 이들이 두고 있는 체스판은 극단적인 하향시각으로 비추어지는데 화면 한가득 정사각형 모양의 체스판이 채워져 있고 왼쪽, 오른쪽에 체스판을 조종하는 사람들의 존재를 암시하듯 두 손만이 한 쇼트에 제시된다. 이들이 바라보고 있는 정사각형으로 가득한 체스판은 높은 위치에서 하이앵글의 구도로 조망할 때 마트의 모습과 유사하다. 높은 곳에 설치되어 있는 CCTV에서 마트 내부를 위에서 아래로 내려다보고 있는 장면에서 마트의 직원들은 마치 체스판처럼 정사각형으로 이어진 철골 구조 아래에 위치한다. 이들의 모습은 마치 체스판 위에서 누군가의 손에 움직이고 있는 말 같다. 이는 체스를 두고 있는 행위자가 말을 움직이듯 마트라는 판 아래에 있는 직원들을 높은 위치에서 감시하고 조종하는 상급자의 존재가 있음을 암시한다.[103]

❙ 생채기 난 지게차와 눈 가린 토끼인형

독일 통일은 "동독으로부터 서독으로의 재분배 과정"[104]이라고 평가되었다. 동독에 위치하던 많은 회사들이 서독의 자본에 흡수되었음을 의미하는 것으로 브루노가 다니던 회사 역시 서독에 흡수되었음이 영화 중반에 나타난다. 브루노는 동독의 국영 트럭회사에 소속된 트럭 기사로 일하고 있었고, 브루노의 동료들 역시 모두 같은 회사에 소속되어 있었다. 그러나 이들은 통일 이후 이들의 의사와 상관없이 회사가 서독에 흡수된 이후 고속도로에서 대형 트럭을 몰다가 마트 내부에서 지게차를 운전하는 신세로 삶이 변화하게 된 것이다. "그래도 일자리는 얻었잖아요."라고 말하며 고용 승계 덕분에 실직자가 되지 않은 것만으로도 운이 좋았다고 평가하는 크리스티안과 달리 과거를 회상하며 이야기하는 브루노의 모습은 공허함으로 가득하다.

브루노는 지게차를 운전하며 주류 박스들을 옮긴다. 극단적인 클로즈업을 통해 여기저기 비춰지고 있는 그의 지게차는 곳곳이 생채기가 나 있고 지게차 운전석의 가죽 시트는 다 찢어지고 헤져있다. 상처나고 허름해진 지게차의 모습은 마치 그 위에 앉아있는 브루노의 삶을 시각적으로 상징하는 듯하다. 극단적인 클로즈업은 명확한 감독의 연출 의도를 지닌다. 감독은 표면의 페인트칠이 벗겨져 있고, 너덜너덜해진 가죽 시트를 반복해서 클로즈업함으로써 "서구의 사회 구조 조정으로써의 변형 과정"[105] 속에서 훼손된 인물을 표현하는 것이다.

지게차에 달려있는 '토끼 인형' 역시 클로즈업을 통해 특별한 표현 의도를 상징적으로 보여준다. 감독은 토끼 인형을 피사체로 두고 피사체의 특정 부분인 인형의 눈 부분을 확대한 클로즈업 쇼트를 사용한다. 그러나 인형의 눈은 두껍게 겹 붙여진 스티커로 가려져 있다. 브루노는 일을 하는 도중 스티커를 떼어 내어 토끼 인형에 붙인다. 이는 일종의 단순한 습관일 수 있지만 이것이 반복적인 클로즈업 쇼트로 등장하는 순간 특별한 의미를 지닌다. 지게차의 모습을 가까이서 클로즈업한 뒤 토끼 인형의 가려진 눈 부분을 극단적으로 클로즈업하는 것은 스티커로 눈이 가려진 채 갑갑한 상태에 놓인, 마치 어둠 속에 갇힌 듯한 자신의 삶에 대해 황량함을 느끼고 있는 브루노의 심정을 표현한 미장센에 해당한다.

❙ 철조망에 가로막혀 있는 브루노

근무를 하던 중, 휴식시간을 이용해 브루노는 잠시 담배를 피운다. 그가 크리스티안과 함께 담배를 피우고 있는 장소는 높게 쳐져 있는 펜스 바로 앞이다. 그들은 마치 쇠창살 앞에 서 있는 듯 보인다. 잠시 쉬기 위한 공간마저 쇠창살에 갇혀 있는 듯한 모습으로 표현되는 구도가 반복되는데, 이는 브루노가 자신이 일하고 있는 공간을 자유를 통제하는 구속의 공간으로 느끼고 있음을 상징한다. 트럭을 타고 넓은 고속도로를 달리던 때가 좋았다고 말하는 그에게 통일은 자신을 마트라는 좁은 공간에 가둬둔 구속의 원인이 되는 사건에 불과하다.

❙ 금 목걸이, 흰 옷, 단독 주택

마리온을 상징하는 미장센들은 상대적으로 부유함을 표현한다. 마트에 출근한 크리스티안이 직원 휴게실에서 마리온과 처음 인사를 나누는데, 이 장면에서 카메라는 마치 크리스티안이 마리온을 훑어보는 듯한 시선으로 마리온을 비춘다. 카메라가 정지된 채로 클로즈업을 하는 것은 마리온이 차고 있는 금 목걸이다. 대부분 구동독 출신의 사람들이 근로자로 일하고 있는 마트에서 마리온이 착용하고 있는 금 목걸이와 귀걸이는 그녀가 경제적으로 풍요로운 상태임을 상징한다. 근무 복장 위에 걸치고 있는 외투도 마트 직원이기보다 손님에 가깝다. 노동과 어울리지 않는 깨끗한 하얀색 계열의 옷은 마리온이 다른 근로자들과는 다른 상황에서 살고 있는 인물임을 추측하게 한다.

마리온이 며칠째 출근하지 않자 크리스티안은 그녀의 집을 찾아간다. 침대 시트도 씌워져 있지 않고 여기저기 술병만 즐비하던 어두컴컴한 브루노의 집과, 제대로 된 조명도 달려있지 않은 크리스티안의 집과 달리 마리온이 사는 곳은 독일의 중산층들을 대표하는 전원주택 단지이다. 마리온의 남편은 양복을 입고 서류 가방을 든 채 집에서 나와 고급 승용차를 타고 출근에 나선다.

남편이 사라진 후 크리스티안은 열려있는 베란다 문을 통해 집 안으로 들어서는데, 크리스티안의 시점으로 바라본 집의 내부는 따뜻하고 안락한 느낌들로 가득하다. 베이지톤 가구들이 편안한 느낌을 주고 값비싼 물건들이 잘 정리되어 있는 집은 경제적으로 안정되고 부유한 느낌을 준다.

❙ 수조 속 가득 찬 물고기들

브루노와 크리스티안은 물고기들이 빽빽하게 가득 찬 수조 앞에서 대화를 나눈다. 크리스티안이 마리온에게 호감을 가지고 있다는 사실을 눈치챈 마트 직원들은 마리온은 '좋은 사람'이라며 둘이 이어지기를 응원한다. 결혼한 여성이자 경제적으로 안정되고 풍족한 삶을 살고 있는 마리온을 두고 크리스티안과 잘 되기를 격려하는 이유는 마리온이 사실은 행복하지 않은 결혼 생활을 하고 있기 때문이다.

브루노는 크리스티안에게 마리온의 비밀을 말해 준다. 그녀가 가정 폭력을 당하고 있고, 그로 인해 출근하지 못하고 있다는 사실을 전하며 크리스티안이 그녀의 곁을 지켜 주기를 당부한다. 동독의 여성들이 대부분 노동 현장에서 근로를 했던 것과 달리 서독의 여성들은 결혼 이후 가정을 돌보는 일에 전념하는 것이 일반적인 것으로 여겨졌고, 이로 인해 마리온 역시 중산층의 안정된 삶을 살고 있었지만 사회 활동을 억제 당하는 마치 수조에 갇힌 물고기들처럼 자유를 억압당한 상태였다. 그녀가 살고 있던 평온하고 안락한 전원주택은 사실은 물고기들이 빽빽하게 갇혀 숨도 제대로 못 쉬는 수조와 같은 곳이었고, 이야기를 나누던 중 수조를 탈출하려는 듯 높이 튀어 오르는 물고기 한 마리는 지금의 상황에서 벗어나기를 원하는 마리온을 상징적으로 표상한다.[106]

❙ 흑과 백, 몸에 새겨진 문신

마리온을 둘러싼 미장센이 안정감, 부유함을 상징했다면 크리스티안을 대표하는 이미지는 그의 등에 새겨져 있는 문신 자국이다. 팔부터 어깨, 등까지 상반신을 한가득 채우고 있는 문신은 크리스티안의 지난 과거가 순탄치 않았음을 상징적으로 보여준다. 그의 등 왼쪽과 오른쪽 어깨 부근에는 각각 까만 색과 하얀 색 개가 서로를 향해 금방이라도 달려들 것 같은 형상을 한 채 새겨져 있다. 이는 마치 흑과 백, 사회 부적응자와 적응자를 표현하는 기호 같기도 하다.

문신은 크리스티안의 혼란스러웠던 유년 시절의 흔적이자 통일의 상흔이다. 그리고 이것은 고객들에게 보여선 안 되는 일종의 죄악처럼 여겨지기도 한다. 손님들에게 문신이 보이면 불쾌감을 줄 수 있으니 소매를 내려 입으라는 루디의 조언에 따라 유니폼으로 문신을 가린 상태이지만, 가려지지 않는 흔적처럼 유년 시절의 친구들이 마트에 찾아온다. 그들은 크리스티안을 향해 "모범시민이라도 된 거냐"고 비아냥 거리며 술병을 깨뜨리는 등 난동을 피우지만 크리스티안은 꿋꿋이 자신의 할 일을 하는 모습을 보인다.

❙ 정서적 결핍

퇴근길에 나선 크리스티안의 독백 내레이션은 어딘가 조금 이상하게 느껴진다.

> 하루 일을 마치고 매장을 나서면 밖은 완전히 다른 세상이다. 각자 자기 공간으로 간다. 마치 다음 날 다시 집으로 돌아오기 위해 깊은 잠을 자러 가는 것 같다.

대부분의 사람들이 퇴근 후 자신의 집에서 안정을 취하는 것이 일반적이라면, 크리스티안에게 집은 마트이다. 집에 가는 것을 "다시 집(마트)으로 돌아오기 위해 잠을 자러 가는 것"이라고 표현하는 독백에서 크리스티안에게 집이란 어떤 공간인지를 알 수 있다. 실제로 크리스티안의 집은 텅 비어 있다. 가스도 연결되어 있지 않고 천장에는 전등조차 달려있지 않다. 그저 잠시 동굴 속에 숨어 있다가 다시 출근하는 크리스티안에게 집은 외롭고 텅 빈 결핍의 공간일 뿐이다.

정서적 결핍은 식욕으로 표출되기도 한다. 크리스티안 역시 쓰레기 소각장에서 게걸스럽게 음식물을 입에 집어 넣는 행위를 하는데, 이는 크리스티안의 마음의 결핍, 정서적 공허함을 표현한다. 유통기한이 지난 제품들은 모두 쓰레기장에 버려야 하고 절대 먹거나 챙겨서는 안 된다고 루디는 엄중하게 경고한다. 하지만 근로자들은 알음알음 폐기 음식들을 챙긴다. 영화 후반부 크리스마스 장식이 마트 곳곳을 가득 채우고, 전구들이 화려하게 빛을 내고 있는 연말의 분위기는 역설적으로 크리스티안의 정서적 결핍을 더욱 강화한다. “우린 먹고 또 먹었다. 미친 듯이. 아무 생각 없이.”라는 크리스티안의 독백처럼 크리스티안과 다른 마트 근로자는 쓰레기통에 고개를 박은 채 손에 잡히는 대로 음식물을 섭취한다. 마트 안에서 행복한 미소를 짓고 있는 손님들과 마트 밖의 공간에서 허기진 마음을 폐기된 음식물로 채우는 인물의 모습을 대조시키며 보여주는 연출 방식은 관객으로 하여금 크리스티안의 공허함에 공감하도록 만든다.

그럼에도 삶을 살아가는 사람들

브루노는 자살로 생을 마감한다. 언젠가 쓸모가 있을 것이라며 노끈을 모아두었던 것이 일종의 복선이었던 것처럼 그는 텅 빈 집 안에서 목을 매 자살한다. 그의 죽음은 마트 동료들 모두에게 큰 충격을 준다. 아무도 그가 통일 이후 가족을 상실한 채 컴컴한 집 안에서 홀로 살고 있었다는 사실을 알지 못했다. 브루노는 크리스티안을 집에 데려간 새벽, 아내가 자고 있으니 조용히 해야 한다고 말했지만 사실 그는 텅 빈 집에서 홀로 고독한 삶을 살고 있었고 이는 통일 이후 가족의 해체와 상실을 경험한 많은 동독인들의 삶을 대표하기에 더욱 무거운 울림으로 다가온다.

그러나 그럼에도 남아 있는 이들은 자신의 삶을 계속해서 살아간다. 이들에게 ‘마트’는 단순히 일하는 장소를 넘어 ‘온 세상’과도 같다. 이곳은 누군가에게는 편안함을 느끼게 하는 ‘집’이고, 누군가에게는 선선한 바람과 함께 기분을 전환시키는 ‘휴가지’이기도 하다. 마치 감시자의 시선인 듯한 하이 앵글로 비추는 순간마저도 그들은 좋아하는 음악을 틀어놓고 지게차를 운전하며 새벽 근무의 낭만을 즐긴다. 또 지게차를 조종할 때 들리는 소음을 마치 파도 소리 같다고 생각하며 그 속에서의 자유를 만끽하는 이들의 모습은 통일 독일 사회에 대한 희망을 표현하기도 한다. 브루노와 크리스티안, 마리온으로 대표되는 다양한 세대의 삶은 단순히 구동독 시절에 대한 향수, 지나간 것에 대한 아쉬움을 토로하는 데 그치지 않고 앞으로의 삶에 대한 기대와 의지를 다각도로 그려낸다는 점에서 의미가 있다.

영화는 우리가 경험해 보지 못하는 다양한 경험들을 제시해 준다. 영화를 통한 간접경험은 타인과 타문화에 대한 이해도를 높여주며 동시에 앞으로 직면하게 될 상황에 대한 나의 태도를 미리 상상해 볼 기회를 제공해 준다. 독일 통일을 주제로 한 영화들은 언제 다가올지 모를 '통일'이라는 상황을 가정해 보고 이후의 삶을 생각해 보게끔 한다. 더불어 통일 문제를 비단 정치적이고 역사적인 하나의 현상으로만 바라볼 것이 아니라 사람과 사람 간의 만남, 사람들의 삶의 이야기라는 점에 주목하여 다각도로 살펴보게 한다는 점에서 가치있다.

2.5 OSMU의 원천으로서 문학: <해리 포터>, <레미제라블>

OSMU의 정의

OSMU란 원 소스 멀티 유즈(One Source Multi Use)의 약자로 하나의 원천 소스를 두고 다양한 매체 전환을 통해 새로운 콘텐츠를 제작하는 방식을 말한다. 원 소스 멀티 유즈에서 특히 원천 소스로 기능하는 것은 '문학'이다. 문학은 영화와 연극, 그리고 드라마, 뮤지컬 등으로 각색되어 다른 매체에서 재탄생 될 뿐만 아니라 게임이나 만화, 애니메이션 등으로 범주가 확장되기도 한다. 이렇듯 하나의 문학 작품이 다양한 매체에서 활용되는 것은 "문화 상품의 장르 간 장벽이 허물어지고 매체 간 이동이 용이해짐에 따라 하나의 소재(one source)로 다양한 콘텐츠(multi-use)를 개발·배급할 경우, 시너지 효과가 크다는 판단에 따른 것"[107]이다.

OSMU에서 유의해야 할 중요 포인트는, 문학이 다양한 매체에서의 원천 소스가 되어 제작될 때, 원천 소스로서의 문학 작품을 그대로 재연하는 것이 아니라 그 스토리(story)를 어떻게 이야기(telling)할 것인가 하는 문제이다. 즉, 원천 소스가 아무리 대중적 인기를 얻었고 작품의 가치를 인정받았다 할지라도 '스토리텔링'이 제대로 이루어지지 않으면 성공적인 매체 전환과 새로운 콘텐츠의 개발에 도달하기 어렵다는 점에 주목해야 한다. OSMU는 하나의 소재를 각기 다른 장르에 적용하는 방식으로서 매체의 특성을 살려 창의력과 상상력을 바탕으로 다양하게 변화시키는 것이 중요하다.

OSMU의 배경 및 유형

이미 대중적 지지를 받은 텍스트는 다른 매체로 전환되었을 때 대중의 관심을 받기 쉽고 성공 가능성이 높다고 여겨진다. 그렇기 때문에 OSMU는 활발하게 이루어질 수밖에 없다. 이를 통해 경제적 부가가치를 극대화시킬 수 있다는 점 또한 OSMU의 매력이다. OSMU가 활발히 이루어지며 보편적 현상으로 자리매김하게 된 데에는 원천콘텐츠의 필요성이 있다. 문화콘텐츠 산업이 활성화되면서 어떤 매체에서든 대중들의 관심을 충족시킬 만한 새로운 콘텐츠가 계속해서 제작되어야 하는데, 이렇듯 콘텐츠의 가치와 중요성이 날로 높아지고 있는 현 상황에서 원천 소스와 원천 콘텐츠는 고갈되고 있다. 새로운 콘텐츠 개발의 압박에서 벗어나기 위해, 콘텐츠의 빈약함을 채우기 위해 OSMU가 더욱 활성화되고 있다.[108]

국내 작품 중 대표적인 OSMU의 사례 중 하나는 앞서 살펴 본 작품 '김종욱 찾기'이다. 2004년 뮤지컬로 초연된 이후 2006년에는 연극, 2010년에는 영화 그리고 소설로 매체 이동을 하며 재탄생되며 OSMU의 성공모델을 제시하였다.[109]

OSMU의 사례 1 – 해리 포터

OSMU의 어려운 점 중 하나는 이미 읽었던 소설이나 연극을 영화화 할 때 기존 원천 매체에서의 독자나 관람객들이 일정한 기대감을 가지고 있다는 점이다. 이들은 영화가 소설이나 연극의 복사품이기를 바란다. 자신이 경험했던 원천 텍스트에서의 감동이나 기대했던 바가 혹시라도 훼손되거나 왜곡될 것을 우려하는 마음으로 새롭게 만들어진 영화를 바라보기 때문에 이런 경우 원천 텍스트를 활용하여 새로운 매체 전환을 시도하고자 하는 입장에서도 부담으로 작용할 수밖에 없다.

소설에서 영화로 전환될 때는 이야기를 전달하는 매체에 따라 변화할 수 있다는 변화 가능성을 예측해야 한다. 그리고 반대로 매체가 지니는 장단점에 따라 한 매체에서 다른 매체로 각색될 때는 그 장단점이 새로운 매체에 최대한으로 적용되어야 한다. 소설은 시간적 제한이 있는 영화보다 훨씬 많은 양의 소재를 작가가 표현하고 싶은 대로 서술할 수 있는 장점을 지닌다. 그렇기 때문에 소설을 그대로 영화화하는 것은 불가능하며 시나리오 작가와 감독을 통해 원작 소설에서 취할 부분과 삭제할 부분을 선택하여 각색하는 과정을 거치게 된다. 실제로 원작 소설의 영화화 소식이 알려진 직후부터 전 세계적으로 영화화에 대한 우려를 표하는 사례가 발생하였는데, 바로 조앤 K. 롤링의 작품『해리 포터』의 경우이다.

> 문자언어와 달리 영화는 기억, 꿈, 상상 등의 심리 상태를 적절하게 묘사할 수가 없다. […] 영화는 우리들의 시지각을 위해 외적 기호를 정렬시키거나 대사로 제시하면서 우리로 하여금 내적 사고를 추측게 할 수 있다. 그러나 그 사고를 직접 제시하지는 못한다. 영화는 생각하고 느끼고 말하는 극중인물을 보여줄 수 있지만, 그들의 생각이나 느낌을 보여주지는 못한다. 영화는 사고하지 않는다. 영화는 지각된다.[110]

블루스톤이 위에서 지적하는 것처럼 해리 포터의 독자들은 이미 해리 포터를 책으로 읽으며 작가가 텍스트로 묘사해 놓은 것들을 상상하고 이미지화 하며 읽는 즐거움을 향유한 상태이다. 때문에 소설의 영화화 과정에서 더 많은 우려와 비판을 마주할 수밖에 없었던 것이다.

해리 포터 시리즈는 총 8편의 책과 8편의 영화가 제작되었다. 소설 해리 포터 시리즈는 79개 언어로 번역되어 4억 5000만 부 이상 판매되었으며 작가가 벌어들인 인세 수입만 11억 5000만 달러, 우리나라 돈으로 1조 3100억 원에 달한다. 영화 시리즈는 77억 달러, 우리나라 돈으로 8조 6240억 원의 수익을 올린 것으로 알려졌다. 해리 포터 시리즈의 총 수익은 미국, 일본, 영국, 독일 순으로 나타났다.

※ 〈참조〉

제목	책 출간 연도	영화 개봉 연도
해리 포터와 마법사의 돌 (Harry Potter and the Philosopher's Stone)	1997	2001
해리 포터와 비밀의 방 (Harry Potter and the Chamber of Secrets)	1998	2002
해리 포터와 아즈카반의 죄수 (Harry Potter and the Prisoner of Azkaban)	1999	2004
해리 포터와 불의 잔 (Harry Potter and the Goblet of Fire)	2000	2005
해리 포터와 불사조 기사단 (Harry Potter and the Order of the Phoenix)	2003	2007
해리 포터와 혼혈 왕자 (Harry Potter and the Half-Blood Prince)	2005	2009
해리 포터와 죽음의 성물 (Harry Potter and the Deathly Hallows)	2007	2010/2011
해리 포터와 저주받은 아이 (Harry Potter and the Cursed Child)	2016	

해리 포터 시리즈는 OSMU의 다양한 매체 전환 방식과 유형을 동시에 보여준다. 매체 전환의 방식은 크게 크로스미디어 전환과 트랜스미디어 전환으로 분류된다. 일반적으로 이야기하는 OSMU는 크로스미디어 전환에 해당되며 일반적으로 흔히 볼 수 있는 방식으로 소설의 영화화, 소설의 연극화와 같이 하나의 서사를 여러 미디어에서 반복하는 방식을 말하며 일종의 '재매개'라고 지칭한다. 반면 트랜스미디어 전환이란 하나의 세계관을 공유하면서 미디어의 서사 간 영향을 주며 확장시키는 방식으로 트랜스미디어 스토리텔링(Transmedia Storytelling)에 해당한다. 해리 포터의 세계관, 예를 들어 호그와트 마법학교나 해리와 볼드모트의 대립 등과 같은 서사를 토대로 하되 일종의 스핀오프를 제작하거나 또 다른 세계관 내에서 다른 서사를 만들어내는 게임으로의 확장 등이 이에 해당된다. OSMU는 각기 다른 미디어에서 동일한 원천 텍스트를 토대로 한 하나의 이야기를 표현하는 것으로, 특정 콘텐츠의 성공 이후 다른 미디어로의 순차적 확장이 이루어진다는 것이 특징이다. 일반적으로 문학이 원천 텍스트로 등장하는 것이 대표적이나 최근에는 <신과 함께>, <미생>처럼 웹툰이 원작이 되어 영화 혹은 드라마화 되는 경향이 두드러지게 나타난다. 반면 트랜스미디어 스토리텔링은 개별 스토리가 동시다발적으로 제작된다. OSMU가 원작과 동일한 주인공을 중심으로 사건을 전개하는 것과 달리, 트랜스미디어 스토리텔링에서는 주인공이 바뀌거나 콘텐츠별로 각기 다른 관점에서 공유된 세계관을 바탕으로 한 이야기가 전개된다. 그렇기 때문에 같은 스토리나 인물이 어떻게 표현되었는가보다 각기 다른 이야기들이 어떤 연관성으로 상호 연결되며 하나의 세계를 확장해 나가는가가 중요하다.

『해리 포터』는 환상소설로서의 서사적 특성을 지닌다. 해리 포터에는 두 개의 세계가 존재하는데, '머글'이라고 칭하는 일반인들이 사는 보통의 세계와 마법사들이 사는 세계가 바로 그것이다. 환상서사에서 전제하는 실제 세계와 2차 세계가 존재하는 것으로, 환상서사는 실제 세계를 매개로 하여 2차 세계, 즉 마법사의 세계를 그려내고 다시 이것이 실제의 세계에 영향을 미치기를 바란다는 점에서 특이점을 지닌다. 이는 보통의 사람으로 살아 왔던 해리가 마법사로서의 자기 존재를 알게 되고 마법학교에 입학하게 되면서 그려지는 에피소드들에서 찾아볼 수 있다. 해리가 살던 일반인의 삶 속에 있는 일반적인 은행에, 마법사였던 부모님이 보관해 놓은 돈이 보관되어 있고, 해그리드와 동행하여 마법학교 입학을 위해 필요한 재료들을 구입하러 도시의 길거리를 거닐다 마법용품 상점들이 즐비한 다이애건 앨리로 들어가는 장면은 실제 세계에 마법 세계가 정말로 혼재되어 있을 것만 같은 판타지를 불러일으킨다.

해리 포터 시리즈를 영화화함에 있어서 많은 독자들이 가장 궁금해 했던 것은 해리 포터의 공간적 배경, 특히 마법 세계를 어떻게 구현해낼 것인가였다. 현실 세계에 존재하지 않는 마법 세계를 특수 컴퓨터 기술을 활용하여 재현하는 것에는 한계가 있을 것이라고 생각했기 때문에 소설을 읽으면서 상상한 것과 다를 때의 실망감이나 독자의 상상력을 제한할 우려가 있다는 점에서 영화가 제작되기도 전에 많은 대중의 관심과 비판섞인 우려가 쏟아졌는데, 영화는 지극히 영국적인 공간들을 활용하여 기대 이상의 공간 구현에 성공한다. 영화 속 호그와트 성과 퀴디치 경기장의 전경은 1093년도에 지어진 더럼 대성당(Durham Catherdral)과 1100년도에 지어진 로체스터 대성당(Rochester Cathedral)을 배경으로 한다. 건물이 주는 중세적이고 고풍적인 정취는 유서 깊은 마법학교의 이미지를 형상화하는 데 기여하였다. 호그와트 마법학교의 연회장은 옥스포드 대학의 크라이스트 처치 컬리지(Christ Church College)의 도서관이 지닌 정취에 수백 개의 촛대를 꽂아 연출함으로써 환상적인 장소를 구현하였다. 이 외에도 11세기 안윅 캐슬은 호그와트 외곽 숲으로 표현되었고 윌트셔의 내셔널 트러스트(Waltshire National Trust)와 레이콕 수도원(Lacock Abbey) 내부가 해리와 친구들이 수업을 듣고 모험을 펼치는 이곳저곳의 공간적 배경으로 등장하여 실제 세계와 구별되는 마법 세계의 분위기를 일관되게 표현하였다.

OSMU의 사례 2 – 레미제라블

『레미제라블』은 프랑스를 대표하는 국민 작가이자 프랑스 문학 사상 최고의 시인으로 평가받는 작가 빅토르 위고(Victor-Marie Hugo)가 30년에 걸쳐 완성한 소설이다. 이 작품은 1862년 발간되었는데, 현재까지도 전 세계가 손꼽는 명작 중 하나로 평가받으며 많은 사랑을 받고 있다. 원작에 대한 대중의 사랑만큼 다양한 매체로의 전환도 이루어졌다. 전 세계적으로 약 32여 차례 영화로 제작되었고, 그 외에 연극, 뮤지컬, 오페라, 방송 드라마, 만화 등 많은 매체를 통해 확대 재생산 되었다.[111]

위고의 소설은 '불쌍한 사람들'이라는 뜻의 제목처럼 굶주리고 핍박당하는 민중들, 사회에서 소외된 사람들과 사회제도에 저항하는 사람들에 대한 연민의 시선과 함께 작가가 지닌 사회개혁의지를 담고 있다. 위고는 다양한 인물 유형을 마치 '프리즘(Prism)' 형태로 담아내며 그 시대를 살았던 각 계층의 사람들을 사실적이고 감동적으로 그려낸다. 당시 출판계에서는 '진부한 통속 소설'이라는 비판을 받았지만 실제 독자층에서는 열렬한 호응을 받았고 전 세계에서 번역되어 출판되면서 큰 인기를 얻었다.[112]

레미제라블의 영화화는 1934년 프랑스 감독 베르나르(R. Bernard)가 처음 시도하였다. 초반의 영화화는 영화라는 매체에 맞춘 각색을 중시하기보다 원작을 그대로 영상화하여 구현하는 것에 초점을 두었다. 2003년 빌 어거스트가 제작한 영화 <레미제라블> 역시 원작을 살리는 데 초점을 두고 있다. 칸 영화제에서 황금종려상을 2번이나 수상한 빌 어거스트(Bille Augnst)는 "한정된 시대를 그린 시대극의 틀을 벗어나 우리 자신을 반추할 수 있는 현재 이야기"라며 자신의 영화 작품이 지닌 고유성에 대해 설명한다. 이 작품은 장대한 스케일과 시대상에 맞춰 섬세하게 표현된 인물과 시각적 묘사가 볼거리를 선사하지만 원문을 최대한 그대로 옮긴 작품의 형태를 띄고 있다. 그는 당대 시대 배경을 최대한 살리고자 철저한 고증을 거쳐 작품 속 가난한 사람들의 삶과 실상을 사실적으로 표현하였다. 이에 역사적 현실성 묘사를 위해 프라하에 위치한 19세기 건물 및 거리들을 배경으로 영화를 연출하였고, 고전의 향수를 자극할 수 있도록 의상을 재현하는 데 신경썼다. 더불어 장발장 역의 리암 니슨은 진지함, 분노, 미움 등 관객에게 신뢰를 주고 공감을 얻을 수 있는 진지한 연기를 선보이며 깊은 인상을 남겼다. 그러나 이 영화가 성공할 수 없었던 이유는 영화가 할 수 있는 스토리텔링을 도전적으로 시도하지 않았기 때문이다. 영화가 아무리 원작 소설을 있는 그대로 살린다고 해도 원작 소설이 지니고 있는 원작의 아우라와 텍스트 묘사의 특징을 원작보다 잘 살리기는 어렵다.

빌 어거스트의 작품과 비교되는 작품은 톰 후퍼(Tom Hooper)의 <레미제라블>(2012)로 이 작품은 국내에서 관객 수 590만 명을 동원하며 전 세계 흥행 성적에서 한국이 일본, 영국에 이어 3위를 기록할 만큼 큰 인기를 얻었다. 톰 후퍼의 작품이 대중의 큰 인기를 얻은 원동력은 무엇이었을까? 바로 원전을 대하는 방식, 각색의 방식에 그 힘이 있다. 빌 어거스트는 빅토르 위고의 원작 소설을 원천 텍스트로 하여 소설을 영화로 재현해내는 것에 초점을 두었다. 반면 톰 후퍼는 위고의 원천 텍스트를 토대로 매체 전환이 이루어진 뮤지컬 작품을 영화화 함으로써 [소설 → 뮤지컬 → 영화]로 두 번의 각색 과정을 거치게 되었다는 점에서 차이를 보인다. 톰 후퍼의 작품은 뮤지컬 영화 장르의 특징을 갖추고 있으며, 세계적인 뮤지컬 제작자 카메론 매킨토시가 제작한 뮤지컬 <레미제라블>을 그대로 스크린에 옮겼다고 할 만큼 뮤지컬의 유명한 넘버들을 그대로 영화 속에 사용하고 있으며 흥겨운 노래와 춤이 주는 뮤지컬의 장점을 영화로 옮겨 놓았다.

톰 후퍼 감독의 작품은 영화 장르가 지닐 수 있는 매체적 장점을 최대한으로 잘 살려냈다. 먼저 이야기 구성에 있어서 영화에서 다룰 주요한 부분을 구체적으로 정해 놓고 이야기의 비율을 배분했다. 톰 후퍼는 원작에 등장하는 많은 사건들 중 장발장(휴 잭맨)이 판틴(앤 해서웨이)에게 그녀의 죽음 이후 코제트(어맨다 사이프리드)를 맡아서 키워주겠다고 약속한 사건을 서사의 중심에 둔다. 그렇기에 영화가 3막으로 진행되는 이 과정 속에서 코제트의 아버지로서의 이야기 비중이 빌 어거스트의 작품보다 훨씬 더 많은 비중을 차지하게 된다. 그러면서 동시에 톰 후퍼는 장발장이 코제트의 아버지가 되어 그녀를 키워내는 메인 목표를 추구하는 과정을 메인 플롯에 두고, 코제트와 마리우스의 사랑 이야기를 서브 플롯으로 전개시키면서 영화 서사에 다채로움을 입혀낸다.

영화적인 특징을 부각시키는 미장센의 활용 또한 주목할 지점이다. 영화는 소설과 다르게 인물의 행동과 대사 외에도 영상을 통해 직접 의미를 전달한다. 그리고 이러한 영화의 시각적 표현을 미장센이라고 한다. 영화에서 두드러지는 미장센으로는 색상과 톤을 들 수 있다. 톰 후퍼의 <레미제라블>에서 따뜻한 계열의 색감과 밝은 톤은 주로 장발장과 장발장과 긴밀한 관계성이 있는 미리엘 주교에게서 나타난다. 미리엘 주교는 노란색 옷을 입고 있고 주교가 머무는 수도원과 장발장이 코제트와 함께 하는 집은 노란색 불빛과 벽지로 되어 있어 따뜻한 느낌을 준다. 장발장 역시 브라운색이나 베이지색의 주로 따뜻한 계열의 코트를 입고 등장한다. 반면 장발장을 쫓는 자베르(러셀 크로우) 경감은 파란색 제복에 차가운 느낌을 주는 칼과 총을 들고 나타난다. 자베르 경감이 서 있는 곳의 배경은 춥고 삭막한 파리 빈민가이며 전반적으로 차갑고 어두운 느낌을 주는 색감으로 대비된다.

카메라 기법에 있어서 장발장을 비추는 쇼트는 역동적이고 때로는 생동하지만 약하기도 한 인간의 모습, 인간적 혼란을 느끼는 장발장을 반영하여 흐릿한 초점으로 표현되기도 한다. 화면 구도상으로 장발장은 불안한 구도로 위치해 있는 것이 특징이다. 반면 자베르의 쇼트는 정적이며 안정적인 구도를 보인다. 더불어 항상 확고한 인물의 태도를 반영하듯 선명한 초점으로 인물을 표현하고 있는 것이 특징이다.[113]

<레미제라블>에서 특히 두드러지는 기법 중 하나는 롱 테이크의 사용이다. 롱 테이크는 인물의 내면을 효과적으로 드러내는 기능을 하는 카메라 기법으로 생생함을 더해 준다.[114] 가장 대표적인 장면은 판틴이 코제트의 양육비를 벌기 위해 매춘을 한 뒤 절망하며 'I dreamed a dream'을 부르는 장면으로 4분의 시간 동안 판틴은 자신의 찬란했던 어린 시절부터 한 남자를 만나 사랑에 빠지게 되었던 이야기, 지옥과도 같은 현재까지의 이야기를 처절하게 부른다. 노래를 부르는 도중 감정이 격해져 마치 호흡 곤란이 올 것 같은 순간마저도 롱테이크로 이어가도록 함으로써 관객이 판틴에게 몰입하여 함께 호흡하도록 하는 효과를 부여한다.

인물이 노래를 할 때는 롱 테이크 외에도 노래하는 인물을 풀 클로즈업으로 화면에 정면 배치하여 마치 관객과 눈을 맞추고 노래를 전달하는 듯한 착

각이 들도록 하였다. 이는 마치 뮤지컬 현장에서 배우와 함께 호흡하며 공연을 보는 듯한 생동감을 부여한다. 또한 촬영 현장에서 배우들이 직접 노래를 부르고 현장에서 동시 녹음을 하며 배우들의 숨소리마저 인물의 감정을 표현하는 수단으로 활용되었다.

2.6 식지 않는 인기 '타임리프': <당신, 거기 있어줄래요?>, <미드나잇 인 파리>

서사와 시간

현실에서의 시간은 크로노스의 시간[xi]이다. 시간은 흘러가고 현실을 살고 있는 우리는 시간을 뛰어넘거나 속도를 느리게 만들거나 과거로 되돌릴 수 없다. 그러나 영화 속 서사는 다양한 서사 기법을 통해 시간을 조작하거나 통제할 수 있고 여기에는 영화 매체가 지닌 특징이 사용된다.

영화는 정해진 시간, 약 2시간의 시간 동안 서사가 모두 진행되어야 한다. 영화에 따라 하루의 시간을 다루기도 하고, 한 달 혹은 1년 이상의 시간이 다뤄지기도 한다. 그렇기 때문에 영화 속의 시간은 신과 신 사이의 장면 전환 과정을 통해 시간을 압축한다. 하나의 대상이나 행위를 다양한 각도에서 촬영한 쇼트를 덧붙이거나 연관된 여러 쇼트를 삽입하는 방식 등을 통해 반대로 시간을 확장하기도 한다.

동시에 진행되는 두 가지 이상의 사건을 동시에 다루는 방식도 빈번하다. 한쪽에서는 평온한 일상을 보내고 있지만 같은 시간대에 다른 장소에서는 좌절하는 인물이 등장한다거나 범죄가 벌어지는 식으로 여러 사건이 동시에 일어나는 것을 교차 편집으로 제시하여 사건이 동시에 진행하는 느낌을 주고 여

xi) '크로노스'는 시간성의 개념을 나타내는 용어로 '연속되는 시간'으로 모두에게 공통으로 주어지는 시간을 말한다. 이와 대립되는 개념으로 '카이로스'는 '특별한 순간'으로 인간의 삶에서 전환점이 될 수 있는 결정적인 순간을 의미한다(한지원 2021, 136;155).

러 사건들이 관련성이 있음을 암시하기도 한다. 주로 편집 방식을 통해 여러 장소에서의 쇼트를 삽입하고 연결하는 방식을 사용한다.

현재를 기점으로 과거 혹은 미래로 시간을 뛰어넘기도 한다. 영화가 과거를 다룬다는 신호를 제시하는 플래시 백(flash back)은 특정인의 보이스 오버를 도입하거나 회상하는 인물의 클로즈업 쇼트를 흐리게 처리하는 기법을 사용하여 과거 사실을 제시하며, 과거의 장면이 순차적이고 일상적으로 진행되는 것이 특징이다. 반대로 플래시 포워드(flash forward)는 순차적으로 진행되던 현재를 건너뛰어 제시되는 미래 장면을 말한다.

타임리프, 시간 회귀물의 인기

문학과 영화계에서의 시간여행은 오래전부터 흥미로운 소재였고 지속적으로 대중의 인기를 얻고 있다. 문학에서 보면 에드워드 페이지 미첼(Edward Page Michell)의 『거꾸로 간 시계』(1818), H. G. 웰즈의 『강시들』(All Zou Zombies, 1950) 등의 소설이 있고, '스타트랙(Star Trek)' 시리즈, '환상특급(Twilight Zone)'시리즈 등의 텔레비전 프로그램들이 주목받기도 했다. 1990년대에는 <사랑의 블랙홀>(Groundhog Day, 1993), <백 투 더 퓨처>(Back to the Future, 1990), <레트로액티브>(Retroactive, 1997) 등 시간을 선택하고 이동할 수 있는 시간 여행을 소재로 한 영화들이 제작되었다.[115]

기술 발달에 따른 시간 여행의 가능성과 이에 대한 기대감 표출은 세기 전환기 이후 주춤하다가 2000년대 이후 시간 여행을 소재로 한 소설, 영화, 드라마들이 범람하기 시작했다. 서곡숙(2011)은 특히 2000년대에 들어와 시간 여행을 소재로 한 영화들이 갑작스럽게 많이 등장하고 있는 현상을 N세대의 사이버 문화와 연관지어 설명한다. 사이버 공간에서의 사이버 문화, 가상세계에서 소통을 하고 가상 현실에서 문화를 형성하는 세대들의 특징이 시간 여행 영화에 대한 수요로 이어졌다는 것이다.

시간 회귀의 유형

과거의 시간 여행물들은 괴짜 과학자가 시간을 이동할 수 있는 기계를 만들고 우연히 그 기계의 개발이 성공하여 시간을 이동하는 경험을 하게 되는 방식으로 이야기가 진행되는 것이 다수를 이루었다. 반면 현대 사회의 소설과 영화 속에서 나타나는 시간 이동 방식으로는 타임리프(time leap)와 타임슬립(time slip)이 있다. 타임리프는 말 그대로 시간을 뛰어 넘는다. 현재에서 과거로 가기도 하고, 과거에서 다시 현재로 돌아오기도 한다. 과거의 어느 순간에서 다시 더 이전의 과거로 이동하기도 한다. 마치 개구리가 이 잎에서 저 잎으로 뛰어 오르며 이동하듯이 타임리프에 갇힌 주인공들은 이 시간대와 저 시간대를 순식간에 넘나든다. 반면 타임슬립은 마치 사방이 꽉 막힌 미끄럼틀을 타고 하강하듯이 과거의 시간 속으로 빨려 들어가는 모양새를 보인다. 현재를 살고 있던 인물은 과거의 한 시점으로 미끄러지듯 내려가서 그 시간에 머물게 된다.

타임리프는 특정한 어떤 사물을 매개로 이루어진다. 예를 들어 영화 <시월애>에서는 우체통을 매개로 과거의 사람과 현재의 사람 사이에 편지를 통해 대화가 이루어지고, 영화 <당신, 거기 있어 줄래요?> 작품 속에서는 신묘한 알약을 먹으면 일정한 시간 동안 과거로 돌아가 머무를 수 있다.

반면 타임슬립은 원인 모를 어떤 사건으로 인해 과거의 순간으로 돌아가게 되고, 주인공은 다시 현실로 돌아오지 못한다. 자의로 현실 세계에 귀환할 수 없는 주인공은 과거의 시간대에 갇혀 다시 과거로 돌아간 자신의 모습으로 과거부터의 시간을 다시 살아내는 모습을 보인다.

그렇다면 왜 과거일까?

그렇다면 왜 등장인물들은 과거로 돌아가는 걸까? 시간을 자유롭게 이동할 수 있다면, 시간을 이동하는 상상을 문학이나 영화를 통해 구현해 본다면 왜 미래로 이동하는 일은 더 드물게 일어날까?

과거에 자주 등장하던 시간 이동의 매개체는 타임머신이었다. 주로 미래형 자동차나 괴짜 과학자가 만든 거대한 캡슐 형태의 타임머신에 탑승하면 궁금한 미래의 세계로 이동할 수 있는 시간 이동 장치가 영화 속에 등장하였던 것이다. 그러나 더 이상 미래에 대한 기대감은 그리 크지 않은 듯하다. 1990년대에 하늘을 나는 자동차가 개발될 것이라고 예측하며 부푼 기대감으로 미래세계를 영상으로 구현했었다면, 현대 사회는 그런 기술이야 당연히 개발 가능하고 언젠가 상용화될 수 있는 가까운 미래에 속한다고 생각하기 때문에 더 이상 이런 상상이 흥미롭지 않게 여겨지는 것이다. 대신 돌아갈 수 없는 과거에 대한 대중의 열망을 작품 속에 투영하기 시작했다.

과거에 일어난 사건은 이미 시작부터 끝까지의 서사가 완성되어 있고, 우리는 때로 그 결말에 아쉬움을 갖는다. '만약 이랬다면 어땠을까' 하는 끊임없는 가정의 결과가 타임리프물로 만들어지고 있는 것이며, 우리는 작품 속 주인공이 과거의 한 순간으로 돌아가 후회되는 일을 해소하거나 잘못된 선택을 되돌리기 위해 고군분투하는 모습을 보며 나의 과거를 투영하면서 함께 응원한다.

후회되는 과거로의 회귀, 영화 〈당신, 거기 있어줄래요?〉(2016)

홍지영 감독의 영화 <당신, 거기 있어줄래요?>는 기욤 뮈소(Guilaume Musso)의 동명 원작을 영화화한 작품이다. 기욤 뮈소는 『스키다마링크』로 데뷔하여 『그 후에』, 『구해줘』 등 베스트셀러 작품을 연달아 발간한 프랑스 작가이다. 작품의 영화화를 어느 국가의 감독에게도 허락하지 않다가 한국 영화의 힘을 신뢰한다는 이유로 홍지영 감독과 만나 작품의 영화화를 시도하게 되었다고 알려져 있다. 2014년 수필름과 판권 계약을 맺고 영화로 제작된 이후에는 작가가 소셜 미디어를 통해 영화를 직접 홍보할 정도로 애정을 나타내기도 했다.

영화는 원작의 서사를 거의 그대로 영화화하였다. 공간적 배경이 프랑스에서 한국으로 옮겨왔다는 점, 등장인물들이 프랑스인에서 한국인으로 바뀌었다는 점이 눈에 띄는 차이점이며 이로 인한 시간적 배경이나 공간적 연출 등의 차이를 주목해 보는 것도 소설과 영화를 비교할 때의 재미이다. 작품에는 현재의 한수현(김윤석)과 과거의 한수현(변요한)이 존재한다. 대학병원에서 일하는 현재의 한수현은 딸을 혼자 키우고 있는 미혼부이다. 그는 의료봉사에서 복귀할 시간임에도 애처롭게 도움을 요청하는 할아버지와 어린 아이를 외면하지 못한 채 마지막 헬리콥터에 오르지 않고 아이의 구개순열 수술을 시행한다. 처치가 끝난 이후 할아버지는 수현에게 유리병에 담긴 신묘한 알약을 건네주며 "간절히 바라는 소원이 있습니까?"라는 질문을 던진다. 한국으로 돌아온 수현은 할아버지가 준 신묘한 알약을 떠올리고 한 알을 삼킨 채 잠이 든다. 그리고 그렇게 그는 과거의 자신이 있던 곳으로 돌아가게 된다.

현재의 수현이 두 번째 시간 여행에서 도착한 곳은 과거 의과대학 시절 자신이 살던 집이다. 말도 안 되지만 그곳에서 과거의 자신과 당시 키우던 강아지 감자를 발견하고는 반갑게 인사를 나눈다. 자신의 존재를 의심하며 질문하는 과거의 수현에게 아무에게도 말하지 않았던 아버지의 가정 폭력을 이야기하며 자신이 미래에서 온 존재임을 알린다. 짧은 만남 후 다시 현재로 돌아오게 된 수현은 그렇게 알약을 먹으면 과거로 돌아가게 된다는 것을 경험하고, 과거에 머무를 수 있는 시간을 계산하며 단 한 번 당시 사랑했던 여자친구 연아(채서진)를 만날 수 있기를 희망한다.

최초의 여성 돌고래 사육사로 일하는 연아의 공연이 있던 날, 과거의 수현은 그곳에 온 미래의 수현을 발견하고, 그가 왜 그렇게 애절한 표정으로 연아를 딱 한 번만 보고 싶다고 말하는지 추궁한 끝에 연아가 죽는다는 미래의 사실을 알게 된다. 큰 충격을 받은 과거의 수현은 자신이 연아의 죽음을 기필코 말릴 것이라며 다른 선택을 한다. 그렇게 달라진 과거는 현재에 영향을 끼친다. 연아가 죽지 않고 수현과 계속 함께 하자 현재의 수현이 가장 사랑하는 딸은 한순간 없었던 존재처럼 사라지고 만다. 마치 존재가 소멸되듯 냉장고에 붙여놓았던 사진 속 딸의 모습이 사라지는 모습을 보며 충격받은 현재의 수현은 과거로 돌아가 과거의 수현과 협상한다. 연아를 살릴 수 있는 방법을 함께 찾되 과거의 여정을 건드리지는 않을 것, 즉 수현은 연아와 헤어져야 하고 원래 살아왔던 삶의 사건 그대로 학회에서 한 여성을 만나 하룻밤을 보낸 뒤 갑작스럽게 생긴 딸의 양육권을 받아 딸과 함께 살아갈 수 있도록 하는 것에 협조할 것을 약속받는다. 과거의 시간 속 수현의 행동에 따라 현재의 수현은 가장 친한 친구와의 관계가 변하기도 하는 등 과거와 현재는 끊임없이 연결되는 모습을 보인다. 끝내 연아를 살리는 데 성공한 두 사람. 약속대로 딸도 태어나고 현재의 수현의 삶은 그런대로 원래처럼 흘러간다. 그리고 수현은 폐암으로 사망하게 된다.

친구의 죽음 이후 허망해 하며 수현의 집에 찾아가 노트에 적힌 믿을 수 없는 과거에 대한 이야기를 보게 된 친구는 남아있던 알약 한 개를 먹고 과거의 수현을 만나게 된다. 그는 수현의 건강을 염려하며 담배 많이 피우지 말라는 한 마디를 전하고 현실로 돌아온다. 결국 살아남은 수현과 연아(김성령). 이 두사람은 우연히 재회하게 되고, 그렇게 영화는 두 사람의 만남과 행복한 미소를 끝으로 닫힌 결말로 마무리된다.

이 작품에서는 과거에 대한 회환, 사랑하는 사람의 죽음을 막고자 과거로 돌아가는 전형적인 타입슬립의 내러티브 관습에 따라 이야기가 전개된다. 특히 인물이 자신의 죽음을 눈앞에 두고 있는 상태에서 평생에 걸쳐 딱 한 번 후회되는 순간으로 되돌아가고자 했다는 점에서 전형적이다. 이에 대해 이정환(2012)은 이렇게 이야기한다.

> 타임슬립 소재가 가지는 가장 큰 장점은 인간의 본질적인 욕구에 대한 대리 실현이다. 인간은 삶 속에서 시간에 대해 자유롭지 못하다. 그것은 시간이란 자신의 의지로 해결될 수 없는, 잡을 수 없이 흘러가는 것이기 때문이다. 타임슬립은 지나온 시간에 대한 반성, 미래에 있을 두려움, 또 다른 기회에 대한 열망을 충족시켜준다. 그것은 시간으로부터의 해방을 가져다주고, 죽음으로부터 자유로우며, 주체의 의지와 자아의 반성 능력을 통한 선택의 기로에서 두려움에 대한 해방을 가진다. 시대를 초월한 사건들의 갈등 해결을 통해 타임슬립이란 소재는 비현실적이지만 인간의 욕망에 근거하여 실현 가능할 것 같은 쾌락을 가져다준다. 그리고 그 쾌락이 타임슬립만의 매력인 것이다.[116]

여기서 말하는 것처럼 이 영화는 현재의 시간 속에서 해결할 수 없는 문제를 타임슬립이라는 장치를 통해 해결했고, 그로 인해 주인공은 사랑했던 연인과의 재회라는 행복한 결말을 맞이하게 된다. 이러한 결말은 관객에게도 동일하게 행복감을 느끼게 하고, 주인공의 감정과 정서에 몰입했을 때 만족감을 느낄 수 있으나 지나치게 인위적인 설정, 예를 들어 현재의 수현이 과거로 돌아가 과거의 수현과 함께 수술실에서 연아의 수술을 직접 집도한다거나, 과거의 연아가 살아남아 갑자기 재회를 하게 된다든지 하는 그러한 상황은 관객에게 실재라는 환상을 깨뜨리면서 몰입을 무너뜨리는 효과를 준다. 그로 인해 타임슬립에 대한 만족감에 동조하는 것이 아니라 현실에서 이룰 수 없는 것을 영화적 장치를 통해 이루었다는 것에 대한 반대의 실망감 혹은 부정적인 비판의식이 생겨날 수도 있다는 점에서 영화는 원작 소설보다 덜 선호되었다.

황금시대로의 회귀, 영화 〈미드나잇 인 파리〉(Midnight In Paris, 2012)

'황금시대'는 존재하는가? 모든 것이 꿈만 같을 것 같은, 그 자체로 찬란한, 가슴 뛰는 일의 연속일 것만 같은 그런 시대를 떠올린다면 언제일까?

영화 <미드나잇 인 파리>의 주인공 길 펜더(오언 웰스)는 잘나가는 할리우드의 각본가이다. 그러나 그의 진짜 꿈은 따로 있는데, 바로 소설가가 되는 것이다. 약혼녀인 이네즈(레이첼 맥아담스)와 함께 파리로 떠난 그는 파리의 풍경을 바라보며 설레는 맘을 주체하지 못한다.

이네즈가 오래된 친구 폴(마이클 신)과 함께 클럽에 가겠다고 하자 길 펜더는 동행하지 않고 혼자 파리의 골목 이곳저곳을 돌아다닌다. 파리의 낭만에 취해 호텔로 가는 길을 잃어버린 그는 지나가는 사람들에게 호텔의 위치를 물어보지만 쉽게 답을 얻지 못한다. 그러던 중 나타난 클래식카 한대가 그의 앞에 멈춰선다. "타세요!" 차 안에 있는 신사들이 그를 향해 손짓하자 마치 무언가에 이끌리듯 차에 탑승한 길은 사람들이 가득 차 있는 한 무도회장으로 들어선다. 그리고 그곳에서 한 여성과 대화를 나누게 되는데, 바로 작품 『위대한 개츠비』를 쓴 작가 스콧 피츠제럴드의 아내 젤다 피츠제럴드였다. 두 사람과 실시간으로 대화를 하고 있는 이런 말도 안 되는 상황에 놀라워 하고 있는 길 펜더의 눈앞에 소설가가 되고 싶은 그가 동경하는 대상인 '헤밍웨이'가 나타난다. '진심을 담아 쓴 작품'은 충분히 가치가 있다고 말하는 헤밍웨이에게 자신의 소설을 한번 읽어봐 달라고 부탁하는 길 펜더. 이에 헤밍웨이는 작가는 모두 경쟁자이니 그의 원고를 자신이 믿고 맡기는 거트루드 스타인에게 전달해 주겠다고 답한다. 길 펜더는 마치 꿈속에 있는 듯하다. 자신의 원고를 가지러 가기 위해 다시 현실로 돌아온 길 펜더는 어젯밤에 있었던 믿기지 않는 이 일들을 약혼녀에게 들려주지만 전혀 믿어주지 않는다. 그런 그녀를 데리고 어젯밤 푸조 클래식카가 자신을 태웠던 바로 그 장소로 찾아가지만 차는 나타나지 않고, 화가 난 이네즈는 혼자서 호텔로 돌아가버린다.

이네즈가 떠난 뒤 거짓말처럼 다시 나타난 클래식카를 타고 길 펜더는 거트루드 스타인을 만나러 간다. 그리고 그곳에서 피카소와 아드리아나를 만나 이야기를 나눈다. 현대를 살아가고 있는 주인공이 1920년대의 인물들을 만나서 자신의 작품을 보여주고, 예술에 대해 자신들의 생각을 나누는 비현실적인 광경이 펼쳐지는데, 그 모습이 비현실적이지 않아서 더 흥미롭게 느껴진다. 시공간을 왔다 갔다 하는 모습이 이질적이지 않고 매우 자연스럽고 매력적으로 연출된다.

〈미드나잇 인 파리〉의 공간적 특성

영화는 파리를 배경으로 하지만 영화 속 파리는 총 4개의 시간대를 갖는다. 먼저 현재의 파리는 주인공 길이 약혼녀와 함께 오게 된 장소로 소설가를 꿈꾸는 길이 살아가는 삶의 공간이다. 두 번째로 길이 가게 되는 파리는 1920년대 로스트 제네레이션이 머물던 파리로, 길이 동경하는 작가 헤밍웨이를 비롯하여 스콧 제럴드, 피카소 등 이름만 들어도 알 수 있는 예술가들이 머물던 시기이다. 세 번째 파리는 1890년대 벨 에포크 시대로 1920년대를 살고 있는 아드리아나가 동경하는 과거의 황금기이다. 마지막으로 길을 뒤쫓던 비밀탐정이 잘못 도착하게 되는 벨 에포크 시대의 예술가들이 동경하던 르네상스 시대의 파리가 있다. 이 영화는 다른 타임리프 영화들처럼 특정한 시점으로 돌아가 그 시점에서 머물거나 그 시점과 현재만을 두 개의 꼭짓점으로 하여 오고 가는 구조가 아니다. 현재를 기점으로 과거, 대과거로 계속해서 시간을 이동해 나가는 설정을 통해 시공간을 이동시킴으로써 도시 파리를 더욱더 환상적인 공간으로 표현한다. 특별한 장치도 없이 차나 마차와 같은 이동 수단에 탑승하는 것만으로 액자 속의 액자 같은 구조로 시퀀스가 자연스럽게 이동하면서 공간이 확대되어 가고, 공간은 시간의 변화에 맞게 리얼하게 재현된다. 시간의 변화에 따른 당시의 도시 풍광과 그 시간과 공간에 머물고 있는 사람들을 최대한 실제 인물인 것처럼 싱크로율을 높여 표현함으로써 리얼리즘을 극대화시키고 있는 것이다.

2010년 현재의 길은 잘 나가는 시나리오 작가라는 직업을 포기하고 소설작가가 되고 싶다는 자신의 선택을 지지받지 못한다. 약혼녀 아네즈는 그가 그냥 돈벌이가 괜찮은 시나리오 작가로 머물기를 바라고 그가 쓰고 있는 소설에 대해 큰 관심을 갖지 않는다. 그러나 시간 이동을 한 1920년대의 파리에서 길은 헤밍웨이의 소개로 만나게 된 거트루드 스타인에게 소설가로서의 재능을 인정받는다. 그렇게 파리는 길에게 새로운 삶의 선택과 자신의 재능에 대해 인정받고 확신받는 장소가 된다. 누군가에게 인정을 받고 동경해 마지않던 이들과 함께 이야기를 나누며 살아갈 수 있다면 과거의 시점에 정착하는 선택을 할 수도 있지 않을까 생각되지만 길은 결국 현재의 시간으로 돌아가는 것을 택한다. 길은 과거의 시간으로 돌아가 충분히 격려와 위로를 받고 자신의 삶의 방향에 대한 확신을 토대로, 지나간 시간을 황금시대로 동경하는 것에 치우칠 것이 아니라 현재와 앞으로의 미래를 향해 걸어나가는 것을 선택하는 것이다. 이러한 길의 모습을 통해 영화는 관객들 역시 파리라는 환상적인 시공간 속에 머물면서 현재의 결핍을 보상받고, 앞으로의 길을 향해 나아가라는 메시지를 던진다.

이 영화는 도시영화로 분류될 수 있을 만큼 파리라는 도시를 내러티브의 중심에 두고 있다. 도시로의 여행이자 자신의 무의식으로 떠나는 여행을 통해 나의 황금시대를 떠올리고 앞으로의 황금시대를 열어나갈 수 있는 희망을 얻기를 바란다.

황금시대는 누구에게나 있다

길 펜더의 황금시대는 '로스트 제네레이션'이라고 일컫는 1920년대의 파리이다. 그곳에는 제1차 세계대전 이후 미국사회에 환멸을 느낀 예술가와 지식인들이 한데 모여 있었고, 그래서 지금 우리가 이름을 들으면 알 만한 대표적인 예술가들이 동시대를 살고 있었다. 헤밍웨이의 『노인과 바다』, 피츠제럴드의 『위대한 개츠비』, 너무나 유명한 문학계의 고전 작품들을 읽고 그들처럼 되고 싶다는 꿈을 키우는 사람들에게는 그 시절로 가볼 수 있다면 놓치고 싶지 않은 꿈의 순간과도 같다.

그러나 막상 그곳에서 만난 사람들은 현실보다 더 이전을 '황금시대'로 꼽고 있었다. 길 펜더가 황금 같은 시기라고 선망하던 그 과거의 시간은 그들에게는 누구보다 치열하고 때로는 환멸감이 느껴질 만큼 무료하고 가치를 상실해버린 '현재'였기 때문이다. 대표적으로 아드리아나는 '벨 에포크'를 황금기라고 여긴다. 1920년대를 방문하고 있는 길 펜더에게 또 한 번의 시간 여행을 이끄는 수단이 등장하고, 밤거리를 함께 걷고 있던 길 펜더와 아드리아나의 앞에 이번에는 마차가 등장한다. 이윽고 문이 열리며 탑승을 권하자 두 사람은 마차에 올라타고 그들이 도착한 곳은 바로 '벨 에포크'라고 불리우는 19세기의 파리였다. '좋은 시대'라는 뜻의 벨 에포크는 문화 예술이 번창하고 풍요와 평화로움이 가득했던 19세기 말 20세기 초 파리를 상징한다. 레스토랑에 입장한 두 사람은 그곳에서 '앙리 드 툴루즈 로트렉(Henri de Toulouse-Lautrec, 1864~1901)'을 마주한다. 그는 벨 에포크를 대표하는 '물랑루즈에서의 춤(At the Moulin Rouge, The Dance, 1890)' 작품을 그린 화가로 아드리아나는 반가운 마음에 곧바로 그에게 다가가 대화를 시작한다. 그리고 그 자리에는 1890년대를 대표하는 화가들 폴 고갱(Paul Gauguin, 1848~1903)과 에드가 드가(Edgar Degas, 1834~1917)도 합류한다. 그러나 그들은 이렇게 말한다.

"이 시대는 공허하고 상상력이 없어. 르네상스 시대가 더 낫죠."

벨 에포크를 눈앞에 마주했다는 사실에 잔뜩 상기된 아드리아나에게 그들은 '르네상스 시대'가 황금시대였다고 말하며 현재를 부정하기에 여념이 없다. 아드리아는 "아녜요. 지금이 황금시대죠."라고 반박하지만 그들에게는 받아들여지지 않는다.

- 아드리아나: 길, 우리 돌아가지 말아요. 지금이 벨 에포크의 시작이에요. 파리 역사상 가장 아름답고 위대한 시절이에요.
- 길 : 아드리아나, 1920년대는? 피츠제럴드, 헤밍웨이는? 난 그때가 좋아요.
- 아드리아나: 길, 그건 현재잖아요. 지루해요.
- 길 : 지루해요? 난 현재가 아니죠. 난 2010년에서 왔으니까. 우리가 1890년대에 온 것처럼 난 1920년대에 잠깐 들른 거예요. 나도 당신처럼 현재를 벗어나 황금시대로 가고 싶어했죠.
- 아드리아나: 설마 1920년대를 황금시대로 여기진 않겠죠? 난 1920년대에 살지만 황금시대는 벨 에포크예요.

서로 자신이 살고 있는 '현재'는 부정하며 자신보다 더 앞선 시대를 '황금시대'라고 평가하고 있는 이들의 모습은 우리에게도 동일한 질문을 던진다. 왜 이들은 서로 다른 황금시대를 말하고 있는 것일까? 모두가 자신이 경험해 보지 못한 '과거'의 순간을 황금기로 평가하고 있는 모습에서 현대에 대한 불만족스러운 마음을 찾아볼 수 있다. 그러나 계속해서 현재에 불만을 품고 과거에 머물며 지나간 것에 대한 동경으로만 지금의 시간을 보내는 것이 과연 우리의 현재에는 어떤 영향을 끼치게 될까? 불만족스러운 지금 이 순간이 또 다른 미래의 누군가에게는 '황금기'로 평가되는 과거의 순간이 될 수도 있다는 사실을 길 펜더는 문득 깨닫는다.

- 길 : 아드리아나, 저 사람들을 봐요. 저들은 '황금시대는 르네상스'라고 말하잖아요. 이제야 알겠어요. 사소한 거지만 내 꿈속의 불안이 뭐였는지 알겠다고요. 페니실린이 떨어진 거예요. 치과

에 갔는데 마취제도 항생제도 없다고. 여기에 머물면 또 다른 시대를 동경하겠죠. 상상 속의 황금시대를.

▸ 아드리아나: 현재란 그런 거예요. 늘 불만스럽죠. 삶이 원래 그러니까. 이게 작가들의 문제예요. 난 남아서 파리의 전성기를 즐길래요. 길, 안녕!

결국 아드리아나는 벨 에포크에 머물기로 결정하고 길만 다시 현재로 되돌아온다. 아드리아나는 과연 그곳에 머물면서 계속해서 그 시대를 황금시대라고 여기며 만족스러운 삶을 살 수 있을까? '현재'는 언제나 불만스럽다고 하는 그녀의 말처럼, 현재로 변해버린 과거의 시간은 어떤 의미를 가질 수 있을까?

2.7 천만 영화, 인기 요인은 무엇인가?: <범죄도시>

천만 영화가 갖는 의미

'천만 관객 돌파', '천만 영화 탄생'. 숫자 천만이 표현하는 의미와 상징성은 무엇일까? 작품이 개봉을 한 후 천만 명의 사람들이 전국에서 동일한 영화를 보기 위해 극장을 향한다는 것은 영화계에서도 큰 성공을 의미하지만 사회적으로도 중요한 의미를 지닌다. 대한민국에 거주하는 1/5이상이 해당 영화를 봤다는 것을 의미한다는 점에서 천만 영화는 대중성을 입증받은 것으로 정의된다. 또 한편으로는 'n회차 관람'이 하나의 트렌드로 자리매김하고 있는 요즘의 소비 관람 추세를 따라 보았을 때 한 명의 관객이 여러 번에 걸쳐 해당 영화를 보았다는 점에서 영화가 지니는 재미든 상징적인 메시지든 영화 자체에 관객을 끌어들이는 무언가가 있다는 점에서 작품성 또한 인정받은 것으로 볼 수 있다.

천만 영화는 영화인들의 꿈의 상징이자 성공의 표상이다. 그러나 천만 영화는 단순한 흥행 그 이상의 "사회문화적 현상이고 시대적 사건"[117]이다. 또한 천만 명이 넘는 관객들이 한 영화에 지지를 보낸다는 것은 "당대의 집합적 취향의 징후"[118]로 읽히기도 한다. 관객들이 영화를 보러 가는 것은 그들의 취향을 '표현'하는 것이라고 할 수 있다. 즉, 감독이 영화를 통해 사회를 재현하는 역할을 한다면 관객은 영화를 소비함으로써 의도를 표현한다는 것이다.[119] 그렇기 때문에 연령대, 지역, 출신 등 특정한 경계로 구분되지 않는 대중의 '취향'이며, 표현하고자 하는 '의도'이자 '사회적 현상'으로서 천만 영화가 갖는 의미에 주목하여 볼 필요가 있다.

천만 영화의 현황과 특징

우리나라에서 최초로 천만 관객 기록을 세운 영화는 2003년도에 개봉한 영화 <실미도>로 기록되어 있다. 영화관 입장권 통합전산망(KOFIC KOBIS)에서 제공하고 있는 2025년도까지 천만 관객을 동원한 영화들의 목록은 다음과 같다.

※ 2003~2025 천만 영화 목록

순위	영화명	개봉연도	관객수(명)	제작 국가
1	명량	2014	17,613,682	한국
2	극한직업	2019	16,264,944	한국
3	신과함께-죄와 벌	2017	14,410,754	한국
4	국제시장	2014	14,257,115	한국
5	어벤져스: 엔드게임	2019	13,934,592	미국
6	겨울왕국 2	2019	13,747,792	미국
7	아바타	2009	13,624,328	미국
8	베테랑	2015	13,414,009	한국
9	서울의 봄	2023	13,128,080	한국
10	괴물	2006	13,019,740	한국
11	도둑들	2012	12,983,330	한국
12	7번방의 선물	2013	12,811,206	한국

13	암살	2015	12,705,700	한국
14	범죄도시2	2022	12,693,175	한국
15	알라딘	2019	12,555,894	미국
16	광해, 왕이 된 남자	2012	12,319,542	한국
17	왕의 남자	2005	12,302,831	한국
18	신과함께-인과 연	2018	12,274,996	한국
19	택시운전사	2017	12,186,684	한국
20	파묘	2024	11,913,725	한국
21	태극기 휘날리며	2004	11,746,135	한국
22	부산행	2016	11,565,479	한국
23	범죄도시4	2024	11,501,621	한국
24	해운대	2009	11,453,338	한국
25	변호인	2013	11,374,610	한국
26	어벤져스: 인피니티 워	2018	11,211,880	미국
27	실미도	2003	11,081,000	한국
28	아바타: 물의 길	2022	10,805,065	미국
29	범죄도시3	2023	10,682,813	한국
30	어벤져스: 에이지 오브 울트론	2015	10,494,499	미국
31	기생충	2019	10,313,086	한국
32	겨울왕국	2014	10,296,101	미국
33	인터스텔라	2014	10,275,484	미국, 영국

천만 영화들의 특징을 살펴보면 우선 해외영화의 경우 시리즈물의 약진이 눈에 띈다. <어벤져스> 시리즈와 <아바타> 시리즈와 같이 연속 시리즈물로 제작되는 영화들이 관객들의 높은 충성도를 바탕으로 대중적 인기를 끌고 있다. <겨울왕국> 시리즈와 같은 애니메이션의 성과도 눈에 띄는데 이는 아동 및 성인 모두를 관통하는 이야기가 관객의 공감적 정서를 자극한 결과로 보인

다. 더불어 이 작품들은 모두 미국 영화로 우리나라의 극장가는 한국영화 혹은 할리우드로 지칭되는 미국영화로 양분화되어 있음을 보여준다.

한국의 영화들은 역사 영화와 범죄 스릴러 영화들이 많은 비중을 차지하고 있고, 코미디, 드라마 장르들의 강세도 주목할 만하다. 한국영화는 모두가 함께 기억하는 역사를 바탕으로 과거에 대한 해석을 공유하는 '기억 공동체'를 형성해 주는 매체이자 함께 상상하고 느끼는 '정서 공동체'로 기능한다.[120] 앞서 살펴본 영화 <택시운전사>는 역사적 사건을 바탕으로 드라마적인 요소가 적절하게 섞이며 관객들을 기억과 정서의 공동체 속에 자발적으로 포함시킨 대표적인 역사 영화이다. 2023년 12월 천만 기록을 세운 영화 <서울의 봄>은 특히 젊은 세대의 역사적 관심이 반영된 결과로 1979년 12월 12일에 벌어진 신군부 쿠데타라는 한국 현대사의 기억을 소환하여 역사에 대한 대중의 관심을 새롭게 환기시키는 데 기여했다고 평가받는다.

대표 작품: 〈범죄도시〉 시리즈

시리즈의 특성

영화 시리즈는 기본적으로 이전 영화와 "같은 인물, 상황, 스타일을 이용하는 다수의 영화"[121]로 정의된다. 서사의 반복을 통해 해결할 수 없는 반복되는 문제를 다루고 욕망과 사회 구조적인 문제를 들추어내며 서사의 변형을 만들어가는 점이 특징으로 당대의 사회문화적 의미를 함유한다. 시리즈 물에서 주목할 점은 계속해서 반복되는 서사가 무엇인지, 이를 통해 해결하고자 하는 근원적인 문제가 무엇인지에 관심을 기울이는 것이다.[122]

관객은 영화 시리즈를 보며 서사의 반복을 예측한다. 동일한 캐릭터와 내러티브의 활용은 대중성을 확보해 주는 요소이며 서사의 반복과 함께 자유롭게 전개되는 서사의 진화는 관객의 흥미를 끌어올린다.[123] 이렇듯 영화 시리즈는 관객에게 익숙함을 선사하고 때로는 이것이 진부함으로 비판받기도 하지만 또 새로운 것이 결합되며 보장된 즐거움을 선사한다.

〈범죄도시〉 시리즈 기본 정보

2017년 개봉한 <범죄도시>는 19세 미만 관람 불가였음에도 약 688만 관객을 동원하며 대중의 호응을 얻는 데 성공한다. 이후 개봉한 <범죄도시2>(2022)는 15세 관람가로 하향 조정 되었고, 약 1,269만 관객을 동원하며 천만 영화 시리즈로 안착하게 된다. 특히 이것은 코로나 이후 침체되어 있던 영화계에 활력을 불어넣어 주는 천만 영화의 탄생이었기에 더욱 의미가 있다. 이듬해 <범죄도시3>(2023), <범죄도시4>(2024) 역시 천만을 넘기며 범죄도시 시리즈는 한국 영화계의 흥행 보증수표로 자리매김하였다.

<범죄도시> 시리즈는 유사한 플롯으로 서사의 반복을 보여준다. 엄청난 힘을 가진 형사 마석도(마동석)가 범죄 사건을 해결해 나가는 과정을 기본 서사로 하며, 매 시리즈마다 실제 사건을 바탕으로 한 더 강력한 악인이 등장하여 사건을 해결하는 구조로 서사가 반복된다. 이에 서곡숙(2024)은 영화 시리즈에서 반복되는 서사는 '해결될 수 없는 문제'라는 점에서 중요하다고 말한다. 반복되는 서사는 무엇이고 반복을 통해 해결하고자 하는 문제가 무엇인지 관심을 기울여야 한다는 것이다. <범죄도시> 시리즈에 등장하는 문제들은 극중 마동석이 범인과 그 범죄 조직을 모두 소탕하는 것에서 완전히 해결되는 성격의 것이 아니다. 우리 사회 어느 곳에서나 범죄는 계속해서 발생되고 있으며, 이에 대한 사회적 관심과 우려 역시 그치지 않기 때문에 관객들은 현실 사회를 대신하여 범죄자를 벌하는 마석도와 경찰 조직의 이야기를 계속 원하는 것이다.

❙ 주요 특징 1. 실제 사건 모티프

<범죄도시> 시리즈는 모두 실제 사건을 모티프로 한다는 점이 공통된 특징이다. <범죄도시>는 서울 남부 경찰서 왕건이파 사건, 서울경찰청 광역수사대 연변 흑사파 사건을 바탕으로 하였고 <범죄도시2>는 필리핀 한국 관광객 연쇄 납치 살인사건을 바탕으로 한다. <범죄도시3>는 강남 역삼역에서 발생한 대만 폭력조직 조직원의 야쿠자 마약 거래 사건이라는 실제 사건을 바탕으로 서사를 구성하였으며 최신작인 <범죄도시4>는 베트남 파타야 한국 공

대생 살인사건을 바탕으로 하였다. 실제 사건을 소재로 하여 사실감을 증대시킴과 동시에 일반인에게는 따뜻하고 범죄자는 완력으로 압도하며 응징하는 마석도의 행위는 권선징악의 결말로 서사를 마무리짓고 실제 사건의 결말에 대한 아쉬움을 달래주기도 한다.

❙ 주요 특징 2. 캐릭터 중심 서사 - 악당보다 강한 영웅

영화 <범죄도시>에는 기존 조폭 장르 영화들에서 볼 수 있는 범죄조직과 그중에서도 가장 악랄한 우두머리가 전형적인 악인 캐릭터로 등장한다. 반대항에서 범죄자를 추격하는 형사 캐릭터는 전형적인 인물이나 <범죄도시>에 등장하는 형사 마석도는 마치 마블 시리즈에 등장하는 영웅처럼 상상할 수도 없을 만큼 강력한 힘을 가진 존재로 그려진다는 점에서 특별하다. 주인공 마석도 형사가 '만화적 캐릭터'로 설정됨으로써 관객들은 범죄자가 주는 공포보다 악당보다 더 강한 영웅에 대한 믿음을 더 크게 느끼고, 영웅이 행하는 폭력은 가벼운 웃음으로 치환되기도 한다.[124]

영화 속 마석도는 어느 누구와 견주어도 지지 않는 강력한 힘을 지니고 있다. 이는 마석도 역을 맡은 배우 마동석이 지닌 실제 신체적 외양과 이미지와 결합하여 더욱 강력한 신뢰감을 준다. 그는 상대방이 칼을 휘두르든 총으로 위협을 하든 주저하지 않고 맨손으로 범죄자를 제압한다. 조폭 사장과 '형님-아우' 관계를 맺으며 근무 시간에 유흥주점을 방문하기도 하고, 더 나쁜 악당을 잡기 위해 다른 범죄조직들을 결집시켜 조력자로 구워삶는 그의 행동은 청렴하고 도덕적인 경찰과는 거리가 멀다. 그럼에도 그의 이러한 모습들이 용인되는 이유는 마지막에는 결국 악한 자를 때려잡는 권선징악의 결말을 관객들에게 선사하기 때문이다. 시리즈의 시작이었던 <범죄도시>를 연출한 강윤성 감독은 "그간 강력한 형사를 다룬 작품이 많이 나왔는데, 주로 수사를 하는 이야기였다. 수사도 수사지만, 한 방 치는 느낌을 주고 싶었다."[125]라고 말했다. 그가 추구한 '원펀치 액션'은 마석도가 범죄자와 대결하며 선보이는 징벌적 폭력에 대해 대중을 열광하게 만들었다. 현실 속에서는 모든 것이 법적인 절차대로 판결에 따라 처벌받는 것에 그친다면, 마석도의 행위는 통쾌함과 함께 카타르시스를 느끼게 하기 때문이다. 주인공이 선사하는 스펙터클한 액션은 '한국형 히어로'를 탄생시키며 결과적으로 '<범죄도시>=마동석=천만'이라는 공식을 만들어냈다.[126]

❙ 주요 특징 3. 유머 코드의 활용

<범죄도시> 시리즈의 흥행에 있어서 '유머'는 주요한 흥행 요인 중 하나이다. 범죄자가 범죄 사실을 자백하지 않을 때, 수사를 위한 조사에 적극적으로 응하지 않을 때 형사 마석도가 능청스럽게 외치는 "가자, 진실의 방으로."라는 대사는 영화의 시그니처 대사가 될 만큼 많은 사람들의 호응을 얻었다. 그 외에도 범죄자를 추궁하거나 죄에 대한 처벌의 의미로 폭력을 행사하면서 "너무 아프면 말하라"라든가, 힘 조절을 못해 실신시키는 장면의 연출은 폭력에 대한 거부감보다 통쾌함과 유쾌함을 선사하기까지 한다. 그러나 경찰 다수가 '진실의 방'으로 범죄자를 끌고 들어가 청소를 하는 척 CCTV를 가리고 폭력으로 제압하는 행위는 경찰이라는 공권력을 이용한 폭력 행위이며 피의자의 인권은 고려하지 않는 고문 행위를 연상시키기도 한다. 그러나 관객들은 이것을 우스꽝스러운 상황으로 넘긴다. 그 이유는 무엇일까?

영화의 '톤 앤 매너(tone and manner)'는 전반적으로 '코믹'을 유지한다.[127] 영화의 전반적인 분위기를 코믹스러움으로 유지하는 것은 마석도를 비롯한 경찰 조직이 행하는 폭력의 심각성을 완화시킨다. 그리고 이러한 행위를 강한 악당을 물리치기 위해 어쩔 수 없이 행해지는 '영웅적 행위'로 받아들이게 한다. 물론 여기에는 마석도라는 인물이 지니고 있는 인간적인 면모에 대한 설명과 상황 설정이 충분히 관객에게 전달되었다는 점도 영향을 미친다. 마석도가 모든 사람을 자신의 특출난 신체적 능력을 이용하여 제압하는 태도를 보이는 것이 아니라 일반 시민, 그리고 약자를 향해서는 다정하고 항상 배려하는 태도로 공손하게 행동하기 때문에 그의 폭력성은 악인만을 향하는 것으로 모두의 합의가 이루어진다. 때문에 그가 악인에게 행하는 폭력과 그 과정에서 유머의 코드로 결합되어 나타나는 언어유희(예를 들어, 악당 장첸과의 마지막 대결 장면에서 장첸이 "혼자야?"라고 묻자 마석도가 "어, 아직 싱글이야."라고 대답하는 장면)

는 관객으로 하여금 폭력과 액션의 스펙터클 속에서 웃음을 통해 한 템포 쉬며 긴장감을 완화시키는 역할을 해준다.

앞으로의 전망

<범죄도시>는 속편으로 제작된 세 편의 영화가 연달아 천만 관객을 동원한 전례없는 기록을 세운 작품이다. <범죄도시2>의 경우 포스트 코로나 시대에 첫 번째 천만 영화에 등극한 작품으로 코로나 이후 극장 관객 수가 줄어들고 OTT(온라인 동영상 서비스)가 일상화되면서 더 이상은 천만 영화가 탄생하지 않을 것이라는 비관론을 보기 좋게 뒤집었다. 침체되었던 극장가에 활기를 북돋고 영화계에 희망을 선사함과 동시에 극장의 존재 이유를 다시 상기하는 데 있어서 주요한 역할을 했다는 점에서 <범죄도시>가 갖는 의미는 각별하다.[128]

그러나 <범죄도시4>를 둘러싼 독과점 문제 등은 논쟁의 한가운데에 두고 지속적으로 논의해야 할 주제이기도 하다. 천만 관객 영화의 흥행 공식으로 "순제작비 100억 원 이상 + 대형 배급사 + 멀티플렉스 + 스크린 독과점 → 천만 관객"[129]이라고 정리한 노철환(2019)의 연구는 이러한 현실을 반영한다. 천만 영화에 대한 대중의 높은 관심을 염두에 두고 많은 상영관에서 관람 가능하도록 서비스를 제공하는 것은 당연한 순리이다. 그러나 관객이 영화를 선택할 수 있는 자유가 없다고 느껴질 만큼 특정 영화가 상영관을 독점하는 현상과 이러한 비균형적인 지원을 통해 천만 기록에 도달하도록 양산하는 것은 영화계의 발전을 해칠 수 있음을 기억해야 한다.

2.8 공감과 소통, 상호문화적 이해: <바그다드 카페>

영화 〈바그다드 카페〉(Bagdad Cafe, 1987)

열기가 느껴지는 황량한 사막과도 같은 도로 한가운데, 한 남성과 여성이 다투고 있다. 남성은 마치 화풀이라도 하듯 연이어 후진을 하다 차를 기둥에

받아버리고, 화가 난 여성은 끝내 차에서 내린다. 트렁크에서 커다란 짐을 꺼낸 여성은 자신을 남겨둔 채 떠나는 남편을 보고도 한마디의 아쉬움도 표현하지 않는다. 날씨에 어울리지 않는 두꺼운 모직 소재의 정장을 갖춰 입은 여성 야스민(마리안느 세이지브레트)은 커다란 짐 가방을 힘겹게 끌며 '바그다드 카페'에 도착한다. 그곳에는 또 다른 여성, 삶의 힘겨움에 모든 힘을 상실한 듯 낮은 쇼파에 털썩 주저앉아 눈물을 흘리고 있는 브렌다(C.C.H. 파운더)가 존재한다.

브렌다는 야스민과 마찬가지로 방금 남편을 제 손으로 쫓아내며 헤어진 상태이다. 아무것도 없는 황량한 고속도로 변에서 작은 카페와 모텔을 운영하고 있지만 아무도 그녀를 도와주는 사람은 없다. 남편은 고장난 커피머신을 대신할 기계를 사오라는 말에 길거리에 버려져 있는 커피포트를 주워 오는 어리숙한 모습으로 브렌다의 화를 돋울 뿐이다. 딸은 매일 밖에 나가 남자들과 어울려 노는 것에만 혈안이 되어 브렌다에게서 돈을 뜯어가는 존재이고, 10대 청소년인 아들은 어린 나이에 사고를 쳐서 아이를 낳아왔지만 제 손으로 아이를 돌보기는 커녕 베짱이처럼 피아노 앞에 앉아 피아노만 두드리고 있다. 이런 숨막히는 상황 속에 나날이 시들어 가는 브렌다는 눈앞에 나타난 야스민의 존재가 탐탁치 않다. 고속도로 한가운데를 차도 없이 여자 혼자 걸어서, 커다란 짐 가방을 가지고 홀연히 나타났으니 전혀 믿음이 가지 않을 상황일 수밖에 없다. 그런 그녀가 하루도 아니고 기약 없이 모텔에 머물겠다고 하니 브렌다는 즉시 '경계' 태세를 취한다.

방 청소를 핑계로 야스민의 방에 들어간 브렌다는 방 안 곳곳에 있는 남자 물건들을 보며 자신의 의심을 확신한다. 남성용 면도기, 커다란 남성용 정장, 정체를 알 수 없는 가죽(레더호젠) 등 그녀에게 야스민은 위험한 존재 그 자체로 여겨진 것이다. 즉시 보안관에게 수상한 손님을 신고하는 전화를 넣고 보안관과 함께 동행하여 야스민을 찾아가지만 그녀는 여권도, 돌아갈 항공권도 가지고 있는, 신분상 모든 것이 안정적으로 확인되는 '여행객'일 뿐이다.

여전히 야스민이 탐탁지 않은 브렌다이지만 그런 그녀의 속도 모르고 야스민은 자꾸만 경계를 침범하려고 한다. 브렌다가 일을 보러 자리를 비운 사이

야스민은 온갖 서류들과 오래된 물건들, 고물상과도 같이 어질러져 있던 브렌다의 사무실을 깨끗하게 청소한다. 물건의 90%는 버린듯 책상 위에는 종이와 잉크만이 각잡혀 놓여 있다. 이 모습을 본 브렌다는 야스민의 수고에 감동하기는커녕 즉시 자신의 공간에 손을 댄 범인을 찾으며 사냥총을 거칠게 들어올리며 위협을 가한다. 화가 머리끝까지 난 브렌다와 그녀가 화를 내는 것이 이해가 되지 않는 야스민 사이에 갈등은 더욱 심화된다.

그러나 야스민은 굴하지 않고, 그녀의 사교성은 다른 이들의 경계를 쉽게 허물며 함께 어우러지기 시작한다. 야스민의 방을 청소하러 온 브렌다의 딸 살은 호기심을 이기지 못하고 야스민의 옷을 입어본다. 야스민의 옷을 입고 거울 앞을 서성이던 그녀를 발견한 야스민은 화를 내기는 커녕 오히려 이것저것 새로운 것을 걸쳐주고 입어보게 하며 친구가 된다. 야스민의 아들 필리스가 피아노를 치고 있는 카페에 야스민은 조용히 걸어들어와 피아노 뒤에 의자를 놓고 가만히 앉아 음악을 감상한다. 피아노를 치면 소리를 지르며 그만두라고 하던 엄마와 달리 자신의 음악에 귀 기울여 주고 존중해 주는 야스민의 모습에 아들 필리스는 한순간 친밀감을 형성하게 된다. 음악을 통한 소통은 서로 간의 특별한 이해의 과정 없이도 한순간 공감대를 형성하고 신뢰를 갖게 하는 역할을 한다는 것을 이들의 관계를 통해 알 수 있다. 야스민은 바쁜 이들을 위해 발벗고 나서서 아기를 돌보는 보모 역할을 자처한다. 아기에 대한 넘치는 사랑으로 돌보고 있지만 브렌다는 혹시라도 그 낯선 여성이 자신의 손자를 납치하거나 해치는 것은 아닐지 걱정이 앞서 야스민의 방으로 찾아가 불호령을 내린다. “남의 아이 말고 네 아이나 돌봐”라고 외치는 브렌다에게 야스민은 세상 처연한 표정으로 “나는 아이가 없다”고 고백한다. 야스민의 사연있어 보이는 표정은 아이를 싫어해서가 아니라 너무 원하지만 없다는 뉘앙스를 풍기고 브렌다는 같은 여성으로서, 모성을 바탕으로 야스민에 대한 경계심을 풀게 된다. 그리고 처음으로 자신의 속내를 털어놓는다. 남편은 집을 나갔고, 모든 것이 엉망인 상태에서 자신도 왜 이렇게 화를 내고 있는지, 어떻게 해야 할 지 모르겠다고 털어놓는 브렌다의 모습에 야스민은 더 적극적으로 다가가기로 결심하게 된다.

이 일을 계기로 브렌다 역시 야스민에게 아직은 낯설지만 경계심은 털어낸 태도를 보이기 시작한다. 카페 일을 자연스럽게 도와주려는 야스민에게 웃으며 인사를 건네기도 하고, 야스민이 선보이는 마술을 보며 기쁨의 미소를 짓기도 한다. 어느덧 야스민의 마술은 이 카페의 구경거리로 입소문이 퍼지기 시작한다. 고속도로를 달리던 많은 운전자들이 '라스베가스에서도 못 보는 쇼'라며 야스민의 마술 공연을 보러 찾아오고 브렌다 역시 함께 마술을 하며 눈에 띄게 밝아진 모습을 보인다. 그러나 예상치 못한 시련이 다가온다. 소식을 들은 보안관이 찾아와 노동허가증이 없는 상태에서 야스민이 카페 일을 도와주는 것은 불법이라는 것을 이야기하며 체류 기간도 지나서 이제 독일로 다시 돌아가야 한다는 사실을 고지한다. 결국 야스민은 별다른 방도 없이 카페를 떠나 독일로 향하게 된다. 마치 '신의 선물'과도 같았던 그녀가 사라지고 나자 그 많던 카페의 방문객들도, 밝게 웃으며 에너지 넘치는 모습으로 손님들을 응대하던 브렌다와 가족들의 모습도 마치 한순간 사라지는 신기루처럼 온데간데 없이 사라지고 만다.

모두가 뙤약볕에 말라버린 식물처럼 기운 없이 하루하루를 보내던 어느 날, 또 한 번 '선물'처럼 야스민이 이 곳으로 다시 찾아온다. 이번에는 아예 오래 머물 준비를 하고 찾아온 야스민을 보며 브렌다는 다시 활짝 웃고 그녀와 포옹을 한다. 그리고 그곳에서는 다시 마술쇼가 열린다. 모두가 축제라도 열린듯 기뻐하는 와중에 브렌다의 남편이 돌아오고, 브렌다는 그런 남편을 웃으며 안아준다. 한편 루디는 야스민에게 정식으로 청혼을 하는데 그녀를 모델로 그림을 그리면서 영감을 받고 동시에 그녀에게 사랑에 빠져버린 것이다. 자신과 결혼하면 언제까지나 이곳에 머물 수 있다고 하며 청혼하는 그에게 야스민은 "브렌다에게 물어봐야 한다."고 말하며 대답을 미룬다.

낯선 자와의 상호소통과 상호이해

이 영화를 보며 우리는 낯선 것을 대하는 우리의 태도가 어떠한지 생각해 볼 수 있다. 나와 다른 피부색을 가진, 다른 문화권에서 온 사람을 마주했을 때, 아무런 거리감 없이 바로 친근하게 다가가서 어울릴 수 있는 사람이 있는가 하면 나의 일상에서 벗어나는 아주 약간의 낯선 것도 불편해하고 시도하지 않으려는 성향을 가진 사람도 있기 마련이다. 우리는 이런 것을 '낯선 것에 대한 관용도'라는 용어로 살펴볼 수 있다. 나에게 익숙한 것이 아닌 낯선 것을 보는 순간 우리는 자동적으로 경계의 태도를 보이게 되는 것이다. 그러나 이내 그것에 대해 호기심을 갖고 관찰하며 그 과정 속에서 나와 비슷한 점, 닮은 점을 발견하거나 혹은 달라서 이끌리는 점 등을 찾아내고는 점점 더 나와의 거리를 좁혀 나가게 된다. 이 과정이 아주 오래 걸리는 사람은 '낯선 것에 대한 관용도'가 낮은 사람이고, 이 과정이 마치 일순간의 자동화 과정처럼 빠르게 진행되는 사람은 '낯선 것에 대한 관용도'가 높은 사람에 속한다. 그러나 시간이 얼마나 걸리든 낯선 것은 낯선 것 그 자체로 고정 불변의 상태에 놓이지는 않는다는 점이 특징이다. '낯설게 느끼는 것'은 결국 상대적인 관점이기 때문에 여러 번 보면 익숙해지고, 익숙해지면 친근해지고 가깝게 느껴진다. 그 과정에서 우리는 그 대상에 '이해'의 태도를 갖게 된다. 영화 속 야스민과 브렌다도 마찬가지이다. 처음에는 낯설게 느껴진 '타자'였지만, 경계의 시선을 거두지 않으면서도 계속 관찰한 결과 같은 여성이라는 점, 모성이 있고 남편과의 불화로 힘든 시기를 겪고 있다는 점 등의 공통점을 발견하며 이들은 서로 소통하는 과정에서 마음을 열고 서로를 깊이 이해하며 상호 의존적인 관계를 형성하기에 이른다.

야스민은 이 바그다드 카페에 등장한 낯선 손님이지만 그녀는 매우 관용적인 태도를 가지고 있고 사람들에게 다가가고자 하는 태도를 보인다. 그녀는 다른 사람에게 '도움'이 되고자 하는 마음으로 그들을 위해 청소를 하고, 커피를 나르고 아이를 돌본다. 그녀가 보여주는 '공감'의 태도는 특히 브렌다의 아들과 딸의 마음을 한순간에 녹여낸다. 묵묵히 피아노 연주를 들어 주고, 옷을 입어보고 싶은 호기심에 공감해 주며 대상에 따라 소통하는 모습을 보인다. 야스민이 카페 사람들에게 선보이는 '마술' 역시 중요한 소통의 수단이 된다. 마술은 특히나 언어가 필요하지 않은 비언어적 소통의 매개체로서 사람들은 그녀의 손짓 한 번에 웃고 놀라워하며 그녀에게 매료되는 모습을 보인다. 결국 야스민이 보여주는 것은 타자와의 소통에 있어서 언제나 '언어'만이 중요한 수단이 되지는 않는다는 점, 비언어적인 도구와 타인을 향한 배려 및 공감의 태도가 더 중요한 역할을 할 수도 있다는 점이다.

낯섦을 대하는 태도

'낯섦'은 이미 존재하는 고정 불변의 것이 아니다. 이것은 일종의 인지된 결과이자 일시적 상태이다. 비어라허(Alois Wierlacher)는 "낯섦은 관계적인 범주에서 나타나는 것"이라고 설명한다. 즉, 나와 마주하게 되는 어떤 대상이 사물이든 사람이든 그것이 나에게 익숙한 것인가 혹은 익숙하지 않은 것인가 하는 관계성에 따라 낯섦의 정도를 주관적으로 판단하게 되는 것이다. 영화 속 브렌다에게 혼자서 큰 짐 가방을 들고 걸어서 여행을 하는, 게다가 짐 안에는 온갖 괴상한 남자 물건으로 가득한 이 여성의 존재는 살면서 경험해 본 적 없는 아주 낯선 것으로, 이 둘의 관계는 굉장히 멀리 떨어져 위치하게 된다. 반면 브렌다의 아들 살라모가 연주하는 피아노 곡이 독일 작곡가 바흐의 '평균율 클라비어곡'이었기 때문에, 음악을 감상하는 야스민의 태도가 음악을 삶의 전부인 것처럼 애정하는 살라모와 유사했다. 때문에 이 둘은 상대적으로 덜 낯선 관계를 형성한다. 그러나 결국 영화 말미에 이들은 모두 낯섦을 지우고 서로 간의 관계를 좁히며 상호 이해하고 의존하는 모습을 보인다.

여기에 주목해서 '낯섦'에 대한 우리의 태도를 생각해 봐야 한다. 낯선 것은 경험해 본 적 없기 때문에 언제나 두렵다. 처음부터 신기하게 느끼며 호기심을 갖는 사람도 있겠지만 대부분의 사람들에게 생소한 것은 왠지 모를 불안감이 따르며 다가가기 꺼려지기도 한다. 그러나 바로 외면하고 돌아서기보다 서서히 다가가서 알아보고, 소통해 보는 과정을 거치면 낯선 것은 어느새 낯설지 않은 것이 된다. 그렇게 우리는 우리가 수용할 수 있는 낯섦의 경계를 확장할 수 있다.

내가 낯섦을 느끼는 주체일 수도 있고, 반대로 어느 다른 환경에서는 내가 낯선 대상이 될 수도 있다. 때문에 항상 나를 기준으로 생각하고 낯섦의 정도를 판단하기보다 상대방의 입장에서 반대로 생각하는 태도를 갖는다면 우리는 보다 조화롭게 상호 이해하는 삶을 살아갈 수 있을 것이다. 영화 속 브렌다와 야스민처럼 낯설다는 이유로 인생에 소중한 존재를 얻을 기회를 놓치지 않기를 바라며.

미주

1 송희복. *문학과 영화의 만남*. 월인. 2009. 18쪽 참조.

2 마크 커즌스. *세계 영화 읽기 - 무성 영화부터 디지털 기술까지*. 북스힐. 윤용아 역. 2025. 170쪽 참조.

3 김동규 외. *문학과 영화이야기*. 학문사. 2002. 121쪽 참조.

4 김동규 외. *문학과 영화이야기*. 학문사. 2002. 25~29쪽 참조.

5 김동규 외. *문학과 영화이야기*. 학문사. 2002. 20~22쪽 참조.

6 김동규 외. *문학과 영화이야기*. 학문사. 2002. 22~23쪽 참조.

7 김동규 외. *문학과 영화이야기*. 학문사. 2002. 20~24쪽 참조.

8 김동규 외. *문학과 영화이야기*. 학문사. 2002. 124~125쪽 참조.

9 Astruc, Alexandre. "The birth of a new avant-garde: La Cam-ra-stylo." *The new wave,* 144, 1948, pp. 17-23. 17쪽 참조.

10 강성률. *영화비평*. 아모르문디. 2016. 31쪽 참조.

11 손미란. "영화 리터러시를 활용한 미디어리터러시 - 글쓰기교육 - 영화비평문 작성법을 중심으로". *인문연구*, 91(3), 2020, pp. 59-98. 69쪽 참조.

12 신형설. *정확한 사랑의 실현*. 마음산책. 2014. 9쪽 참조.

13 신형설. *정확한 사랑의 실현*. 마음산책. 2014. 9쪽 참조.

14 자크 오몽, 미셸 마리. *영화 작품 분석*. 이윤영 역, 아카넷. 2016. 93~94쪽 참조.

15 허만욱. *다매체 융합의 시대 - 문학, 영화로 소통하기*. 보고사. 2010. 182쪽 참조.

16 손미란. "영화 리터러시를 활용한 미디어리터러시 - 글쓰기교육 - 영화비평문 작성법을 중심으로". *인문연구*, 91(3), 2020, pp. 59-98. 79쪽 참조.

17 허만욱. *다매체 융합의 시대 - 문학, 영화로 소통하기*. 보고사. 2010. 196~197쪽 참조.

18 이종승. *미장센 - 영화 창작 논리의 해부*. 아모르문디. 2016. 10~11쪽 참조.

19 권승태. "영화 분석 방법론으로서 기호학과 해석학의 접목: 영화 〈레미제라블〉의 시각 정체성과 서사 정체성을 중심으로". *영상문화*, 35, 2019, pp. 115-143. 128-129쪽 참조.

20 허만욱. *다매체 융합의 시대 - 문학, 영화로 소통하기*. 보고사. 2010. 195쪽.

21 허만욱. *다매체 융합의 시대 - 문학, 영화로 소통하기*. 보고사. 2010. 195쪽.

22 권승태. "영화 분석 방법론으로서 기호학과 해석학의 접목: 영화 〈레미제라블〉의 시각 정체성과 서사 정체성을 중심으로". *영상문화*, 35, 2019, pp. 115-143. 131쪽 참조.

23 허만욱. *다매체 융합의 시대 - 문학, 영화로 소통하기*. 보고사. 2010. 135~136쪽.

24 조셉 보그스. *영화 보기와 영화읽기: 영화분석론.* 이용관 역. 제3문학사. 1995. 165쪽.

25 조셉 보그스. *영화 보기와 영화읽기: 영화분석론*. 이용관 역. 제3문학사. 1995. 170쪽.

26 토마스 소벅, 비비안 C. 소벅. *영화란 무엇인가*. 주창규 외 역. 거름. 1998. 167쪽 참조.

27 조셉 보그스. *영화 보기와 영화읽기: 영화분석론*. 이용관 역. 제3문학사. 1995. 173~174쪽.

28 안준희. *영화 속에 사용된 바로크 음악의 기능 고찰*. 2018. 경희대학교 일반대학원, 석사학위. 1쪽 참조.

29 부예, 서영주. "영화 〈라라랜드〉의 음악 활용 방식과 내러티브의 관계에 대한 연구: 디제틱 음악과 유도동기를 중심으로". *한국콘텐츠학회 논문지*, 24(11), 2024, pp. 237-248. 238쪽 참조.

30 Gorbman, Claudia. *Unheard Melodies: Narrative Film Music.* Indiana University Press. 1987. 13쪽.

31 Hoffer, Heike. "Beethoven, the Ninth Symphony and Neon Genesis Evangelion Using Pre-existing Music in Anime". *Anime Studie*, edited by Stockholm University Press, 2021, pp. 86-109. 91쪽.

32 조셉 보그스. *영화 보기와 영화읽기: 영화분석론*. 이용관 역. 제3문학사. 1995. 180쪽.

33 조셉 보그스. *영화 보기와 영화읽기: 영화분석론*. 이용관 역. 제3문학사. 1995. 178~179쪽.

34 루이스 자네티. *영화의 이해 - 이론과 실제.* 김진해 역. 현암사. 1993. 191-197쪽.

35 Prendergast, Roy. *Film music: a neglected art: a critical study of music in films*. WW Norton&Company, 1992, pp. 213-222.

36 문학과영상서사연구회. *영화? 영화! - 문학의 시각으로 본 영화*. 글누림. 2006. 142~142쪽.

37 문학과영상서사연구회. *영화? 영화!! - 문학의 시각으로 본 영화.* 글누림. 2006. 144~145쪽.

38 변재길. *영상시대의 문화코드 - 삶, 문학 그리고 영화.* 동인. 2012. 152~154쪽.

39 변재길. *영상시대의 문화코드 - 삶, 문학 그리고 영화.* 동인. 2012. 144~145쪽.

40 조셉 보그스. *영화 보기와 영화읽기: 영화분석론. 이용관 역*. 제3문학사. 1995. 78쪽.

41 이숙영. "뮤지컬 영화를 통해 본 장르 분석 연구". *영상기술연구*, 15, 2011, pp. 127-147. 129쪽 참조.

42 임재철 외. *대중 영화의 이해*. 한나래. 1994. 126~127쪽.

43 허만욱. *다매체 융합의 시대 - 문학, 영화로 소통하기.* 보고사. 2010. 167쪽.

44 문학과영상서사연구회. *영화? 영화! - 문학의 시각으로 본 영화.* 글누림. 2006. 82~83쪽.

45 김시무. "김지운 감독의 영화세계: 장르영화 속에서 새로운 길을 찾다". *공연과 리뷰*, 72, 2011, pp. 24-35. 29쪽 참조.

46 허만욱. *다매체 융합의 시대 - 문학, 영화로 소통하기.* 보고사. 2010. 161쪽.

47 허만욱. *다매체 융합의 시대 - 문학, 영화로 소통하기.* 보고사. 2010. 162쪽.

48 허만욱. *다매체 융합의 시대 - 문학, 영화로 소통하기.* 보고사. 2010. 174쪽.

49 허만욱. *다매체 융합의 시대 - 문학, 영화로 소통하기*. 보고사. 2010. 175쪽.

50 이한나, 안수환. “뮤지컬 영화의 경계 확장과 장르적 재해석: 릭 알트만의 분류를 중심으로”. *한국콘텐츠학회 논문지*, 25(3), 2025, pp. 359-372. 360쪽 참조.

51 이한나, 안수환. “뮤지컬 영화의 경계 확장과 장르적 재해석: 릭 알트만의 분류를 중심으로”. *한국콘텐츠학회 논문지*, 25(3), 2025, pp. 359-372. 360쪽 참조.

52 허만욱. *다매체 융합의 시대 - 문학, 영화로 소통하기*. 보고사. 2010. 166~167쪽.

53 이한나, 안수환. “뮤지컬 영화의 경계 확장과 장르적 재해석: 릭 알트만의 분류를 중심으로”. *한국콘텐츠학회 논문지*, 25(3), 2025, pp. 359-372. 363~365쪽 참조.

54 허만욱. *다매체 융합의 시대 - 문학, 영화로 소통하기*. 보고사. 2010. 173쪽.

55 허만욱. *다매체 융합의 시대 - 문학, 영화로 소통하기*. 보고사. 2010. 163~164쪽.

56 허만욱. *다매체 융합의 시대 - 문학, 영화로 소통하기*. 보고사. 2010. 164쪽.

57 원일훈. “2000년대 한국 필름느와르에 나타난 남성성”. *디자인학연구*, 30(3), 2017, pp.127-141. 130쪽 참조.

58 김시무. “김지운 감독의 영화세계: 장르영화 속에서 새로운 길을 찾다”. *공연과 리뷰*, 72, 2011, pp. 24-35. 24쪽 참조.

59 허만욱. *다매체 융합의 시대 - 문학, 영화로 소통하기*. 보고사. 2010. 176쪽.

60 허만욱. *다매체 융합의 시대 - 문학, 영화로 소통하기*. 보고사. 2010. 177쪽.

61 정대현 외. “영화 해리 포터에 나타난 판타지 유형분석과 판타지의 현실 가능성에 대한 어린이의 인식”. *어린이미디어연구*, 8(2), 2009. pp. 117-145. 125쪽 참조. / Temple. C. et al.. *Children’ s book in children’ s hand: An introduction to their literature*. Allyn & Bacon. 1980.

62 로버트 A. 로젠스톤. *영화, 역사 - 영화와 새로운 과거의 만남*. 김지혜 역. 소나무. 2002. 20쪽 참조.

63 주유신. “‘기억의 윤리’의 관점에서 바라본 〈택시운전사〉(2017)와 〈1987〉(2017)”. *씨네포럼*, 38, 2021, pp. 107-137. 107쪽 참조.

64 위멀 디사나야케. “민족성, 역사 그리고 영화”. 최윤식 역, *공연과 리뷰*, 31, 2001, pp. 185-204, 199쪽 참조.

65 박언영. “역사(들)을 기억하는 두 가지 방식 - 〈국제시장〉과 〈택시운전사〉”. *감성연구*, 28, 2024, pp. 153-182. 174쪽 참조.

66 주유신. “‘기억의 윤리’의 관점에서 바라본 〈택시운전사〉(2017)와 〈1987〉(2017)”. *씨네포럼*, 38, 2021, pp. 107-137. 117쪽 참조.

67 김경애. “영화 〈택시운전사〉의 스토리텔링 연구”. *한국산학기술학회논문지*, 21(2), 2020, pp. 328-334. 333쪽 참조.

68 이화정. “〈택시운전사〉 장훈 감독. “만섭의 시선이 지금 우리의 시선.” *씨네 21*, 3 Aug. 2017, https://cine21.com/news/view/?mag_id=87852.

69 안영순, 이정욱. “영화 〈택시운전사〉의 서사전략”. *인문콘텐츠*, 53, 2019, pp. 265-281. 294쪽 참조.

70 박유희. *한국영화 표상의 지도*. 책과 함께. 2019. 248~249쪽 참조.

71 배예은, 임성준. “뮤지컬 영화 구성요인의 관람 만족 및 재관람의도 영향 연구: 한국 영화 〈인생은 아름다워〉를 중심으로”. *한국콘텐츠학회 논문지*, 24(5), 2024, pp. 281-292. 283-284쪽 참조.

72 조성범. “예술 융합적 관점에서 본 뮤지컬 영화 〈영웅〉(2022) 분석”. *연기예술연구*, 32, 2023, pp. 65-78. 70쪽 참조.

73 조성범. “예술 융합적 관점에서 본 뮤지컬 영화 〈영웅〉(2022) 분석”. *연기예술연구*, 32, 2023, pp. 65-78. 66쪽 참조.

74 부예, 서영주. “영화 〈라라랜드〉의 음악 활용 방식과 내러티브의 관계에 대한 연구: 디제틱 음악과 유도동기를 중심으로”. *한국콘텐츠학회 논문지*, 24(11), 2024, pp. 237-248. 238쪽 참조.

75 강윤희. “다문화 영화에 나타난 이주민의 표상방식 - 영화 〈방가? 방가!〉를 사례로”. *글로벌 교육연구*, 6(2), 2014, pp. 65-96. 71쪽 참조.

76 이용관. *영화 용어해설집*. 영화진흥공사. 1990. 354쪽.

77 배상준. “한국의 다문화 영화 - 장르적 접근”. *인문콘텐츠*, 36, 2015, pp. 75-108. 83쪽 참조.

78 배상준. “한국의 다문화 영화 - 장르적 접근”. *인문콘텐츠*, 36, 2015, pp. 75-108. 85쪽 참조.

79 배상준. “한국의 다문화 영화 - 장르적 접근”. *인문콘텐츠*, 36, 2015, pp. 75-108. 86~87쪽 참조.

80 박정희. “영화 〈나의 가족 나의 도시〉를 이해하기 위한 세 가지 관점 - 이주에 의한 언어와 정체성의 문제”. *브레히트와 현대연극*, 40, 2019, pp. 261-280. 263쪽 참조.

81 이아람찬. “교육 영화란 무엇인가: 교육 영화의 개념과 수용”. *씨네포럼*, 22, 2015, pp. 527-549. 529쪽 참조.

82 최우석. “교육의 발견: 〈매트릭스〉는 교육 영화다”. *교육원리연구*, 11(2), 2006, pp. 31-73. 42쪽 참조.

83 송희복. “교육영화의 이해와 그 글쓰기의 의미”. *교육인류학연구*, 7(1), 2004, pp. 73-98. 74쪽 참조.

84 이아람찬. “교육 영화란 무엇인가: 교육 영화의 개념과 수용”. *씨네포럼*, 22, 2015, pp. 527-549. 535쪽 참조.

85 이승진. “기억과 재현: 홀로코스트 영화”. *열린정신 인문학 연구*, 14(2), 2013, pp. 211-238. 232쪽 참조.

86 곽정연. “데니스 간젤의 영화 〈디벨레〉(2008)에 나타난 폭력”. *독어독문학*, 54(2), 2013, pp. 5-23. 5쪽 참조.

87 장석용. "고단한 청춘을 위로하는 작은 숲 〈리틀 포레스트〉". *영화평론*, 2018-12, 30, 2018, pp. 115-119. 116쪽 참조.

88 김지희, 방재석. "영화 〈리틀 포레스트〉 속 공간적 특성과 의미에 대한 고찰". *열린정신 인문학 연구*, 20(3), 36, 2020, pp. 299-324, 301쪽 참조.

89 김용희. "영화 〈리틀 포레스트〉에 나타난 시간의 의미와 그 영화형식적 구현에 대한 연구". *아시아영화연구*, 12(1), 2019, pp. 87-112. 96쪽 참조.

90 오동식. "도리스 되리의 〈파니 핑크〉에 나타난 오르페우스 신화 수용에 관한 고찰". *독일어문학*, 22(3), 2014, pp. 145-164. 155쪽 참조.

91 Pitzke, Mark. ""Untergang"- Regisseur Hirschbiegel. Kein Oscar-kein Problem!." *Spiegel*, 28 Feb. 2005.

92 Flemmer, Willy. "'Wir sind ein radikales Volk' Interview: Oliver Hirschbiegel frei heraus." *Filmreporter*, 7 Apr. 2015, http://filmreporter.de/stars/interview/4367-Oliver-Hirschbiegel-frei-heraus.

93 Von Moltke, Johannes. "Sympathy for the devil: Cinema, history, and the politics of emotion". New German Critique, 102, 2007, pp. 17-43. 35쪽 참조.

94 Heller, Franziska. "Der Untergang(Oliver Hirschbiegel, 2004): Ökonomie, politische Strategien und Bildproduktion eines filmischen "Geschichtsgefühls"". Der deutsche Film nach 1990. 2023, pp. 147-167. 166쪽 참조.

95 백민아. "영화 수업을 위한 거리두기 교수법 - 영화 〈몰락 Der Untergang〉을 중심으로". *독어교육*, 89, 2024, pp. 365-389. 369쪽 참조.

96 이수현. "〈굿바이 레닌〉과 〈간 큰 가족〉의 스토리텔링 비교 연구". *문학과 영상*, 12(1), 2011, pp. 165-190. 167쪽 참조.

97 Jilovsky, E., Lewis, A. "The 1.5 Generation's Memory of the GDR: Child Victims Testify tot he Experience of Forced Exile". *German Life and Letters*, 68(1), 2015, pp. 106-124.

98 이동건. "인 디 아일' 11월 22일 개봉 확정 … 베를린영화제 수놓은 크리스티안의 신세계." *미디어펜*, 1 Nov. 2018, http://www.mediapen.com/news/view/392760.

99 이지현. "〈인 디 아일〉, 정치적 시를 쓰는 영화." 씨네21, 6 Dec. 2018, http://www.cine21.com/news/view/?mag_id=91830&utm_source=naver&utm_medium=news

100 백민아. "영화 〈통로들에서〉에 나타난 독일 통일 - 통일 이후의 삶을 중심으로". 독어교육, 81, 2021, pp. 191-214. 193-194쪽 참조.

101 백민아. "영화 〈통로들에서〉에 나타난 독일 통일 - 통일 이후의 삶을 중심으로". 독어교육, 81, 2021, pp. 191-214. 195쪽 참조.

102 윤시향. "현대 영화가 받아들인 브레히트 - 영화에서의 '생소화 효과'". *브레히트와 현대연극*, 56, 1998, pp. 42-73. 63쪽 참조.

103 백민아. "영화 〈통로들에서〉에 나타난 독일 통일 – 통일 이후의 삶을 중심으로". 독어교육, 81, 2021, pp. 191-214. 196쪽 참조.

104 김누리. "[역비논단] 통일독일의 사회문화 갈등", *역사비평*, 73, 2005, pp. 294-324. 314쪽 참조.

105 Landua, D., Zapf, W. "Deutschland nach der Wiedervereinigung: zwei Gesellschaften, eine Nation: zum Stand des gesellschaftlichen Transformationsprozesses". *Informationsdienst Soziale Indikatoren*, 6, 1991, pp. 10-13. 11쪽 참조.

106 백민아. "영화 〈통로들에서〉에 나타난 독일 통일 – 통일 이후의 삶을 중심으로". 독어교육, 81, 2021, pp. 191-214. 204쪽 참조.

107 차영선. "빅토르 위고 작품의 스토리텔링과 OSMU – 레미제라블을 중심으로". *한국프랑스학논집*, 72, 2010, pp. 619-638. 619-620쪽 참조.

108 박영호. "원천 콘텐츠의 거점 콘텐츠 전환 전략 연구". *한국디자인문화학회지*, 17(4), 2011, pp. 198-209. 200쪽 참조.

109 이혜경. "장르적 특성에 따른 문학 텍스트 재매개 연구 – 소설, 뮤지컬, 영화의 표현방식을 중심으로". *역사와 융합*, 11, 2022, pp. 59-109. 66/79쪽 참조.

110 Bluestone, George. *Novels into film*. University of California Press. 1973.

111 차영선. "빅토르 위고 작품의 스토리텔링과 OSMU – 레미제라블을 중심으로". *한국프랑스학논집*, 72, 2010, pp. 619-638. 620쪽 참조.

112 차영선. "빅토르 위고 작품의 스토리텔링과 OSMU – 레미제라블을 중심으로". *한국프랑스학논집*, 72, 2010, pp. 619-638. 622쪽 참조.

113 권승태. "영화 분석 방법론으로서 기호학과 해석학의 접목: 영화 〈레미제라블〉의 시각 정체성과 서사 정체성을 중심으로". *영상문화*, 35, 2019, pp. 115-143. 129-130쪽 참조.

114 권승태. "영화 분석 방법론으로서 기호학과 해석학의 접목: 영화 〈레미제라블〉의 시각 정체성과 서사 정체성을 중심으로". *영상문화*, 35, 2019, pp. 115-143. 131쪽.

115 서곡숙. "시간여행 영화의 쾌락: 시간, 죽음, 두려움으로부터의 해방". *영상예술연구*, 18, 2011, pp. 67-98. 68쪽 참조.

116 이정환. *타임 슬립 소재의 영상화에 관한 연구 – 영화와 TV 드라마의 경우*. 2012. 국민대학교 대학원, 석사학위.

117 김종철. "천만영화 스토리 디자인 연구". *영상기술연구*, 26, 2017, pp. 145-166. 145쪽 참조.

118 정민아. "1세기 한국 현대사 영화의 흥행성과 대중 감성 코드 연구". *씨네포럼*, 48, 2024, pp. 173-207. 173쪽 참조.

119 정병기. *천만 관객의 영화 천만 표의 정치*. 갈무리. 2016. 18쪽 참조.

120 주유신. "'기억의 윤리'의 관점에서 바라본 〈택시운전사〉(2017)와 〈1987〉(2017)". *씨네포럼*, 38, 2021, pp. 107-137. 107쪽 참조.

121 Lehman, Peter, Luhr, William. *영화에 대해 생각하기: 보고, 질문하고, 즐기기*. 이형식 역. 명인문화사. 2009. 162쪽 참조.

122 서곡숙. "한국 영화 '범죄도시' 시리즈의 서사 구조 연구". *영화연구*, 101, 2024, pp. 35-67. 37쪽 참조.

123 노시훈. "SF 영화 〈스타트랙〉 시리즈와 시간여행의 모티프". *대중서사연구*, 25(1), 2019, 165-191.

124 류찬열. "혐오와 공포의 재현을 넘어 공감과 연대의 재현으로 - 영화 〈청년경찰〉과 〈범죄도시〉를 중심으로". *다문화콘텐츠연구*, 27, 2018, pp. 127-147. 140쪽 참조.

125 손정빈. "마동석의 원펀치 액션 영화 … '범죄 도시'." *뉴시스*, 20 Sep. 2017, https://www.newsis.com/view/NISX20170920_0000101176.

126 박현신, 김태현. "〈범죄도시〉의 폭력 재현과 상호텍스트적 변용: 유머와 혐오의 정서를 통해". *한국콘텐츠학회 논문지*, 25(5), 2025, pp. 111-121. 119쪽 참조.

127 류찬열. "혐오와 공포의 재현을 넘어 공감과 연대의 재현으로 - 영화 〈청년경찰〉과 〈범죄도시〉를 중심으로". *다문화콘텐츠연구*, 27, 2018, pp. 127-147. 141쪽 참조.

128 이은주. "엔데믹 시대 첫 천만 돌파… 영화 〈범죄도시2〉가 가지는 의미." *문화잡지 쿨투라* 97호(2022년 7월호), 4 Jul. 2022, http://www.cultura.co.kr/news/articleView.html?idxno=2618.

129 노철환. "한국영화시장의 대형 영화 배급 상영 방식 연구: 2010년대 천만관객 한국영화의 흥행을 중심으로". *아시아영화연구*, 12(2), 2019, pp. 49-76. 51쪽 참조.

문학적 시각으로 영화 읽기

초판발행 2025년 9월 30일

지은이 백민아
펴낸이 안종만 · 안상준

편 집 소다인
기획/마케팅 정성혁
표지디자인 BEN STORY
제 작 고철민 · 김원표

펴낸곳 (주) 박영사
서울특별시 금천구 가산디지털2로 53, 210호(가산동, 한라시그마밸리)
등록 1959. 3. 11. 제300-1959-1호(倫)
전 화 02)733-6771
f a x 02)736-4818
e-mail pys@pybook.co.kr
homepage www.pybook.co.kr
ISBN 979-11-303-2401-2 93800

정 가 16,000원